广东省哲学社会科学“十二五”规划项目

中国医疗损害责任制度改革研究

肖柳珍　著

中国政法大学出版社

2014·北京

图书在版编目（CIP）数据

中国医疗损害责任制度改革研究 / 肖柳珍著. —北京：中国政法大学出版社，2014.4
ISBN 978-7-5620-5264-7

Ⅰ. ①中… Ⅱ. ①肖… Ⅲ. ①医疗事故－民事责任－司法制度－体制改革－研究－中国 Ⅳ. ①D922.164

中国版本图书馆CIP数据核字(2014)第056483号

出 版 者　中国政法大学出版社
地　　址　北京市海淀区西土城路25号
邮寄地址　北京100088信箱8034分箱　邮编100088
网　　址　http://www.cuplpress.com（网络实名：中国政法大学出版社）
电　　话　010-58908285(总编室)　58908334(邮购部)
承　　印　固安华明印业有限公司
开　　本　880mm×1230mm　1/32
印　　张　9
字　　数　200千字
版　　次　2014年4月第1版
印　　次　2014年4月第1次印刷
定　　价　29.00元

序

PREFACE

肖柳珍是我2013指导的访问学者。认识肖柳珍是三年前的事情。当时她以一篇题为《中国医疗损害责任制度改革研究》的论文求教于我，我谈了一些自己的看法。三年后，她把这个题目写成了著作，并且得到了广东省哲学社会科学“十二五”规划后期资助项目的资助。今要我为序，当然允之。

该著作有三个方面的内容。第一，对医疗损害责任制度所涉及的基本理论问题进行了较为全面深入的探讨，特别是对医患关系的法律属性所进行的尝试性分析以及对医疗损害的特点所进行的专业性分析，是该书不同于其他相关著作的亮点。第二，对我国改革开放以来，整个医疗损害责任制度改革的历史进程进行了比较细致的研究，并对每一阶段医疗损害责任制度的内容、特点及问题进行了分析与评述。通过这一部分的研究，使我国医疗损害责任制度改革的脉络较为清晰地呈现出来，有助于对我国医疗损害责任制度改革的整体认识。其中对《侵权责任法》实施后，医疗损害鉴定制度所进行的大量实证研究，有助于对医疗损害鉴定制度的理性分析。第三，对我国医疗损害鉴定制度改革的反思，并在此基础上提出了完善医疗损害责任制度的一些看法与观点。总体来说，反思是比较客观地分析了当前所存在的问题，并从侵权责任法的功能与医学的目的这两方面对现存制度进行了剖析。这些看法值得进一步分析与研究。书中的完善对策部分也具有一定的针对性与现实性。根据医疗损害的特殊性，书中提到的重视民事责任制度与行政责任制度的衔接具有较好的价值，能从制度层面更好地保障患者的医疗安全，但也不妨碍对受害患者的救济。同时，鉴于医疗损害的特殊性，在目前的体制下，建议采取医疗专家陪审员制度，也具有一定的现实意义与可操作性。

该著作集医学、法学与管理学思维于一体，体现了作者的研究和思考的深度。作者具有扎实的医学知识体系和法学、管理学知识的基础，在研究医疗法律制度方面具有一定的优势，且勤学、自律、不怕苦。鉴于作者的学识结构，该著作在法学理论方面还有进一步提升的空间。我相信，通过她不断的努力与钻研，一定会取得更多更好的学术研究成果。

是为序。

杨立新*

2013年12月12日

---

* 中国人民大学法学院民商事法律研究中心主任。

目 录
CONTENTS

下篇：实践探索篇

导　论

医疗损害责任的解决是世界上大多数国家所面临的难题。它涉及医疗技术的风险性与医疗的安全性之间的矛盾，患者权益的确定性与医疗义务不确定性之间的矛盾，个案的极限保护与全体患者均衡保护的矛盾，医疗成本的约束性与国民健康需求的开放性之间的矛盾，医疗责任的惩罚性与医疗技术的进步性之间的矛盾，医疗纠纷解决机制的成本与效益之间的矛盾，等等问题。在我们国家经济体制改革的过程中，医疗纠纷几乎成为全社会关注的热点问题。伴随着全社会改革过程中物质财富的积累，医疗领域却变得越来越有争议和难以平静。在某种程度上，医患双方都被推向了受伤的境地。下面这一幕当时在全国产生了巨大的反响。

2009 年 6 月 21 日，福建省南平市第一医院，一位“肾积水并尿毒症”的重症患者因呼吸功能衰竭、心脏骤停，经抢救无效死亡。21 日凌晨 3 时，家属拒绝迁移死者尸体，将泌尿外科全科室封闭，泌尿外科的值班医生、手术医生和所有在院病人都被关在病房。21 日 8 点，整个医院处于瘫痪的状态。最令人不解的是，警察到来后，无所作为，坐观待命。随后，市政府出面调解，患者家属要求赔偿 80 万元，调解无效。6 月 21 日下午，患方召集了 200 多名社会势力，手持木棍及匕首冲至医院，封锁门诊大楼，摆满花圈，并焚烧纸钱，见到穿白大褂的医务人员即大打出手，有一名医生身中6刀，被送进医院抢救，另外有10余名医生、护士被不同程度砍伤。在此过程中，警察得到的命令始终是“待命”，市政府给医院指示始终是“尽快调解”。6月21日晚23点，患方再次召集6辆中巴车载满打手至医院，围攻办公楼至22日凌晨3点，声称再不按其要求赔偿，则将医院办公大楼炸毁。市政府责成医院赔款21万。事后，有人看见家属在门诊大厅公开发钱。6月23日，医务人员忍无可忍，自发组织到市政府门前请愿，要求严惩凶手。[1]

面对如此让人寒心的恶性医患冲突，我们不禁要问：这仅仅是医生与患者之间的问题吗？很显然，答案是否定的。这些悲剧的产生有着多重表层与深层次原因。我们国家的医疗损害责任制度经历了以《医疗事故处理办法》、《医疗事故处理条例》以及《侵权责任法》为代表的变革过程。从纯法学或纯法律的视野来评价，可能已经取得了诸多的成就，但是，将其置身于医疗法律制度的社会价值与功能视野来考察，仍有许多地方值得探讨并有待完善和改进。

该书以医患关系的法律属性作为逻辑起点，以我国医疗损害责任制度改革的历史进程作为研究线索，以健康保障作为医疗损害责任制度的最终目标，对我国医疗损害责任制度的改革与完善进行了系统研究，共分为二篇九章。上篇为基础理论篇，包括一至四章，主要探讨医疗损害责任制度涉及的基本问题。下篇为实践探索篇，包括五至九章，主要探讨我国三阶段的医疗损害责任制度及其反思，并对完善我国医疗损害责任制度提出了对策建议。

第一章为医患关系的法律属性。从民事法律关系、行政法

---

〔1〕“中国大陆近年恶性医患冲突案例简编：在中国当医生真是命苦”，http://bbs.tianya.cn/post-free-2449911-1.shtml，最后访问时间：2013年4月6日。

律关系及社会法法律关系三个角度探讨了医患关系的法律属性。一般情况下，医患关系民事法律属性的认定，能够解决医疗损害赔偿的法律适用问题。但针对强制医疗的情形，民事法律关系显然不能涵盖。另外，从社会发展的角度看，纯粹的民事法律关系属性也很难从根本上解决医患矛盾。医患关系在当今社会，体现出了不同程度的社会法法律关系。

第二章医疗损害的特殊性。医疗损害不同于其他任何人身损害。医疗服务的高风险性、自身疾病的参与性以及过错与无过错的交织性是医疗损害自身固有的特点。只有客观认识医疗损害的特殊性，才有可能构建一个相对公平有效的医疗损害责任制度。

第三章医疗纠纷爆发的成因。医疗保障制度的断层或错位、医疗服务市场化的趋利及诉讼制度的便捷是主要的制度原因。社会价值观的沉浮、媒体导向、职业“医闹”及患者权利意识的变迁是重要的社会因素。医德下滑及医疗规章制度执行缺陷是医院方面的主要原因。多种因素形成合力，使当前的医疗纠纷既复杂又难解。

第四章医疗损害责任解决机制。医疗过失诉讼机制的基本特征是医疗过失认定的专业性、医疗损害事实认定的复杂性、医疗损害因果关系的多元性。由于医疗服务的复杂性及诉讼程序的刚性，医疗过失诉讼更多地表现为一些制度上的缺陷，包括证明责任的医患两难性、医疗过失认定的不确定性、审判中的医疗技术制约性。其不利影响主要表现为医疗服务提供者采取的防御性医疗（变相拒绝治疗或过度治疗），从而对患者及社会造成不利。替代性纠纷解决机制运用在医疗领域有其优势，但也存在一些缺陷。

第五章《医疗事故处理办法》时期的医疗损害责任制度。

《医疗事故处理办法》的基本特点包括：行政主导、责任限制、原因区分、限制诉讼及国家补充。《医疗事故处理办法》实施后期，为了解决现实中的医患冲突，最高人民法院通过发布司法解释，对这一时期的医疗损害责任制度进行了变通。主要表现为患者索赔经济损失可以直接诉讼、《民法通则》可以在医疗事故损害中直接适用、诉讼案由二元化以及医疗侵权诉讼举证责任倒置。改革《办法》的呼声也日益高涨。在处理医疗事故的主体、医疗事故的分类、医疗事故技术鉴定、医疗事故的处理以及赔偿方面达成了一些基本一致的权威意见。总体而言，这一时期的医疗损害责任制度，既有合乎理性的一些制度设计，在现实中又存在诸多的问题，主要包括设置民事诉讼前置程序的必要与冲突、损害赔偿限制的合理与矛盾、区分责任原因与技术原因的科学性与欠操作、鉴定专业性与公正性的失衡以及举证责任倒置的理想与两难。

第六章《医疗事故处理条例》时期的医疗损害责任制度。《条例》是在《办法》的基础上修改制定的，《条例》的整体思路是以客观认识医疗事故处理中的矛盾作为出发点，以解决医疗事故处理中的基本矛盾为目标，架构医疗事故处理中要抓住的关键环节。《条例》针对《办法》存在的问题，进行了具体的制度变革，包括扩大救济范围、平衡双方诉讼武器、赋予直接起诉权、鉴定相对中立、提高医疗损害赔偿标准以及取消责任与技术原因的区分。然而，《条例》颁布不久，最高人民法院发布的一些司法解释，包括《医疗事故处理条例》的参照适用、事故损害与过错损害应适用不同的法律依据、一些地方性法规的补充及医疗纠纷诉讼案由的统一，使《条例》在面世不久即面临着被边缘化的境地。结果是这一时期的医疗损害责任制度形成了三个双轨制构成的二元化医疗损害责任制度，医患矛盾持续恶化。总体而言，《条例》时期的医疗损害责任制度与现实达到了极度的混乱。

第七章《侵权责任法》中医疗损害责任制度。医疗损害责任制度的理论基础主要包括以下几点：人格平等是医疗损害责任改革的基本方向，兼顾多方利益是医疗损害责任改革的基本要求，过错责任原则是建立和谐医患关系、调整三者利益的最佳平衡器。医疗损害责任的类型包括医疗技术损害责任、医疗伦理损害责任及医疗产品损害责任。归责体系由三个归责原则构成，过错责任原则是医疗损害责任的基本归责原则，过错推定原则和无过错责任原则是医疗损害责任归责原则的特殊情形。《侵权责任法》框架下医疗损害鉴定制度，一要警惕形式意义上的鉴定公正带来实质意义上的鉴定不公正，二要警惕法律对患者的保护带来医疗对患者的伤害。在当前医疗损害鉴定制度构建过程中应达成一些基本共识，包括医疗损害的鉴定不是一般法医能胜任的鉴定工作；医疗事故技术鉴定制度仍是一项可利用的制度资源。通过对具有代表性的北京模式与江苏模式进行比较研究发现，二者既有相同点，也有一些明显的不同点。总体而言，目前的鉴定制度仍然是双轨制的鉴定模式。以广东省法院系统及司法鉴定机构作为调研对象的实证研究表明，当前医疗损害鉴定制度构建中，要重点关注医疗损害鉴定意见的专业性与中立性、医疗损害鉴定路径的选择以及医疗损害鉴定制度关键环节一元化中的相关问题。

第八章我国医疗损害责任制度改革的反思。当前，我国医疗损害责任制度改革存在的问题包括民事责任的高度关注、赔偿标准的一般化、诉讼机制的主导以及医疗损害鉴定二元化的实质性存在，其不利后果主要表现为从法律制度层面迫使医务人员同患者相对立，不利于医学科学的长远发展。在医疗损害责任制度的改革进行到一定阶段后，我们不得不思考医学的本质是什么、医疗服务市场同一般的市场到底有什么不一样以及侵权责任法在医疗服务领域的功能能否很好的实现这些基本问题。总体而言，由于医学的经验性与科学性以及医疗服务市场的信息不对称等因素，侵权责任法的功能在医疗服务领域的实现明显受到限制。

第九章完善我国医疗损害责任制度的对策建议。在医疗损害责任制度的价值取向上，建议优先考虑健康保障性、成本完善性及社会正义性。在设计原则上，建议坚持有利于预防损伤原则、医患利益平等原则、专家优先制度与外行人制度相结合的原则、ADR 优先与诉讼相结合的原则、对医生惩罚与教育相结合的原则、社会成本和收益与私人成本与收益相结合等原则。在具体的制度建设方面，建议加强行政处理与民事责任的制度衔接、建立多元化的医疗损害补偿制度、适当限制医疗机构损害赔偿责任、替代性纠纷解决机制与诉讼的有机结合、统一医疗损害鉴定制度以及优化医疗损害纠纷审判制度。

上 篇

基础理论篇

第一章
医患关系法律属性

第一节　民事法律关系

一、合同关系

《侵权责任法》实施前，我国医患关系的法律属性基本定位于民事合同关系。根据该理论的观点，患者到医疗机构求医，无论是否与医疗机构签订医疗合同，双方都成立事实上的医疗服务合同关系，双方的法律关系属于民事合同关系。[1] 医疗合同和其他民事合同一样，都属于合同法领域，具有民事合同的一般特点，例如，合同依法成立，即具有法律约束力；订立、履行合同应当遵守法律法规等。但是，医疗合同是发生在医患双方之间的具有特定内容的合同形式，与其他民事合同相比，又有其特殊性。

（一）医疗合同的特点

有学者认为，医疗合同的特点主要体现在以下几个方面[2]：

第一，医疗合同当事人的意思自治受到公法上的某些限制。

---

〔1〕龚赛红：《医疗损害赔偿立法研究》，法律出版社2001年版，第16页。

〔2〕艾尔肯："论医疗合同关系"，载《河北法学》2006年第12期。

私法自治乃是民法的精神所在，在合同法上更以合同自由为基本原则。依各国法律规定，合同当事人就订立合同而言，有选择合同当事人、决定合同内容及合同形式、变更合同、解除合同、约定责任承担等方面的自由。医疗合同作为私法上的一种合同形式，其当事人应享有这些意思自由。但由于医疗合同的特殊性，使当事人尤其是医方的意思自治受到公法的约束。如依日本医事法、我国台湾地区医事法规定，对于患者请求诊疗的要约，医师无正当理由不得拒绝，即使患者要求诊疗的疾病不属于该医师的专业领域，也不能拒绝。我国《执业医师法》虽仅规定患者处于危急之际医方的"强制承诺义务"，但社会普遍承认医方的人道主义救助义务，当其见死不救时将会受到社会舆论的谴责。

第二，医疗合同的内容具有高度的专业性和双方当事人能力的不对等性。作为医疗合同基本内容，它是基于现代医学知识和技术、正确地探索病因并施以适当的治疗，使病患恢复健康的合同。它以医师拥有的专业知识和医疗技术为条件，以医方具有的必要的技术设施为必需，这就决定了合同双方当事人能力上的不平等。作为医疗合同当事人一方的医方拥有的是医务上的专家或受过专业训练的护理人员，具有他人所不具备的业务技能。而作为医疗合同当事人另一方的患方，通常是对医学知识缺乏了解的普通人。所以，在医疗合同中医方与患方之间在能力上存在着很大程度的差异。

第三，医疗合同具有诊疗债务的抽象性和手段性。在医疗合同中，医师所履行的债务是对患者诊疗的本身，诊疗债务的抽象性表现为进行医学上认为是适当的诊疗。在缔结医疗合同时，医患双方就该合同所达成的意思表示仅限于进行诊疗这一抽象的内容，对于诊疗过程中具体的权利义务的内容则只能依患者的情况在诊疗过程中逐步明确，这就是医疗合同的抽象性特征。而诊疗债务的手段性是指虽然医疗合同是以诊断治疗疾病为目的的合同，但其债务并非是达成某种特定结果的“结果债务”，而只能是作为治疗疾病的手段。债务是否如约履行的关键在于医师所实施的医疗行为是否适当，而不以疾病的完全治愈与否为判断标准，这是因为，一方面诊疗行为具有不确定性，另一方面现代医学还不能征服所有的疾病。

第四，医疗合同中的医师应尊重患者是否接受其医疗行为的决定权。近年来各国学者提出了对患者的决定权予以尊重的问题。虽然医师作为专家对诊疗行为的实施具有决定权，但诊疗是以患者自身不可替代的生命、身体为对象进行的，而且通常会对患者的身体产生侵袭和痛苦，有时甚至可能造成生命危险。如果完全忽略患者的主动性有可能造成不公，因此在诊疗过程中应最大限度地尊重患者对于自己命运的决定权，使其成为医疗合同的一项内容。它包括医师在实施医疗行为之前有向患者进行详细说明的义务，患者有在对医疗行为可能给他带来的后果有较为充分了解的前提下决定是否作出承诺的权利。只有经过患者的承诺，医师实施的重大的医疗行为才具有适法性。当然对患者的决定权的尊重并非绝对。在患者不具有意思表示能力的情形之下，医方如果采取了依医学通常标准而针对于患者的治疗行为，患者事后就不能以自己未作出承诺为由而向医方提出不合理的请求。

第五，医疗合同双方当事人之间对合同得以适当履行相互负有协助的义务。任何合同的履行都需要双方当事人之间的互相合作，在医疗合同中当事人之间的协助义务就体现得更为明显。一般而言，医患关系是建立在相互信赖基础之上的，医疗行为的实施只有在医患双方互相配合的情况下才能达到其效果和目的。因此，医师在整个医疗过程中无法离开患者的密切配合，如要求患者在医师问诊时对病情、病史作出正确详细的回答，在治疗过程中患者在用药、检查、保养等方面遵从医嘱。患者还需要调整自己的情绪，结合医师的物理和病理疗法，注重用心理疗法加快自己的康复。如果患者在诊疗过程中不予配合，医师即使有再高的医术也无法实现合同的目的。因患者不配合而致治疗失败时，不能追究医方的医疗损害赔偿责任。

（二）医疗合同的性质

医疗合同的性质，是指医疗合同究竟属于哪一类型的合同。对于这一问题，各国学术界有以下几种观点：

第一，将医疗合同解释为准委任合同。此为日本法通说。该学说认为："医疗契约是运用医师所要求的临床医学的知识、技术、迅速、准确地诊断患者疾病的原因和痛苦之后，采取适当的治疗行为等事务处理为目的的契约，只要没有特别的约定，就不能将良好的结果的达成包含在债务的内容里。"〔1〕这种合同与以结果债务为内容的合同不同，它是患者委托医师以医治其伤病为目的，医师给予患者谨慎的注意义务及实施适当的诊疗行为本身为内容的手段债务的合同。

第二，将医疗合同解释为委托合同。此为我国台湾地区通说。该学说认为，医疗合同为劳务给付合同，医疗行为是事实行为，其不以有偿为必要，且以诊治的持续已无必要为合同的终止期。〔2〕日本学界之所以将医疗合同称为准委托合同，是因为日本民法将委任合同所处理的事务限于法律行为，对所处理的事务不是法律行为的，则另称准委任。医疗行为大多是事实

---

〔1〕 龚赛红：《医疗损害赔偿立法研究》，法律出版社2001年版，第29、39页。

〔2〕 黄丁全：《医事法》，中国政法大学出版社2003年版，第164～165页。

行为，所以称之为准委任。但我国台湾地区“民法”未作这样的区分，不论处理的事务为法律行为还是非法律行为均得成立委任契约。所以主张医疗契约在一般情形下应为委任契约，只在患者与医师约定治愈疾病方给付报酬时，才能将这一契约作为承揽契约对待。〔1〕

第三，将医疗合同解释为混合合同。该学说认为，医疗合同包含准委任合同和承揽合同。一般情况下是准委任合同，以手术等一定的明确事项完成为目的的医疗合同属于以完成该行为为目的的承揽合同。此学说在日本学术界具有一定的影响力。

第四，将医疗合同解释为无名合同。此学说认为，从患者委托医师完成适当诊疗事务这一目的来看，将医疗合同视为准委任契约似乎是恰当的，但具体分析医疗合同的特征，就会发现医疗合同与典型的委托合同存在很大差异，很难说医疗合同是一种典型合同。因此将它视为一种独立的无名契约更为合理。〔2〕

第五，将医疗合同解释为雇佣合同。雇佣是指合同当事人双方约定，一方于一定或不定的期限内为他方服务劳务，他方给付报酬的合同。〔3〕医疗合同是医方以医疗行为为患者提供服务，患者给付报酬的一种雇佣合同。此为德国通说，因为德国民法规定，委任为无偿合同，而医疗合同大部分都是有偿合同，因而无法归为委任合同，同时医疗合同并不以疾病的治愈为合同的内容，也不适用承揽合同的规定。因此，德国法将绝大部分为有偿合同的医疗合同视为雇佣合同。在英美法上将医疗合

〔1〕梁慧星：《民商法论丛》第9卷，法律出版社1998年版，第678页。

〔2〕艾尔肯：《医疗损害赔偿研究》，中国法制出版社2005年版，第35、41页。

〔3〕黄丁全：《医事法》，中国政法大学出版社2003年版，第164～165页。

同视为雇佣合同的观点也占主导地位。

第六，无名合同与委托合同的混合。该观点认为，从表面上看，医师和患方之间的关系是一种委托合同关系。患者将有关身心健康的事务委托医师处理，并给付报酬；医师接受患者的委托尽其所知和能力为患者诊治，并收取报酬。但从实际上看，我国合同法中有关委托合同的规定无法完全适用于医疗合同。因为医疗合同并非单纯财产上的合同，必要的费用与医方的医疗债务并非为对价关系。在患者未支付费用时，医师不得主张同时履行抗辩权。而委托合同中的委托人或受托人可以随时解除委托合同，但是医疗行为涉及患者的生命和健康，医方不得随时终止合同而停止治疗，否则会造成患者生命、身体的伤害。如果患方自行终止合同，如有生命、身体上的伤害而自愿承受这种不利的后果，属于合同自由范畴。因此，合同法中有关委托合同的规定不能完全适用于医疗合同关系，医疗合同作为一种无名合同，其只是在委托处理事务这一点上与委托合同相似而已。〔1〕

（三）对医疗合同关系的质疑

基于前面的分析，不难发现，医疗合同在诸多方面明显不同于一般的民事合同。医疗合同理论在法国运行七十多年。法国民法学界对医疗合同理论提出了诸多的质疑。法国学者的质疑主要表现在以下几个方面：

第一，医患关系并非纯粹的经济关系，而是具有相当程度的伦理性。“不管人们做什么或说什么，总之在实际上，患者的命运‘操控在其医生手中’。因为医患关系具有独特性，这种关系与债务人、债权人之间的关系并不相似，在此领域提出如此

〔1〕 艾尔肯：“论医疗合同关系”，载《河北法学》2006 第 12 期。

‘冷酷的’规则既不可能也不可欲：病患人身最好的保障在于医生的良知”。正是这种伦理性决定了以普通合同关系来架构医患关系是不恰当的。

第二，患者对诊疗行为的同意，并非是对医疗合同的同意。实际上，它根本就不是同意的问题，某些学者因此将其称为对行为的“赞成”，它属于每个人对其保有人身完整性之权利的固有要求。实际上，“在医疗领域，不仅仅是合同诚信或无效同意的问题。它涉及的是：尊重患者、尊重患者是否同意入侵其身体之权利、简而言之即对人性尊严给予尊重的问题”。

第三，合同标的的特殊性。实际上不能在日常合同的语境下谈论患者的知情权，因为合同标的是不同的，医疗合同涉及的是人类本身。而实际上，人体是不能涉及合同的。由于这种特殊性，许多学者从中推导出，它只是涉及一种特殊的合同。

第四，医患关系不再是约定关系，而是已经朝向一种法定关系演进。实际上，无论是治疗义务，还是风险说明义务，取得患者同意的义务，抑或是医疗隐私的保有义务，都是法律［《公共健康法典》（CSP）］明文规定的。“这些义务独一无二的根据在于法律，或更一般的说在于基本权。医生的民事责任不能是合同性的。”而且，涉及避免人身损害的医生义务（诊疗义务和说明义务），不能通过事前合同约定来免除。

第五，合同缔约能力在医疗关系中并无太大意义。实践中存在许多场合，医疗关系并不因为患者的缔约能力欠缺而受影响。无论是无意识的危急患者，还是未满18周岁的未成年人，均可与医院发生医疗关系。

第六，医疗合同关系理论的包容性有限，无法容纳复杂的医疗关系。医疗损害责任制度具有多层次性，不仅有医疗过错责任，还有医疗无过错责任，更有对医疗风险事故致害的国家

赔偿责任，这些复杂的制度综合体远非单一医疗合同关系可以完全覆盖。〔1〕

二、法定权利义务关系

法定权利义务关系，是指医患法律关系的产生，不是以医疗合同为基础，而是以相关法律法规对医疗机构的义务进行规定后，在医疗过程中依法产生的民事法律关系。之所以提出医患关系是法定权利义务关系，主要是基于《侵权责任法》颁布后，我国的医疗损害责任已从立法层面定位于侵权责任。侵权责任不同于契约责任的基本特征在于：此种责任是行为人违反法定义务所应承担的法律后果。虽然定位于合同关系，在我们国家允许请求权竞合的情况下，不妨碍患者通过侵权诉讼追究医疗机构的侵权责任，但是，从《侵权责任法》对医疗机构相关义务的规定来看，只要医疗机构违反了这些法定义务，医疗机构就要承担侵权责任，因此将医患关系定位于法定权利义务关系可能更符合法律的相关规定。

（一）法定义务的渊源

在现代社会，侵权责任法中法定义务的范围如何加以确定是现代侵权法学家应当加以探讨的重要问题，也是司法界应当加以重视的问题。我国部分学者将侵权责任法中的法定义务等同于法律的强行性规范和禁止性规范所设定的义务，认为制定法是侵权责任中法定义务的唯一渊源。有学者认为，此种界定过分狭小，它将大量的民事义务排除在过错侵权责任的范围之外。从理论上讲，刑法、某些行政性管理法律所规定的强制性规范和禁止性规范所设定的法定义务，虽然是民事义务的重要

〔1〕 叶名怡："医疗合同责任的衰落—以法国法的演变为分析对象"，载《甘肃政法学院学报》2012 第 11 期。

渊源，但是它们只是社会生活中最重要的义务而不是民事义务的唯一渊源，此类义务的设定，其目的在于保护包括原告在内的社会公众的利益免受侵害，它们不可能涵盖一切社会活动领域所发生的过错侵权行为。因此，在制定法所规定的法定义务之外，还存在其它形式的民事义务，这些民事义务被称为非制定法上的义务，与制定法所规定的义务相对应。在现代侵权责任法中，人们将制定法以外的民事义务均称之为注意义务，即行为人在民商事活动领域，应当运用自己所掌握的知识、经验和技能，达到理性人的行为标准，不应开发、形成对他人人身或财产有重大的不合理损害的危险。

注意义务虽然已为有关的契约法所规定，但并不表明此种义务仅为契约性的义务，它实际上也是一种法定义务，是法律对任何行为人所提出的最低行为要求，违反此种义务并导致他人损害，即应承担过错侵权责任。从理论上讲，制定法所规定的义务也是一种注意义务，但因为此种注意义务具有自己的某些特性，其适用范围受到特定的制定法的限制。在制定法规则之外，民事义务产生的渊源还有哪些？在法国，学者认为，习惯性规则是法定规则之外的第二类民事义务产生的根据。而所谓的习惯性规则则包括惯例和道德。无论是惯例还是道德均能产生某种民事义务，如果行为人在从事活动时违反了此类义务，其行为也构成过错侵权行为，也要对受害人承担侵权法律责任。而在英美，判例法提出了各种理论来决定民事义务产生的渊源，主要包括近邻性理论、信赖理论、可预见性理论和责任的自愿承担理论。〔1〕

---

〔1〕 张民安、龚赛红：“法定义务在过错侵权责任中的地位”，载《学术研究》2002 年第 8 期。

（二）《侵权责任法》中医疗机构的法定义务

有学者对《侵权责任法》中有关医疗机构的法定义务进行了详细研究，主要包括以下几个方面：[1]

第一，遵守法律、行政法规、规章以及其他有关诊疗规范的义务。众所周知，遵守法律、行政法规、规章是所有法律关系主体双方的义务，作为医疗法律关系主体的医方和患方也概莫能外。鉴于医疗领域的专业性，有关诊疗规范亦具有法律规范的性质，亦是医方应遵守的义务内容。近年来，从规范诊疗行为、遏制过度医疗等目的出发，在国家卫生行政管理部门主持下，出台了100余种疾病的临床路径，这些临床路径既具有诊疗规范的性质，也构成医方义务的内容。对于不履行以上义务的法律后果，《侵权责任法》第58条规定，不遵守法律、行政法规、规章以及其他诊疗规范的，直接推定医方有过错。同时，根据第54条规定，患者在诊疗活动中受到损害，医疗机构及其医务人员有过错的，由医疗机构承担赔偿责任。

第二，告知义务。随着社会的发展，尊重人的权利越来越受到重视，知情同意的理论和实践正体现了时代的要求。在诊疗过程中，从尊重患者自主决定权出发，医方必须尽到告知义务，否则应对由此产生的损害承担责任。这方面的法律规定在《侵权责任法》出台之前不够具体，基本未明确告知的内容。《侵权责任法》第55条明确规定，医务人员在诊疗活动中应当向患者说明病情和医疗措施。需要实施手术、特殊检查、特殊治疗的，医务人员应当及时向患者说明医疗风险、替代医疗方案等情况，并取得其书面同意；不宜向患者说明的，应当向患者的近亲属说明，并要取得其书面同意。这一规定，明确了医

---

〔1〕 刘颖：“《侵权责任法》对医方的义务解读”，载《中国护理管理》2011年第6期。

方告知义务的内容。具体而言，一是界定了告知的对象，首先应该是患者，只有在不宜向患者本人说明的情形下，才应向其近亲属说明。而过去的法律法规在说明对象方面，并不把患者本人放在首位，不恰当地强调患者家属的同意，且“家属”的概念并非严谨的法律概念，《侵权责任法》的有关规定则体现了对患者作为医患法律关系主体的高度尊重；二是明确了说明的内容，具体表现为医疗风险、替代方案等。在说明基础上，由患者自主选择；三是规定了知情同意的形式，即患者或其近亲属的同意意见以书面形式表示。如果出现告知方面的纠纷，医方在抗辩时，必须出示书面证据以证明自己确已履行告知义务，否则将承担举证不力的后果。

第三，医方应尽到符合医疗水准的诊疗义务。《侵权责任法》第 57 条规定，医务人员在诊疗活动中未尽到与当时的医疗水平相应的诊疗义务，造成患者损害的，医疗机构应当承担赔偿责任。此法条明确规定了医方在具体诊疗过程中应尽的注意义务，并以“医疗水准”为基准界定其是否违反注意义务，从而判断其是否存在过错，进而界定是否承担侵权责任。《侵权责任法》明确了医疗损害赔偿责任是过错责任。过错本质上是行为人的主观心理状态，对于是否存在过错的判断，需要从客观方面判断，即通过行为者外部行为界定，也就要考查其是否履行了注意义务，即为避免有害结果的发生而意识集中、谨慎行事的义务，其包括结果预见义务和结果避免义务。而这种注意义务的衡量标准是什么，在过去的法律法规中未有具体规定，仅见于学界的讨论。近年来，“医疗水准说”成为通说，并被《侵权责任法》所采纳。所谓医疗水准，就是医学界普遍实施的技术水准，它是实践水准而非理论水准，以此来判断医方是否尽到注意义务较为公允。当然，在具体实践中，在运用此基准时，还应考虑到紧急治疗、专门性及地域等因素。具体而言，在急诊情况下，对于医方的注意义务的要求必定不同于门诊；对于非专科医师的注意义务要求不同于专科医师；由于客观上存在的发展水平的差异，不同地域的医师也存在差距，对于其注意义务的要求难以完全相同。尽管需酌情考虑到以上差异，但医疗水准仍是最基本的判定标准。

第四，妥善保管并提供病历材料的义务。病历材料属于医方所有，但由于其内容与患者利益密切相关，患者当然有权利要求查阅、复制。在实践中，由于医方涉嫌隐匿病历材料或拒绝患者查阅、复制而酿成的纠纷十分常见，而在以往的法律法规中并没有明确涉及如何解决此类问题以及相应的法律后果。《侵权责任法》第 61 条规定，医疗机构及其医务人员应当按照规定填写并妥善保管住院志、医嘱单、检验报告、手术及麻醉记录、病理资料、护理记录、医疗费用等病历资料。患者要求查阅、复制上述病历资料时，医疗机构应当提供，这一规定课予医方妥善保管和提供病历材料的法定义务。如果其不履行此义务，医方将承担何种法律后果？《侵权责任法》第 58 条作了明文规定，隐匿或者拒绝提供与纠纷有关的病历资料；伪造、篡改或者销毁病历资料，将直接推定医方有过错。进而根据该法第 54 条规定，医方有过错，将导致其承担赔偿责任的后果。

第五，尊重患者隐私权的义务。隐私权一般被定义为公民享有的私生活安宁与私人信息依法受到保护，不被他人非法侵扰、知悉、收集、利用和公开等的一种人格权。其内容具体包括私密隐私权、空间隐私权、私生活安宁权等。在医疗领域，患者隐私权受侵害的情形主要涉及私密隐私权的侵害，最常见的表现为：一是医方泄露患者所患疾病或身体隐私特征、公开病历资料内容，构成对其私密隐私的损害；二是未经患者同意即以其为对象实施教学演示，构成对其隐私权的侵害。隐私权的保护虽然在我国司法实践中已经实施了若干年，但在相关法律中一直没有单独规定，一般是作为名誉权保护的内容之一。在现有的其他涉及医疗领域的立法中，已经涉及保护“隐私”的内容，但未提到法定权利的高度。如《执业医师法》第 22 条第 3 款规定，医师关心、爱护、尊重患者，保护患者的隐私；《护士条例》第 18 条规定，护士应当尊重、关心、爱护患者，保护患者的隐私。《侵权责任法》首次立法明确了其作为重要人格权利的法律地位，第 2 条即规定隐私权为本法所保护的民事权益。第 62 条规定，医疗机构及其医务人员应当对患者的隐私保密。泄露患者隐私或者未经患者同意公开其病历资料，造成患者损害的，应当承担侵权责任。应该说，以上法条进一步明确了医方的责任。

第六，实施合理检查的义务。过度医疗被认为是导致“看病贵”的重要原因之一。在临床实践中，主要表现为过度治疗、滥用药物、过度检查等。过度医疗行为虽然违法，但并没有具体法条有针对性地对其加以规范。《侵权责任法》首次予以明文规定，第 63 条规定，医疗机构及其医务人员不得违反诊疗规范实施不必要的检查。这一规定旨在禁止过度医疗，只是在外延上过度紧缩，仅限于过度检查行为，对于过度检查如何具体认定仍然是个问题。有学者认为，是否过度的衡量标准应该依据诊疗规范，对于已经出台临床路径的具体病种，应依据该临床路径。当然，对于过度治疗、滥用药物的情形，造成患者损害的，完全可以援用《侵权责任法》第 54 条的规定，患者在诊疗活动中受到损害，医疗机构及其医务人员有过错的，由医疗机构承担赔偿责任。

第七，承担产品质量侵权不真正连带责任的义务。在医疗过程中，除了医务人员的诊疗行为，往往涉及到药物、医疗器械、血液的质量所致侵害患者权利问题。在此类的侵权案例中，对医方是否承担责任、承担何种责任、责任份额，众说纷纭，做法各异。《侵权责任法》对此在第59条作出了明确规定，因药品、消毒药剂、医疗器械的缺陷或者输入不合格的血液造成患者损害的，患者可以向生产者或者血液提供机构请求赔偿，也可以向医疗机构请求赔偿。患者向医疗机构请求赔偿的，医疗机构赔偿后，有权向负有责任的生产者或者血液提供机构追偿。如何理解《侵权责任法》的立法精神？依照我国的现有法律规定，产品责任适用于无过错责任，以体现大工业生产条件下对于消费者权益的倾斜保护。所谓无过错，是指生产者和销售者作为责任主体，不得以自己行为无过错作为抗辩理由，其中一方向被侵权人承担赔偿责任后，有权向另一方责任主体追偿，生产者和销售者之间承担的不是连带责任而是不真正连带义务。在医疗领域，涉及药物、医疗器械、血液质量侵权，适用产品责任，而医方实际上被视为销售者的角色，其承担的是产品质量瑕疵担保责任。所谓“不真正连带义务”，不同于“连带义务”，是指数个责任人对基于不同的原因而偶然产生的同一损害事实各自所应承担的全部赔偿责任，并因某一责任人的履行而使全体责任人的责任归于消灭的一种责任。在产品生产者和医方的责任关系上，双方各为自己的责任负责，只是在追究医方与生产者终局责任时，医方作为销售者以过错为归责事由，在医方无过错且已先行承担全部责任的情况下，有权向生产者追偿。《侵权责任法》作出上述规定，体现了对于处于弱势地位的受害患者权益的保护。

第二节　行政法律关系

一、行政法律关系概述

行政法律关系是指由行政法规范确认和调整的因行政权力的行使而形成的行政主体与其他当事人之间的权利义务关系。行政法律关系具有下列几个明显的特征：

第一，行政法律关系主体的多重性和恒定性。在行政法律关系中，作为一方当事人的行政主体包括行政机关与法律、法规及规章授权的组织等。它们在不同类型的关系中分别是以不同的法律身份或角色出现的，行政相对人也具有多样性。但行政法律关系主体的当事人必然有一方为行政主体。没有行政权力的存在及其实际运用，行政法律关系就无法形成。

第二，行政法律关系权利义务的对应性和不对等性。所谓权利义务的对应性是指行政法律关系主体双方相互行使权利并履行义务，不允许存在一方只享有权利而另一方只履行义务的情况。所谓权利义务的不对等性是指行政法律关系主体双方虽对应地行使权利履行义务，但彼此的权利义务在质和量上并不是绝对相等的。

第三，行政法律关系权力和权利处分的限制性。在行政法律关系中，作为一方当事人的行政主体，其所享有的行政权力是法定的、不可分割的。对于作为行政法律关系另一方当事人的行政相对人来说，其在行政活动中所享有的权利相对于民事活动会受到更多的限制。

第四，行政法律关系的弱稳定性。一旦社会生活发生了新的变化，行政主体就有可能对已经形成的行政法律关系进行相应的调整甚至废止。随着行政法治的发展，很多先前不受行政法规范调整的社会关系也会逐步纳入行政法的视野中，从而形成新的行政法律关系。[1]

二、强制医疗的含义与范围

强制医疗是指国家基于医疗的特殊性和对国民生命和身体健康的维护，对某些疾病患者赋予强制接受诊疗的义务，对于医疗机构则相应地课以强制提供治疗服务的义务，从而形成强制医疗法律关系。

有学者认为强制医疗关系的范围应包括以下几种具体情形：

第一，传染病防治领域。国家基于全民健康利益的要求，对某些传染性疾病的患者赋予强制接受诊疗的义务，对于医疗机构则相应地课以强制提供治疗服务的义务，从而形成强制医疗关系。我国《传染病防治法》对各类传染病的防治作了明确的规定。对传染病患者，特别是甲类传染病患者，如鼠疫、霍乱以及乙类传染病中的特殊控制型的传染病患者，如非典型性肺炎的患者，实行强制预防、控制治疗措施。

第二，计划免疫领域。为预防、控制传染病的发生及流行，保障民众人体健康和公共卫生，我国实行有计划的预防接种制度。我国 2005 年施行的《疫苗流通和预防接种管理条例》将疫苗分为两类，除第二类疫苗，即由公民自费并且自愿受种的其他疫苗外，由政府免费向公民提供，公民应当依照政府的规定受种的疫苗为第一疫苗。对国家强制接种的疫苗，公民必须按照规定受种，属于一种强制医疗义务.

第三，对精神病人的强制医疗领域。对某些具有极大的攻

---

〔1〕 杨海坤、章志远："行政法律关系基本理论问题探析"，载《河南省政法管理干部学院学报》2004 年第 1 期。

击性和人身危险性，在客观上对社会和公民造成严重危害的精神病人，有必要对其强制医疗，以达治愈本人、保护公民权益、维护社会治安秩序的目的。我国 1997 年《刑法》第 18 条规定，精神病人在不能辨认或者不能控制自己行为的时候造成危害结果，经法定程序鉴定确认的，不负刑事责任，但是应当责令他的家属或者监护人严加看管和医疗，在必要的时候，由政府强制医疗。

第四，强制戒毒领域。即指对吸食、注射毒品成瘾人员，在一定时期内通过行政措施对其强制进行药物治疗、心理治疗等措施，使其戒除毒瘾。我国 1990 年颁布的《全国人民代表大会常务委员会关于禁毒的决定》与 1995 年实施的《国务院关于强制戒毒办法》都有所规定。2008 年施行的《禁毒法》虽然取消了过去劳动教养戒毒，但仍规定了强制隔离戒毒措施，其 31 条规定，吸毒成瘾人员应当进行戒毒治疗。第 38 条规定了强制隔离戒毒的具体情形。

第五，突发自然灾害与意外事件领域。国务院 1994 年颁布的《医疗机构管理条例》第 39 条规定，发生重大灾害、事故、疾病流行或者其他意外情况时，医疗机构及其卫生技术人员必须服从县级以上人民政府卫生行政部门的调遣。表明此时医疗机构与医务人员的紧急救治是在政府部门的统一安排下进行的，没有选择的余地。[1]

三、强制医疗的法律性质

医患关系在一般情形下定位于民事法律关系，应该没有歧义。无论是合同关系还是法定关系，都定位在民事法律关系的

---

〔1〕 翟方明："试论强制医疗关系及其法律责任"，载《中国卫生事业管理》2010 年第 5 期。

范畴。然而，由于医疗情形与医疗对象的复杂性，在强制医疗的情形下，将医患关系定位于民事法律关系，显然欠妥。强制医疗关系有别于前述医患之间的民事法律关系。在这种法律关系中，包含了如下几层意思：其一，它的建立在于为了达成特定的行为目的，例如，防止传染病的扩散和蔓延，允许医疗机构为传染病患者设定各种义务，作为相对人传染病患者，只有概括性的服从义务，患者必须接受隔离治疗；其二，医疗机构可制定特别规则拘束相对人患者，且无须法律授权。就是说，在这种法律关系下，当事人双方除要遵守国家法律的一般规定外，还必须遵守行政主体制定的一些特别的规则，这些规则不以相对人同意为前提。如医院可限制病人的行动自由等；其三，当事人地位不对等。作为医疗机构处于优越地位，有权对患者实施强制治疗，而患者则处于服从的地位。〔1〕

关于医师强制诊疗义务的法律性质，日本学说认为是公法上的义务，是医师对于国家所负的义务，此种见解已趋于一致。大陆也有学者认为，强制治疗应属公法关系，与一般医疗关系不同，患者接受治疗并非出于自由意思，而是具有义务性和强制性，应属公权力之行使。〔2〕在强制医疗过程中，除限制患者人身自由这种行政强制措施外，还存在着为患者提供医疗服务等民事活动。但是，强制治疗过程中民事活动的存在并不能从根本上改变强制医疗法律关系的基本特点，即公法关系。〔3〕因为强制医疗关系的主导内容是，医疗机构及其人员在国家指令安排下，

---

〔1〕 蔡晓卫："强制医疗关系中的相关问题研究"，载《中国医学伦理学》2004 年第 6 期。

〔2〕 龚赛红：《医疗损害赔偿立法研究》，法律出版社 2001 年版，第 63 页。

〔3〕 陈志华："强制医疗法律关系研究［EB /OL］"，http：/ /www. lawtime. cn /info /yiliao/ylflgx /20090310791_ 2. h tm，最后访问时间：2013 年 8 月 12 日。

对相关对象实施强制隔离治疗等行为。其本质是在紧急状态下执行特殊的行政职能，履行特殊的职责，属于公权力的行使。因此，根据我国现行法律关系的分类，强制医疗法律关系应被归入行政法律关系范畴。当医疗机构在《传染病防治法》、《执业医师法》等具有公法性质的法律授权下与特殊的传染病患者等发生医疗强制法律关系时，医方的强制医疗行为已具备行政行为的执法性、单方性、特定性的特点，医方行使上述行为，是法律授权下的行政权力的行使，和患者间形成行政法律关系，受公法的调整。医疗机构对传染病病人的强制隔离和治疗，对无力支付医疗费用患者的免费治疗，传染病等患者自觉地接受隔离观察和治疗，都不是建立在平等互利的民事法律关系基础上的，而是法律对医方的授权行为，双方当事人的权利义务呈现明显的不对等：作为医疗机构享有更多的优越权，而相对人患者一方则负有更多的服从义务。[1]

当然，我国理论上关于强制医疗关系的性质，仍存在一些分歧。即使在认同其属于行政法律关系的观点中，医疗机构及其人员具体属于法律、法规授权主体还是受委托主体也存在较大争议。这不仅关乎医疗机构的主体地位和诉讼地位，更关乎强制治疗中法律责任的承担。有观点认为，根据我国《传染病防治法》第 7 条和第 24 条规定，法律已授予医疗机构对传染病患者实施强制治疗的权力，因此应属授权行政主体。有人对此持反对态度，认为《传染病防治法》第 7 条确有授予医疗机构及其医务人员对传染病患者实施强制治疗权力之意，但是其法律意义在于使医疗机构或医务人员对患者实施的强制治疗手段合法化。关于《传染病防治法》第 24 条，与其说是授权，不如说是为医

---

〔1〕 蔡晓卫：“医患强制法律关系研究”，载《浙江大学学报（人文社会科学版）》2005 年第 2 期。

疗机构设立了法定义务。据此认为对传染病防治进行管理是医疗机构的法定任务，而不是其行政职权。[1] 翟方明赞同第一种观点，认为实施强制治疗的医疗机构应属授权行政主体而非接受委托的主体。因为法律、法规授权的组织是指依具体法律、法规授权而行使特定行政“职能”的非国家行政机关组织。并不能因为强制医疗状况下，法律、法规为医疗机构设立了法定义务，而否定医疗机构的授权主体地位。[2] 本人也赞同这一观点。

第三节 社会法法律关系

之所以从社会法的角度来认识和了解医患关系的法律属性，主要是基于以下两方面：一方面，将一般的医患关系定位于民事法律关系和强制医疗定位于行政法律关系，都难以解决医患矛盾与冲突；另一方面，医疗的社会化趋势也越来越明显。从社会法的角度去思考医患关系，也许可以使医患问题得到有效的解决。

一、社会法概述

社会法的思潮由来已久，社会法的探讨近来愈来愈多。社会法可以从多种角度去诠释，“人们不能按照法律调准中的现行条文对‘社会法’下一条定义，社会法的概念的核心就是保障社会安定，社会法不仅仅是货币的再分配，而且它还包括社会

---

〔1〕 陈志华：“强制医疗法律关系研究［EB /OL］”，http：/ /www. lawtime. cn / info /yiliao/ ylflgx /20090310791_ 2. htm，最后访问时间：2013 年 8 月 12 日。

〔2〕 翟方明：“试论强制医疗关系及其法律责任”，载《中国卫生事业管理》2010 年第 5 期。

服务的广阔领域”。[1] 某种程度上，社会法的实质就是在社会群体中的强势群体与弱势群体之间、劳动者与退休者之间、就业者与失业者之间、健康者与病患或残疾人之间、高收入者与低收入者之间进行利益调整，通过对不同种类的相对二元利益格局的合理调试，缓和并化解弱势群体一方可能对社会产生的冲突和矛盾。“社会法使人们清楚地认识到个人的社会差异性和他们的社会强势与弱势地位，并由此首先通过法律照顾弱势群体，使对社会弱势群体的救济和对社会超强群体的限制等成为可能。通过这些方法，它将社会的矫正思想置于自由主义的平等思想的位置上，使分配正义在交换正义那里也发挥作用，并且通过有组织的社会救济，特别是国家救济，取代自我救济，因为通过分配正义达到的矫正必然以存在一个超越个人的上级机关为先决条件。”[2] 有学者认为，社会法是为了解决和预防社会问题而制定的、以社会整体利益为本位、旨在促进社会稳定发展的法律规范体系。社会发展以满足社会成员的生存和发展的需要为中心，是不断提高社会成员的生活质量并使其实现全面发展的过程。社会发展的最终目的是为社会成员生活得更好提供更多的机会，其实质是对社会财富实行更为公平的分配。[3] 社会法既可以是一个法律部门，如劳动法和社会保障法即是其核心构成要素，并且，随着社会的发展会有越来越多的法律部门具备社会性和社会法的性质，尽管未必要把它们划入

---

〔1〕［德］H. F. 察赫尔著，孙汇琪译：“国际与欧洲社会法”，载《现代外国哲学社会科学文摘》1986 第 6 期。

〔2〕［德］G. 拉德布鲁赫著，王朴译：《法哲学》，法律出版社 2005 年版，第 129 页。

〔3〕叶姗：“社会法体系的结构分析”，载《温州大学学报·社会科学版》2011 年第 4 期。

社会法之中。它也是一个法域，超越了公私两个法域，把整个社会作为统一的领域来调整，其法域是相当广阔的。它还是一种法律方法，社会法把社会看作一个整体而不是把社会分割为公私等各种领域；它要求从社会整体去观察问题而不是只见个人不见社会；它要求从社会整体去解决问题而不是头痛医头脚痛医脚；它在经济、行政等方法之外向法律补充进了社会的方法，如果能对这种社会方法彻底掌握并运用自如，那么社会法就更是大有作为，社会法在法律方法上有其独特的贡献和价值。〔1〕

二、医患关系的社会法属性分析

有学者对医患关系的社会法属性进行了尝试性分析，并认为无论从客观维度还是主观维度，医患关系都具有社会法的属性。从客观维度看，首先，医患关系是社会问题。近年来，我国医患关系紧张，医疗纠纷逐年上升。2009 年 11 月相继发生的“北大医院非法行医”、“南京市儿童医院徐宝宝死亡”等四大医疗纠纷事件，又一次使医患关系成为社会焦点问题。据中国医师协会《医患关系调研报告》显示：全国平均每家医院发生医疗纠纷 66 起，发生患者打砸医院事件 5. 42 起，单起医疗纠纷最高赔付额达 300 万元，平均每起赔付额为 10. 81 万元。医患冲突作为后工业社会中专业人员和民众之间在组织内和社会内的冲突，〔2〕已经成为一个显性的具有社会意义、亟待解决的社会问题。社会法本身就是调整在各种社会问题的发生和解决过程

---

〔1〕 王广彬：“什么是社会法”，载《中国社会科学院研究生院学报》2011 年第 6 期。

〔2〕 贝尔：《后工业社会的来临——对社会预测的一项探索》，新华出版社 1997 年版，第 139 页。

中所产生社会关系的法律规范，其意义在于保证所有人的生存合乎人的尊严，缩小贫富之间的差距，以及消除或限制经济上的依赖关系。[1] 没有特定的边界，当社会利益博弈中处于不利一方需要救济，或因各种原因产生社会问题，不解决有损社会正义和人与人关系、人与自然关系和谐时，就会产生社会法性质的法律。调整医患关系的法律将失衡的医患关系按一定权利义务框架纳入法律调整轨道，形成医患法律关系，符合社会法解决社会问题的主旨。其次，医患关系主体具有社会性：①患者群体的社会性。社会性，指的是一种普遍性而非特殊性，一种全局性而非局部性，一种大众性而非个人性。同时社会性也与公共性、公益性相联系。[2] 疾病是作为群体的人在非特定时期的身体常见状态，是一种普遍性的生理现象。因此，医疗服务状况，直接影响着人类的生存状况和未来发展。个案中，医患关系一般只涉及医方和患方两方主体，但患方的群体性和不特定性却使医患关系具有了社会利益属性，这一特征与调整相对两方私主体的民商法相悖。②医方的社会人角色。民商法所调整的主体是"经济人"，以追求自身利益最大化为交易宗旨。而医患关系中，医方不能成为"经济人"，这是因为我国正逐步步入后工业化时代，社会分层复杂化多层次性已初见端倪。未来一段时间里，知识资本逐步成为社会流动的主要途径，行业专家和精英分子必将成为我国社会主流群体。作为这个群体之一的医方，占有社会资源更多，也应承担更多的社会责任；而且，医方职责是救死扶伤，其宗旨是生命至上，这就将医方与经济人的赢利本性区分开来。世界各国也均将医疗卫生事业纳入"公益性的社会福利事业"范畴，这一性质显然与私法性质

---

〔1〕 察哈尔："德意志联邦共和国的社会法"，载《国外法学》1984 年第 3 期。

〔2〕 王保树、邱本："经济法与社会公共性论纲"，载《法律科学》2000 年第 3 期。

的民商法格格不入，只有以社会人为立足点，以保护社会利益为法益目标的社会法才符合医患关系的本质属性。

从主观维度分析，所谓主观维度分析，是对医患关系的主观属性即医患关系的制度基点、价值取向等内在规定性予以分析。社会法制定时，根据主体所处地位、自身能力、拥有资源的不同，倾斜配置权利义务以达到实质公平——机会公平之上的结果相对公平，其制度基点是承认主体地位不平等，制度原则是权利义务非对等性，价值取向是维护弱势主体利益，法律中蕴涵着浓郁的道德诉求。医患关系符合如上属性。按照美国学者萨斯（Szase）和荷伦德（Hollender）的三分法理论，医患关系模式分为传统的主动－被动型模式、指导－合作型模式、共同参与型模式三种模式。前两种模式中医生和患者显然不处于平等地位，而第三种模式虽然提倡平等，但医患关系中医方掌握着医疗技术和医疗信息，患方在医疗方案的选择上只享有有限选择权，在医疗信息的占有上明显处于不对称状态，医患之间始终存在一种支配与受支配、主导与被主导的关系。为达到医患之间的实质公平，相关医事法律就医患之间权利义务作了不公平配置，给患者以倾斜性保护。而且，医患关系具有社会法的道德性内涵。医患关系是基于一定利益之上广泛渗透着伦理关系的主体互动的特殊社会关系。[1] 患者将人身健康维护权在医疗期内有限地让渡给医方，医方在行使如此重大的权利时，必然应承担与之相当的道德责任。如果以等价有偿理解医患关系，那么医患关系将成为纯粹的利益交换和价值索取，显然不利于医患关系的良性发展，而现代医学科学领域的许多技术革新如器官移植、代理母亲等，又强化了医患关系的道德性，

〔1〕 邱杰："医患关系的三种表现形式"，载《医学与哲学》2009 年第 1 期。

使其社会法属性更加的显著。[1]

另外，也有学者认为，事故的严重性、不可避免性和非个人特征，使得把不幸事件之后果归结为个人行为的做法不再具有合理性。环境灾难、医疗损害或者交通事故应属于社会冲突，损害的发生通常不能归罪于个人，甚至不能简单地归因于行为人。这些领域中的侵权人和被害人之间的界限常常很模糊，双方都是事故受害人的情况也很常见。发生在这些领域中的侵权行为是现代社会中最常见的类型，往往由侵权人的社会角色或者侵权人与受害人之间的关系所决定，期望通过对行为人施以侵权责任教育其预防事故发生，这在很大程度上是没有意义的或者说空间很狭小。[2] 既然事故是一种社会问题，对此种问题的解决只能采用“集体而非个人的方法”。[3] 需要从受害人救济出发建立与侵权行为相关的各种制度的协作关系。我国侵权责任法在某些领域已经接纳了这种制度模式。立法上，《侵权责任法》第 53 条明确规定了在发生交通事故后机动车驾驶人逃逸或者未参加强制责任保险的，必要时要由道路交通事故社会救助基金垫付有关费用。这就使得侵权责任、责任保险与社会救助三种救济方式协调起来，构建了一个完整的救济体系。可以预见，这种救济体系还会扩展至产品责任、医疗责任等许多侵权责任领域。[4]

---

〔1〕 时颖：“医患关系社会法属性分析及法律适用”，载《新疆大学学报（哲学．人文社会科学版）》2011 年第 2 期。

〔2〕 张铁薇：“侵权责任法与社会法关系研究”，载《中国法学》2011 年第 2 期。

〔3〕 丹克：“过错在现代侵权行为法中的地位”，载《外国法学译丛》1992 年第 2 期。

〔4〕 王利明：“走向私权保护的新时代——侵权责任法功能探讨”，载《社会科学战线》2010 年第 9 期。

第二章 医疗损害特殊性

第一节 医疗服务的高风险性

众所周知，医疗服务是一个高风险的行业并常常以此区分医疗行业与其他行业的不同。然而，医疗的高风险性到底有哪些具体的表现，并没有太多的学者进行系统的研究。关于风险的理解，人们通常理解为无法把握与不能确定的事故所导致损失的不确定性。有学者认为风险具有三个基本要素，包括①风险因素：即引起或增加风险事故发生的机会或影响损失程度的因素或条件；②风险事故：是指风险因素引发的具体事件；③损失：即风险事件造成的各种经济的或非经济的损失。[1] 下面从这三个角度来分析医疗的高风险性。

一、风险因素

（一）医学科学具有探索性与经验性

医学是一门经验科学，而不是一门纯理论的科学。人类医学史的发展大致经历了三个阶段，即所谓的神道医学、经验医

〔1〕 杨梅：《风险管理与保险原理》，航空航天大学出版社1999年版，第6页。

学和科技医学。神道医学，就是将人类疾病归因于神灵的惩罚或魔鬼的作祟，而以祈祷、驱邪为主要的手段，以求得疾病的缓解。这是医学的最原始阶段，几乎见于所有古代文明。一部约公元前650年的巴比伦医学文献是这样描述癫痫的：如果发病时病人坐着，那么左眼斜向一侧，口唇紧闭，口中流涎，左侧手、脚、躯干痉挛，像只待宰的羔羊，这就是魔鬼附体。若发病时意识清醒，便能将恶魔驱逐体外；若意识不清，则恶魔就会附体。他们常把大多数疾病的侵袭症状，归因于上帝或神灵附体，通常还伴有对死亡的预测。即使到了中世纪早期（5世纪~10世纪），由于瘟疫的大流行，人们处于非常无助的境地，也不得不向神灵求救。

经验医学，就是医生运用自己的感官，对患者所表现的症状进行直接观察、描述，根据经验做出适当的诊断，它基本上排除了超自然因素（魔鬼、神灵）致病的可能性。例如中世纪的中晚期，医生开始凭借自己的一些经验开始治病，比如当时就出现了验尿诊断法，就是搜集尿液，闻味、观色，看有没有沉淀物。如果当时的医生门口悬挂着尿瓶，表示这家是开业的医生。放血疗法也是一个很古老的方法，美国第一任总统华盛顿，被誉为美国的国父，晚年生病时，对他的治疗也是采取放血治疗，但终究不治身亡。还有中国的拔火罐治疗，这些都是经验医学的产物。

科技医学，是建立在现代物理、化学、生物学等学科的基础之上的，通过研究身体的结构与功能，探究疾病的变化与机理，寻求适宜的诊断与治疗。它的形成和发展主要是从16世纪的文艺复兴到20世纪中叶。它是建立在现代物理、化学、生物学等学科的基础之上的，通过研究身体的结构与功能，探究疾病的变化与机理，寻求适宜的诊断与治疗，这一体系经历了近

400年的时间才逐步建立起来。人体解剖学、生理学、微生物学是当代医学得以建立的基础学科。[1]

医学科学发展的三个阶段，非常清楚的显示，医学科学的发展，是建立在不断探索的基础之上。所谓探索，意味着医学科学对人类而言，永远存在着不可知的领域，永远存在着失败的风险，永远存在着需要付出一定代价才能获得经验或者建立相关科学体系的事实。医学不可能超越探索。每一版的世界卫生组织出版的肿瘤组织学分类，都会对部分肿瘤的良恶性质进行调整。同时，任何一种肿瘤的分类，都包含一类叫做不能归入任何肿瘤类型的肿瘤。例如，1994年版的软组织肿瘤组织学分型中（也就是第二版的软组织肿瘤组织学分型），相比第一版软组织肿瘤组织学分型就新增加了四十多个新的种类，将原来的“浅表软组织的分化良好型脂肪肉瘤”更名为“非典型性脂肪瘤”，原因是这种病变很少复发，所以，把这种肿瘤由恶性肿瘤改为了良性肿瘤。在骨肿瘤组织学分类中，则把破骨细胞瘤的性质从良性修改为了恶性，现在已不能再认为破骨细胞瘤是良性生长。另外，把一些原来不认为是肿瘤性质的病变现在归类为肿瘤性质的病变，如在肺组织肿瘤中，以前认为炎性假瘤是一种反应性增生，现在则认为它是一种肿瘤性病变，少数情况下会复发等，而且每一类肿瘤分型中，都不可缺少的有一类是无法分类的肿瘤，即无法归类于已明确分类的肿瘤类型中。

同时，医生的经验是建立学习、实践、差错甚至以生命为代价的基础之上。整个人类的医疗经验是如此，单个医生的医疗经验也是如此。要成为一个合格的医生，5年、7年、8年的寒窗苦读，其中最初的人体解剖让其领略到医学的刻板与复杂，

---

〔1〕 余前春：《西方医学史》，人民卫生出版社2009年版，第10页。

后来一系列的实验、见习、实习以至毕业后到单位还要经过三年的轮科培训等，都是对医学是一门实践性的学问的最好回答。医生的经验大部分都是通过传、帮、带的方式积累起来的。每个医生的医学认知具有差异性，所谓医学认知的差异性，是指同一个病变，不同的医生由于他个人的经验与知识结构的不同，可能会得出明显不同的结论。Symmer（1968）复查了600例原诊断为霍杰金病（恶性）的切片，发现炎症和反应性增生（良性）192例，占32%，其它类型的淋巴瘤69例，占11%。这说明，这一专家的诊断意见与别的医生的诊断意见符合率只有57%。〔1〕Barnhill等10位病理学家（1999）对30例黑色素细胞病变进行回顾性诊断分析，其中只有6例诊断意见完全一致，占20%，而其余24例均存在不同程度诊断意见的不一致性，占80%（24/30），其中意见分歧最大，良恶性诊断意见不一致的有11例，占37%（11/30）。〔2〕这些诊断的差异，在经过时间的检验之后，会发现有许多诊断是误诊了的，因此，医学认知的差异性和局限性也是导致不利结果出现的原因。

（二）临床决策具有即时性

许多临床医疗决定是必须在很短的时间内立即做出决定的。我们先看一个例子。这是一个关于产后出血的病例。患者×××，34岁，因“停经41+3周”入住某医院。入院前1周该患者在该院门诊做了B超检查，结果提示：单胎头位，胎盘位于子宫右后壁，成熟度3级，没有发现其它异常。入院后体格检查也没有发现异常，产科检查提示巨大儿。入院诊断：G3P1，孕41

〔1〕朱梅刚：《淋巴组织增性性疾病》，人民军医出版社1997年版，第17页。

〔2〕Barnhill R., Argenyi Z., From L., et al. Atypical Spitz nevi/Tumors: “Lack of Consensus for Diagnosis, Discrimination from Melanoma, and Prediction of outcome”, *Human Pathology*, vol. 30 (1999), pp. 513~520.

+3 周，LOA，巨大儿。入院后第二天，因考虑患者预产期已超过 10 天，拟行缩宫素引产。引产前行阴道常规检查，检查过程中发现阴道流血较多，宫颈内口触及软组织，后 B 超检查证实为边缘性前置胎盘。向患者及家属交待了病情，并征得家属同意后，决定行剖宫产术，术中娩出一女婴，重 4650 克，Appar 评分（新生儿评分）1 分钟 10 分，很正常，但是手术过程中因宫缩乏力，胎盘粘连，人工剥离胎盘的过程中部分子宫肌壁的组织连同胎盘一起剥离，出现了大出血，最后，为了抢救产妇生命，做了子宫次全切除术。所有这些临床决策都只能根据当时的情况立即做出决，而且每一步的选择都没有等待和犹豫的机会，同时，一旦做出决定，又没有回头的路可走，在这种样一种情况下，许多医疗结果是舍小求大，舍次求重，出现一些不利的医疗结果有时是很难避免的。希波克拉底《格言集》的一段话是对这种情形最好的描述，它是这样写的：Life is short, and art long;the crisis fleeting;experience perilous,and decision difficult. The physician must not only be prepared to do what is right himself,but also to make the patient,the attendants, and externals cooperate。它的大意是：生命是短暂的，医术是漫长的，拯救病人的机会稍纵即逝，医疗经验又很危险，临床决策很难做出。一个医生，不但要随时准备把事情做对，同时也要求得病人、助手以及外部环境的合作。因此，在医疗过程中，难免会出现一些不利事件，这既是现代医学的无奈，也永远是医学的无奈。希波克拉底是古希腊公元前 460 多年前的医生，被称为西方医学之父，他的先见之明与慧智慧眼把临床医疗决策的复杂性和即时性尽收眼底，因此，他的医德医风仍然是当代医生从医的典型。

（三）医疗检查具有片面性

也许大家会想，人体里面的病变医生的眼睛看不见，手也摸不着，医生判断不准是可以理解的。用一些医疗设备，如 X 光、CT、B 超，甚至磁共振或派特（PET）等一系列检查设备把病变的形态照出来，反映出来，医生总应该判断得准一些了吧。其实也不是这样。因为 X 光也好，CT 也好，甚至磁共振或派特（PET）也好，它们都是对病变进行一些影像学的检查，而且是一种静态的某一时点的检查，它们有时并不能真正地反映疾病的真相。

下面看一个实例：曾有一老年男性患者，咳嗽发热，消炎治疗后咳嗽一直未见明显好转。于是前往大医院进行肺部 X 光检查，X 光没有发现明显肿块，但家属及医生一想，X 光的效果没有 CT 好，还是照一下肺部 CT 放心些，于是申请 CT 检查，但是，CT 结果一出来，却发现"明显"肿块，而且高度提示恶性，当时，家属就在想，幸亏做了 CT 检查，早点发现了肿瘤，要不然可能就要耽误病情了。于是又请会诊又是做其他相关检查，最终决定行"肺部肿块切除术"。因为医院里面有关系，所以安排得很顺利，一大早进入手术室，在全麻下快速进行手术，医生三下五除二地切掉了一根肋骨，可是，手术一探查，包块没有了，怎么摸也摸不到。结果可想而知。医生当时肯定很着急，当时我也在手术台上，患者是我的家属，我只好平静地说一句，关胸吧。这个案例告诉我们，任何医学检查结果不能全信，但我们又不能不信。

（四）疾病具有多因性、动态性、变异性及并发性

疾病的多因性，此处是指一个临床表现常常可能由很多原因引起。为了说明这个问题，以最为常见或者看似最为简单的头痛为例。头痛的原因常与下面疾病有关：①颅脑疾病：感染（脑膜炎、脑脓肿）、脑血管病（脑出血、脑血栓形成、脑栓塞、蛛网膜下腔出血、高血压脑病等）、颅脑外伤（脑震荡、脑挫

伤、颅内血肿、脑外伤后遗症等）均可引起头痛。②颅外病变：颅骨、颈椎病或其颈部疾病、三叉神经痛、眼、耳、鼻和齿疾病也可引起头痛。③全身性疾病：头痛可以是全身性疾病的一个症状，如流感、肺炎等急性感染；高血压、心力衰竭等心血管疾病；酒精、一氧化碳、有机磷和药物中毒等；神经衰弱、尿毒症、低血糖、贫血、肺性脑病、中暑等。有些妇女在月经期及绝经期也可出现头痛的症状。[1] 因此，一个临床症状的出现，常常要对多种原因进行分析并综合判断。一些思维导向性错误，[2] 很有可能在多种原因分析后得出错误的分析结论。当然，现代医学多种多样的检验与医疗设备的检查，在一定程度上解决了很多的不确定性。但是，无论何种检验与设备检查，都是基于临床对病情的基本分析之后才有可能采取的相关措施。因此，疾病的多因性在一定程度上是医疗风险的重要影响因素。

疾病的动态性，是指疾病发生以后，它会在人体内发生一系列的变化，而不是永远停留在某一阶段。[3] 人体的防御机能与疾病的侵袭潜质相互交错，导致疾病处于一个动态变化的过程中。例如，在炎症过程中，一方面损伤因子可直接或间接损伤机体的细胞和组织，间接因素损伤机体细胞和组织的例子包括大量中性粒细胞渗出所引起的组织化脓性溶解破坏，以及细胞或体液免疫反应所引起的细胞和组织变性坏死等；另一方面通过炎症充血和炎症渗出，可稀释、杀伤和包围损伤因子；同时机体通过实质和间质细胞的再生使受损伤的组织得以修复和愈合。可以说，炎症是损伤、抗损伤和修复三位一体的综合过

---

〔1〕 朱明德：《临床医学概要》，人民卫生出版社 2006 年第 2 版，第 4 页。

〔2〕 思维导向性错误：是指医生看到一个临床症状后，其倾向性分析意见往往与疾病的真实情况不符，这主要是由于临床经验的有限性导致的。

〔3〕 这里是指大多数病病，一些自限性的疾病，例如良性肿瘤不包括在此列。

程。[1]

恶性肿瘤除了不断生长，还发生局部浸润，甚至通过转移蔓延到其他部位，因而对机体的影响严重。恶性肿瘤除可引起局部压迫和阻塞症状外，还易并发溃疡、出血、甚至穿孔等。肿瘤累及局部神经，可引起顽固性疼痛。有时肿瘤产生或合并感染可引起发热。恶性肿瘤患者的死亡率高、生存率低。当然，机体对肿瘤也具有一定的免疫反应。机体的抗肿瘤免疫反应主要是细胞免疫。免疫机能低下者，如先天性免疫缺陷患者和接受免疫抑制治疗的病人，恶性肿瘤的发病率明显增加。[2] 因此，一个疾病的最后结果，往往是多种因素综合作用的结果，医生的干预只是其中的一个因素。

疾病的变异性主要包括病原体的变异、临床症状的变异以及器官或组织的异位。病原体的变异以超级细菌的发现最能说明问题。2010 年 8 月 11 日，由英国卡迪夫大学蒂莫西·沃尔什教授团队、英国健康保护署和印度马德拉斯大学联合撰写的论文“Emergence of a new antibiotic resistance mechanism in India, Pakistan, and the UK: a molecular, biological, and epidemiological study”，发表在医学权威杂志《Lancet》上。[3] 论文证实携有 NDM - 1 耐药酶的超级细菌几乎抵御所有抗生素。“超级细菌”事件迅速成为继“非典”、“甲流”之后引起国际社会广泛关注的全球性公共卫生问题。超级细菌的出现，给临床抗菌药物的应用既带来了警醒作用，也带来了治疗上的困难。临床症

---

〔1〕 李玉林：《病理学》，人民卫生出版社 2006 年第 6 版，第 70 页。

〔2〕 李玉林：《病理学》，人民卫生出版社 2006 年第 6 版，第 122 页。

〔3〕 Kumarasamy KK, Toleman MA, Walsh TR, et al. “Emergence of a newantibiotic resistance mechanism in India, Pakistan, and the UK: a molecular, biological, and epidemiological study”, *Lancet*, 2010, 10 (9): 597 ~ 602.

状的变异，主要是指一些具有诊断意义的症状与体征出现了明显的改变。例如，心绞痛通常是以发作性胸痛为主要临床表现，疼痛部位主要在胸骨体上段或中段之后，可波及心前区，界限不很清楚。常放射至左肩、左臂内侧达无名指和小指，或至颈、咽或下颌部。但一些变异型心绞痛则以腹痛、晕厥为突发症状，给临床诊断带来了不少的困难。[1] 器官或组织的异位除了妇科比较常见的子宫内膜异位、异位妊娠以外，其它部位异位的发生率相对很低。在通常的临床思维中一般不会予以优先考虑。但只要一出现器官异位，常常会出现一些误诊或误治的情形。[2]

疾病的并发性是指在原发疾病基础上出现的与原发疾病有间接关系的疾病或病征，例如糖尿病患者并发感染性疾病时，感染性疾病这种并发症的直接原因是病原体，而与原发疾病（糖尿病）的间接关系之一则是糖尿病使患者白细胞吞噬功能降低、抗感染能力下降。[3] 许多疾病都有相关的并发症。

（五）医疗意外的不可控性

医疗意外是指医疗机构在对患者诊疗护理过程中，不是出于故意或过失，而是由于不能抗拒的原因导致患者出现难以预料和防范的不良后果。主要指不能预见和预防的并发症、难以预知的患者特殊体质、不能预见和避免的意外情况。

医学是一个探索性、实践性极强的学科。医学在发展，对疾病的认知在发展。因此，人们对医学上许多问题的认识仍然

---

〔1〕 张宇进："变异型心绞痛致腹痛晕厥 1 例"，载《水电医学》1995 年第 1 期。

〔2〕 宋光第："内脏异位者阑尾切除 1 例"，载《水电医学》2000 年第 4 期。

〔3〕 刘勇："原发疾病与合并症、并发症、继发症的概念把握和意义"，载《中国煤炭工业医学杂志》2011 年第 7 期。

很不完备，至今对许多疾病的认识仍然十分肤浅，还有许多问题根本就没有认识。即使是一个有经验的医生，在对病人疾病诊断治疗的过程中，实际上存在着许多的探索性和未知性。因此，只能通过实践逐步地探索着前进。只要有医疗活动，就可能会出现意外，这种医疗意外只可以期望减少到最低限度。医疗意外有其突发性和意想不到性，一旦出现不良的后果，患者及家属常常缺乏相应的心理准备，加上对医学特殊性的不了解，就很可能会引起纠纷。

王某，女，40岁，因“食管中段癌”就诊于市某医院，住院后经一系列检查后决定行食管癌根治手术治疗，手术方式恰当；术后近20小时，患者突发胸痛、咯血、呼吸困难，诊断为：左肺梗死，在左全肺高度充血、出血、肿胀、肺功能毁损的情况下，为抢救患者生命而切除左全肺，但患者病情仍进行性发展，出现多脏器功能衰竭死亡。该患者家属认为是经治医院手术失误，抢救不当，导致患者病情恶变死亡，一怒之下将医院告上法庭。后经两级鉴定，均不属于医疗事故，属医疗并发症，患者死亡是疾病本身发展的结果，医院没有败诉和赔偿。〔1〕

（六）药物具有毒副作用

药品，是指用于预防、治疗、诊断人的疾病，有目的地调节人的生理机能并规定有适应症或功能主治，用法和用量的物质。〔2〕药品的作用具有两重性：一方面，药品具有防病治病的功效，是防病治病的武器，是治病救人的物质；另一方面，“是药三分毒”，绝大多数药品又有不同程度的毒副作用。因此，管

〔1〕 夏伟：“医疗意外及并发症的发生与责任规避”，载《中国农村卫生事业管理》2004年第12期。

〔2〕《中华人民共和国药品管理法》第102条。

理有方，用之得当，药品可以治病救人，保护健康，造福人类；反之，管理不善，用之不当，药品可以致病害人，危害健康。据世界卫生组织公布的资料表明，世界上约有1/3因病而死的人，其实并不是死于疾病本身，而是死于不合理用药。[1] 上海防疫站曾经调查了聋哑学校的1168名学生，其中有948名是因用药不当而造成的，占81%，其中最大的罪魁祸首就是氨基糖甙类药物如庆大霉素、卡那霉素、链霉素，占90.53%。[2]

最典型的例子莫过于毒品的危害。在医药学上，鸦片曾经是，现在仍然是人类与病魔作斗争的强有力武器。18世纪，人们从罂粟的浆果中取得的鸦片膏制成鸦片酊，用于镇痛、催眠、止咳、止泻等具有良好的效果。20世纪初，从鸦片膏中提炼出纯品吗啡，这种神奇的药品曾被誉为“上帝对人类的恩赐”。战场上受伤的战士，工伤骨折的伤员，在转运去医院的途中剧痛难忍，只要注射1支吗啡即可使之安然进入梦乡；晚期癌症特别是肝癌、骨癌病人痛不欲生，正是吗啡类药物像“天使”之手的“抚摸”，使病人从剧痛的折磨中恢复到近乎正常的人生体验。但是，也正是这个阿片、鸦片及从中提炼的吗啡，其成瘾性也称依赖性就像“魔鬼”一样恶毒地危害着人类，在用之于解决疼痛之时，却带给人类挥之不去的烦恼。在清朝末期，鸦片带给中国人民的几乎就是灾难。人类已经跨入21世纪，但可惜的是滥用毒品这一社会流弊也伴随着人类跨入新的世纪。以至于人们会发出“‘鸦片’你到底是魔鬼还是天使?”的呐喊。药品作用的两重性告诉我们，“药可治病，药可致病”。

---

〔1〕 胡德荣：“致死性药物不良反应近七成可防止”，载《中国社区医师》2005年第21期。

〔2〕 卞如濂：“药物的致病作用”，载《现代应用药学》1987年第2期。

（七）医患双方主观方面的风险因素

1. 医方的主观因素。医方的主观原因主要是指医疗机构及其医务人员在医疗过程中，由于故意或过失，违反了诊疗规范导致患者损害的可能性。故意在医疗损害中的比例非常少见，绝大多数是由于医疗过失导致了医疗损害。医疗过失是指医务人员在诊疗过程中应当预见而没有预见或者已经预见但轻信能够避免的诊疗过失行为。造成医疗过失的因素除了医务人员的责任心不强之外，医务人员的医疗技术水平是很重要的因素。同时，我们国家目前正处在特殊的历史时期，医患矛盾的突出、医务人员的心理压力也同样不能忽视。有统计资料表明，医疗过错是医疗损害发生的主要原因，高达32%。[1] 这也可能是社会、患者对医务人员相当不满的症结所在。然而，美国医师协会2000年出版了一本题为《犯错误的人》（To err is Human）的书，这本书影响很大，并引起了美国政府的高度关注。它的主要内容是对美国的医疗差错事件进行了一些回顾性分析，并分析了医疗差错的原因，其目的是呼吁政府和法律能公正地对待医疗差错和医疗责任。该书认为，医生是人，而不是神，医生同样会犯错误，而且认为医生所犯的错误更多的是由于医疗制度本身的原因与管理方面的原因，而并不是由于医生个人的原因。同时，医生不可能是一群不犯错误的人。任何一群人都不可能是不犯错误的人。医生在整个医疗过程中，同样有可能因自己的过失而给病人造成一些不必要的伤害[2]。因此，医疗过

---

〔1〕王春节、魏希琴、王英莉："99起医疗纠纷原因分析与对策"，载《山东医药》2005年第11期。

〔2〕Kohn L. T., Corrigan J. M., Donaldson, eds., To err is human: Building a safer health system. Washington Dc: Institute of medicine; 1999. http://books.nap.edu/openbook.php? record_ id =9728，最后访问日期：2012年2月25日。

失也是医疗风险的重要因素。

2. 患方主观方面的因素。有些患者对自己的病史不清楚，或不如实告知自己的相关事情，有时也会增加医疗损害的可能性。另外，任何一项医疗措施的实施都必须有患者积极、认真并且完全配合才有可能达到一个预期的结果。医生只能在患者身上做一些诊疗操作，诊疗操作过程一旦结束，就需要患者按着医生的指示来完成后续一系列的康复或跟踪治疗的过程，有些患者可能会认为，医生都已经弄好了，手术也做完了，我的病应该自己会好的。然后出于各种原因，没有遵守医生的医嘱，定期复诊、按时按量锻炼或及时服药，结果，出现了自己无法接受的医疗结果。例如，一些骨折的病人，医嘱根据病情明确告知要术后 3 个月才能下床负重，但有些病人觉得自己恢复很快，体力也能支撑，就不遵守医嘱的规定，结果日后出现骨折愈后不良的情况，回过头又来找医院或医生的麻烦。

（八）医院管理方面的原因

完善的管理体制是一个机构良性运作的保证。我国先后颁布《执业医师法》、《医疗机构管理条例》、《中华人民共和国侵权责任法》等专门涉及医疗机构管理及医疗纠纷处理的相关法律法规，其中对医疗过程中病历书写及记录内容做了明确要求，法院在审理医疗纠纷案件时，要求医院承担“举证责任倒置”的义务。当前，医院普遍存在监管不严、法制意识薄弱；多数医院管理层来自医疗一线，其可能有丰富的临床经验，但往往缺乏必要的管理经验，导致医院管理不当，监管不严；对病程记录 、操作记录等信息记录不及时 、不准确；各类医疗文书不规范、不严谨等问题，往往使医院在医疗纠纷案中因此而败诉。部分医务人员法制意识淡薄，仅重视病历的医学价值，忽视病历作为医疗纠纷案件重要物证的作用，不按相关法律法规要求及时、如实地记录患者情况等，留下了医疗纠纷的隐患。[1]

以上是对医疗风险的原因进行的一个比较全面的分析。与医学技术有关的原因，既是当前医学领域无法克服的障碍，也永远是医学无法逾越的鸿沟。医学作为一门独立的学科，不仅有它的自己的理论体系，同时也有它自己的经验体系。如何客观地评价医疗体系中某些固有因素给我们所带来的不利结果，既是我们卫生法律专业工作者要长期思考的问题，也是我们在实际工作中不得不面对的一个问题。因为这些因素所造成的损害，往往与医生的主观过错没有多大的关联性，它几乎成了一种客观存在的风险因素，即使通过人的主观努力也不能改变它。我们的法律如果不能很好地区分这些客观风险因素而混同其它风险因素一并处罚，势必达不到法律所要的结果。

二、风险事件

医疗风险事件是指由医疗风险因素引起的不利事件。具体而言，是指医疗损伤事件。美国是医疗技术高度发达的国家，然而，由于医疗服务的复杂性和特殊性，医疗损伤并没有因为美国医疗技术的发达而消失，反而一直保持在一个相对稳定的水平。下面（表 2 -1）是有关美国医疗损害的部分研究资料(Shojania KG. et al. 2002)。[2] 由表中可知，不论是 20 世纪 70 年代、80 年代、90 年代，还是 2000 年之后的研究，医疗损伤在医疗服务过程中基本上成了客观存在的事实。

---

〔1〕 杨明常、李跃飞："当前医疗纠纷的成因与防范"，载《中国医药导报》2012 第 22 期。

〔2〕 Shojania K. G. , Wald H. , Gross R. , Understanding medical error and improving patient safety in the inpatient setting, *The Medical Clinics of North America*, vol. 86 (2002), pp. 847 ~867.

表 2－1 美国医院不利事件主要的流行病学研究

研究	结果
Schimmel（1964）一所大学附属社区医院 8 个月所有病人的回顾性研究	20% 的病人经历了与他们基础疾病无关的医疗并发症； 1.6 % 的住院病人的并发症“导致或促成了患者的死亡”
California Medical Insurance Feasibility（1974）加州 20 864 份住院病历的回顾性研究	4.6% 的住院病人涉及潜在的可补偿事件、临时或永久性的残疾可归因于医院管理
Steeletal（1981）波士顿一家教学医院 5 个月两个综合病房、一个监护病房和一个心脏病房所有住院病人的回顾性研究	36% 的病人经历了至少一次医源性疾病；2% 的医源性疾病被认定为促成了死亡
Harvard Medical Practice Study（1984）纽约 51 所医院 30 121 份住院病历的回顾性研究	3.7% 的住院病人经历了不利事件（即损伤是由医疗管理引起）；1% 的住院病人经历了过失不利事件（即损伤是由没有采取适当的医疗注意所引起）；0.6% 的住院病人遭遇了致命的或永久性残疾不利事件
ADE Prevention Study Group（1993）波士顿 2 家教学医院 6 个月内 11 个内科和外科病房所有住院病人的回顾性研究	6.5% 的住院病人遭遇了不利药物事件（ADE）0.06% 的住院病人遭遇了致命的 ADE；5.5% 的住院病人经历了一个潜在的 ADE（出现了用药差错但没有造成损伤）
Classen etal（1997）Utah 一所教学医院 4 年内所有住院病因的分析	6.5% 的住院病人经历了 ADE；0.2% 的住院病人经历了致命的 ADE

续表

研究	结果
Andrewsetal（1997）由在一所大型的市区教学医院监护病房和外科病房工作 9 个月以上的医疗服务提供者和一些经过训练的观察者对不利事件和严重差错进行鉴定	45.8% 的病人经历了医疗不利事件；17.7% 的病人经历的不利事件至少产生了临时性的疾病或更严重的损伤
Colorado－Utah Study（1992）28 所医院 15 000 份住院病历的回顾性研究	2.9% 的住院病人经历了不利事件；0.2% 的不利事件导致了死亡；30% 的不利事件被认定为过失所致
Hayward and Hofer（2001）7 所 Veterans Affairs 医院随机死亡样本的评估	6% 的死亡被认定为"肯定或可以预防"

资料来源：Shojania K. G.，Wald H.，Gross R.，Understanding medical error and improving patient safety in the inpatient setting. *The Medical Clinics of North America*, vol. 86（2002）, pp. 847～867.

尽管各个研究者之间的差异有可能影响对损伤的判断。但是 Kaveh G. Shojania 等人（2002）理性地认为，根据上表估计，大约 0.2～2% 的住院病人是由于医疗服务的结果而不是他们自己基础疾病的结果遭遇了一个严重的永久性损伤或者死亡。他们根据上表的统计资料及其他资料，对医疗服务中致命不利事件的发生率与其它危险性行业做了比较，结果是比较严重的，除了麻醉死亡率外，医疗卫生系统的死亡率比消防、摩托车、和其他危险行业都高（图 2－1）。医疗损伤的客观存在为患者提起医疗诉讼提供了一个永久的风险因素。

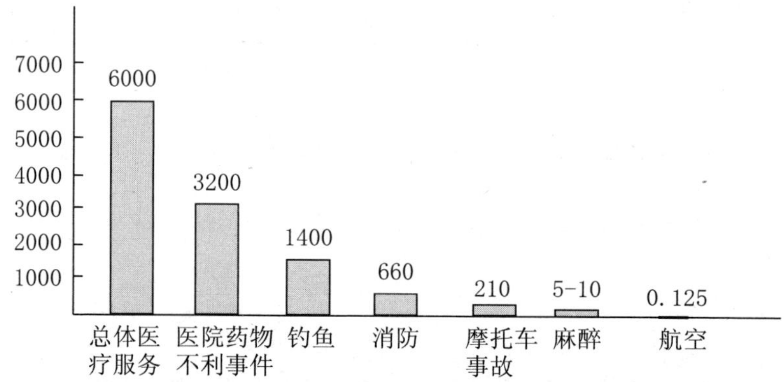

注：总体医疗服务与医院药物不利事件中的 100 万是指 100 万个住院病人

图 2－1　美国各种危险行业每 100 万人口中有可能死亡的人数

资料来源：Shojania KG，Wald H，Gross R. "Understanding medic alerror and improving patient safety in the inpatient setting"，*The Medical Clinics of North America.* 2002；p. 86：p. 847～867.

我们国家虽然目前没有关于医疗风险的全国性数据，但是，1965 年上海第一医学院总结了 1000 例尸检，认定临床误诊率为 21%；1978 年北京医学院总结 4194 例尸检，认定临床误诊率为 20. 7%；1985 年哈尔滨医科大学总结了 2708 例尸检，认定临床误诊率为 25. 3%；1989 年华西医科大学总结了 5312 例尸检，发现临床误诊率 50 年代是 28. 6%，60 年代是 29. 1%，70 年代是 36. 6%，80 年代是 32. 5%，这些研究表明，20% 的患者在生前接受的临床治疗与所患的疾病几乎没有关系。〔1〕

三、风险后果

医疗风险的损失主要是直接威胁到患者的生命健康安全。

〔1〕 邵晓莹："医疗风险与医疗纠纷"，载《医学与社会》2001 第 5 期。

医疗风险事件一旦发生，首当其冲地对患者的健康造成二次损伤，甚至威胁到患者的生命安全。健康与生命是最宝贵的财富。由于医疗之普通需求性，医疗风险的后果亦系人人之安危。在我国独生子女政策的现实面前，人的生命与健康蕴含着更为丰富的社会意义与生命意义。医疗风险所造成的损失，在很多情况下会突破医患双方的界限，危害到社会的和谐与安定。

医疗风险也是医生的天敌。选择了医生这一职业，治病救人就是其天职，也是最基本的职业伦理。没有哪一个医生会希望自己的病人出现不利的医疗结果。然而，医学的有限性、疾病的复杂性、患者的个体特异性使得医生不可能成为包治百病的神医。无论一个医生的医疗技术有多么精湛，医疗道德有多么高尚，在医疗过程中，总有可能会出现这种不尽如人意的事情。一旦出现了不利结果，常常会给医生的职业生涯带来阴影或者障碍。他的职业认可度会引起他的反思，特别是在当前的医患矛盾与医疗法律环境下，由于患者缺乏对医学知识的了解，他们的维权意识会把医务人员的责任推向非理性的边缘。医生可能要承担诉讼风险与赔偿责任，还要付出额外的时间成本、心理成本，有时还有可能因此而付出生命的代价。医生在日复一日紧张的工作中，一方面要努力提高自己的业务水平，繁重的业务学习可能已经使他们难以应对；另一方面，还有可能要左思右想，如何处理好与患者的个人关系。有时，在特定的情形与环境下，还要顾及自己的人身安全。在医疗职业生涯中，医疗风险的客观存在是医务人员无法逾越的鸿沟。医疗风险是医务人员一生中都要面对的难题，也是医疗服务领域永远要面对的难题。

医疗风险也是一种社会损失。不论从家庭的角度、单位的角度或国家的角度，我们都要为医疗风险付出沉重的代价。许多患者因无法接受这些不利的医疗结果，或者是出现了一些根本没有思想准备的医疗伤亡，往往会采取一些非常偏激的行为，给医生、医院或社会带来巨大的损失。特别是在当前医患关系复杂、医疗矛盾非常突出的时候，尤其如此。这就会使我们的医患矛盾日益突出，医患对立日益加剧，严重影响到了社会的和谐与稳定。

总之，医疗服务是一项高风险的职业，医疗风险既是医生永远的痛，也是患者永远的伤。当前，许多医患纠纷都与医疗的高风险性有关。虽然可能有一部分医生不负责任，给患者带来了许多损伤，但医疗损伤的判断是一件非常复杂的事情，需要我们有智者的眼光、仁者的胸怀、勇者的锐气，特别是在当前医疗法律制度不健全、病人权利意识高涨的时代，处理不好，既会对医生、医院、甚至整个医疗行业带来诸多不利的负面影响，也会对患者产生不公。

第二节　疾病的参与性

一、疾病基础性

医疗损害的疾病基础性是指患者在接受诊疗服务前，其健康状况由于自身疾病的原因已经遭受到了不同程度的损害。因为除了少部分患者是基于预防疾病、保健或改善自我感觉，如美容、减肥等情况外，大部分患者的健康状况已经遭遇了疾病的侵袭并给身体带来了损害事实。这些基础损害，在某些情况下已经危及到了患者的生命安全，如急性失血性休克、急性心肌梗塞、高血压中风、肝脾破裂等，随时都有可能使患者不治身亡。当然，也有些损害是比较轻微的，如一般的普通肺炎、胃炎、肠炎，伤风感冒等。医疗损害明显不同于一般民事的人身损害。当然，任何一个患者对这一损害都不应该负主观责任，因为任何一个患者不可能故意自己给自己生出某一个病，然后来找医生的麻烦（自伤自残的除外）。但是，如何界定哪些损害是患者基础性疾病引起的损害，哪些损害是医务人员的过失引起的损害，显然是医疗损害责任制度要解决的关键问题之一。如果把患者的最终损害不公允地归于医方的过失损害，并且使医方由此承担损害赔责任，没有正确认识医疗损害具有基础性损害这一特殊事实，将非常不利于对医疗损害责任的公平解决。

案例介绍：张先生医疗损害纠纷案

2005 年左右张先生被查出体位性低血压，经常头晕，未服任何药物，2005 至 2009 年期间，如常人生活；多年咽炎、腰椎增生、轻微颈椎增生；前列腺肥大。2007 年在讲台上上课时晕倒在地，经学生扶起身稍作休息后无事。2008 年在外晕倒片刻，自己起身。2009 年 2 月张先生来广州子女家过春节，子女见其行动比一般老人缓慢并听其说因体位性低血压发作经常头晕，子女带去广东某三甲医院挂神经内科专家检查，做核磁检查未见头部任何病变，判断为体位性低血压并医嘱穿弹力袜和必要时服用“管通”这一药物。2009 年 2 月底过完春节张先生返回湖北家中，至 6 月中期间生活正常，未感觉身体任何异常，且经常晚上去广场跳舞。6 月底开始自觉腰僵硬且右膝疼痛，以为是腰椎发作，自行坐公共汽车去江西省九江市某三甲医院做全身检查，医生诊断为右膝盖骨质增生，全身严重缺钙，开钙片日服并于当日注射玻璃酸钠一支。

7 月初，开始感觉四肢无力，2009 年 7 月 15 日出现低热，子女（均在广州居住和生活）因担心其低血压再次发作无人在旁，再三劝来广州，2009 年 7 月 16 日随儿子坐火车来广州，途中跟儿子聊天并吃苹果至晚上 12 点，7 月 17 日凌晨出现高热并昏迷，经 120 急救中途下车送到东莞市常平镇某医院即插呼吸机抢救，7 月 18 日请广州市专家去常平会诊，当日苏醒并能配合指令抬手抬脚，诊断为：体位性低血压及重症肺炎。7 月 19 日连续输 10 支白蛋白，并于 7 月 20 日凌晨转院至广东省某三甲医院救援中心继续治疗，7 月 20 日中午转到 ICU 一区治疗，7 月 21 日肺片结果未见明显肺部感染，7 月 25 日床边 X 片考虑右下肺炎，7 月 31 日 X 片考虑左侧中下肺炎，右下肺炎基本吸收，8 月 3 日 X 片考虑左侧少量胸腔积液，8 月 5 日 X 片考虑双侧少量胸腔积液。7 月 28 日脱离呼吸机，7 月 30 日气管切开，7 月 20 日至 8 月 5 日治疗期间，曾考虑是脱髓绡病变，但 7 月 31 日，经 MR 等相关检查未见脑部病变，排除脱髓绡病变，昏迷原因待查，8 月 3 日 ICU 向神经内科申请转归进行专科治疗，8 月 6 日因床位问题，办理出院，出院诊断：1. 肺部感染；2. 中枢神经变性疾病。并于当日转入另一三甲医院神经内科治疗，入院第二天苏醒，8 月 10 日家属约谈主治医生的助手，得知诊断为帕金森病，并解释说病人因前期食道障碍导致坠积性肺炎所以出现高热并昏迷。自 8 月 7 日起开始用晚期帕金森药（盐酸普拉克索片）治疗，但经 76 天的专科治疗，肺部反复感染，肺部细菌频繁变化，病人四肢基本无进展，仍然不能配合指令动作，且嘴及手经常颤抖。10 月 21 日，主治医生赵教授约谈并告知家属说："你父亲很不幸的已陷入帕金森和肺部感染的循环中，建议转小医院或家中避一避细菌，看能不能躲过细菌感染。"因考虑回家无法自行治疗，去小医院也是于事无补，最终决定转入该院呼吸科最后搏一次，实在不行就放弃，出院诊断为：帕金森病/肺部感染/弥散性血管内凝血/低蛋白血症。10 月

21 日至 11 月 28 日经呼吸科杨主任积极治疗，半个月内肺部感染完全被控制住，但发现仍然间隔出现高热，且物理降温比药物有效，申请全院会诊，在 11 月 25 日会诊当场，神经内科及神经外科的副主任均否决帕金森综合症，并诊断为体位性低血压，且建议尽快转专科治疗。2009 年 11 月 28 日转到参与会诊的神经内科谭主任手下治疗，治疗的第三天，病人手/嘴/脚都不再颤抖并手的肌张力有所降低，12 月 22 日因当地医保问题转回湖北，出院诊断为：多系统萎缩及肺部感染。卧床不起，气管切开，胃管进食，平躺时，家属帮助弓起脚，脚可轻微往前挪动，但无法抬起。双手只能缓慢抬到胸前，尚无法握住东西。有时清醒，有时意识障碍，无法认识亲人，表现如初生小孩，无法理解周围事物。无法坐起，依赖靠垫支撑可坐一至两小时。

纵观整个病情的发生与治疗过程，患者在进行首次治疗前，自己的基础疾病已非常严重。因为东莞常平镇某医院入院即诊断为脓毒性休克，其依据是高热、白细胞升高、血压低、神志不清、肺部胸片提示炎症，等等。患者的病情变化也非常快。依据是：第一家三甲医院多次 X 光片检查结果提示病变呈进行性发展，药物等对症治疗并没有很好地控制病情。检查结果如下：7 月 21 日肺片结果未见明显肺部感染，7 月 25 日床边 X 片考虑右下肺炎，7 月 31 日 X 片考虑左侧中下肺炎，右下肺炎基本吸收，8 月 3 日 X 片考虑左侧少量胸腔积液，8 月 5 日 X 片考虑双侧少量胸腔积液。患者有直立性低血压的基础疾病，目前来说，直立性低血压的病因并不是非常清楚，据资料分析，导致直立性低血压的常见原因有：①全身性疾病：脱水、肾上腺皮质功能不全；②单纯自律神经功能不全；③中枢神经系统疾病：Shy – Drager 综合征、脑干病变 Parkinson 病、脊髓病、多发性脑梗塞；④周围和自律神经病变：糖尿病、淀粉样变性、骨髓痨、类肿瘤综合征、酒精和营养性疾病。结合当事人后来的一系列表现，当事人是否有潜在的中枢神经系统病变目前很难排除。由于神经系统病变的复杂性，做出一些不同的诊断在目前所拥有的资料上，很难说谁对谁错。

二、疾病自然进展性

医疗损害的疾病自然进展性是指患者的某些基础性疾病，有一个自然的演进过程并会不可避免地给身体带来损害。虽然求医问药就是希望通过治疗来阻断这种不良演进，恢复身体健康，但是，医术不是神术，也不是起死回生之术，它只能在有限的条件下改变疾病的发展结果。例如，一旦一个患者得了恶性肿瘤、尿毒症、系统性红斑狼疮等慢性难治性疾病，基于目前的医学水平和技术条件，这些疾病基本上会在体内以一种难以改变的路径加以发展，并具有不可逆性和进行性损伤的特点。虽然多种治疗方式会减轻患者生存时的痛苦和不适，但是，其预后是不可能像正常人那样以75岁的平均寿命来期望的。以尿毒症为例，其病变可以累及人体各脏器、系统和代谢，如可对血液系统造成损害，引起贫血、出血倾向、白细胞异常，对心血管系统造成损害，引起高血压、心力衰竭、动脉粥样硬化，等等，这些损害不可逆转地损害到患者的生命与健康。

案例：向某某诉某医院医疗侵权案

向某某，男，41岁，教授，因咳嗽（干咳）一月余到广州某三甲医院就诊，X光片发现右上肺病变，放射科直接诊断为“右上肺浸润型肺结核，伴有结核球形成”。该医院的医生说他们那里不收治结核病人，要他回当地结核病防治所接收治疗。在当地结核病防治所治疗的过程中，该防治所放射科的医生多次在X光报告中，提示病变治疗效果不是很理想，建议临床医生复查，排除其他病变，该防治所的临床医生一直没有在意。半年后，在防治所放射科的医生提示病变有所增大后，该防治所的临床医生遂建议患者到外院检查，该患者还是回到最初诊断为“右上肺浸润型肺结核，伴有结核球形成”那家大医院，最后诊断为“右上肺中分化鳞癌，伴右锁骨上淋巴结转移，脑转移”。

虽然医方在诊疗过程中存在一些过错，但此案关键的问题是：基于目前的医学水平，最好的肺癌治疗方案，其预后也是以5年生存期或10年生存期来衡量。癌症对病人的损伤在一定程度上是一种不可逆的损伤。这种损伤在很大程度上决定了患者本身的预后。医疗行为在这些过程中因过错造成的损害，虽然与患者最后的转归有一定的关联性，但是，疾病本身的进展性所造成的损害绝对不可忽视。

第三节　过错与无过错的交织性

医疗损害过错与无过错的交织性，是指在医疗损害的过程中，医疗过错导致的损害与无过错的医疗损害常常交织在一起。要正确区分过错导致的损害与无过错导致的损害既非常专业，也非常艰难。

一、有过错的医疗损害

有过错的医疗损害，是指医疗服务提供者因过错行为（包括作为和不作为）给医疗服务接受者造成的损伤。根据医疗服务提供者的过错行为是作为还是不作为，医疗过错损害可分为两大类，即医疗过错的直接损害和间接损害。医疗过错直接损害是指医疗服务提供者提供了错误的医疗服务，直接对接受者的生命或健康造成伤害；间接损害则是医疗服务提供者在特定时空状态下根据接受者的具体病情应当提供合格的医疗服务以抵御疾病损害，但未能提供，致使本应能控制的疾病损害未得到控制，在客观上是一种不作为的表现。医疗过错损害具有如下特征：①主观过失性。医疗过错损害的主观过失性，是指医疗服务提供者主观上存在过失，故意极其少见。这主要是基于医疗服务的职业伦理决定的。医疗服务最基本与最重要的原则就是救死扶伤。面对患者的生命与健康，医务人员主观上伸出的是救助之手，而不是故意伤害或致人死亡的动机。这种过失的主观恶性程度上与一般的故意行为有着本质的区别。②善意目的性。患者接受医疗服务的目的是抵御疾病损害，医疗服务提供者向接受者提供医疗服务的目的仍然是为接受者抵御疾病损害，二者目的是一致的。因此，医疗过错的行为人尽管存在过错，但却是在为患者解除疾苦、减轻或消除疾病损害的善意目的下发生的，其结果固然违背就诊者的意愿，同样也违背医者的意愿。这与一般的过失伤害或杀人以及交通肇事所引起的受害人伤害或死亡也有明显的区别。③难以避免性。医疗过错损害的不可避免性是指从总体上看，医疗过错损害的发生是难以杜绝的。这根源于人类认识世界的局限性。马克思主义认为，人类认识世界、改造世界是通过实践－认识－实践循环往复以至无穷的过程，也是一个由不知到知之、由知之不多到知之更多的不断深入的过程。在这个过程中人都会不断地犯错误并不断地改正错误。人类对医学的探索过程同样如此，医学科学能发展到当今的水平，正是无数医学前辈通过不断犯错误并不断总结和改正错误的过程才达到的。临床上对每一个病人个体的疾病诊治过程都无一例外地是一个探索的过程，要求仅仅是人而不是神的医生绝对不犯错误本身就是不科学和不现实的。④相对可控性。相对可控性是指医疗过错损害虽然是指作为人的医者不可避免会犯错误而导致医疗过错损害，但人是具有主观能动性的，提供医疗服务的医务人员可通过发挥自己的主观能动作用尽量减少医疗过错损害的发生。正因为如此，针对医疗安全的各项规章制度和操作规程才具有可行性和现实性。[1]

二、无过错的医疗损害

无过错医疗损害是指在医疗服务过程中，医疗服务提供者不存在任何过错，但患者出现了医疗损害的事实。患者与医方的医疗服务合同一旦成立，医者就有义务向患者提供科学合理的、符合法律规定和患者具体病情的医疗服务。但是，科学合理的、符合患者具体病情的医疗服务并非只对患者躯体产生有益的作用。恰恰相反，所有医疗服务在对人体产生治疗作用的同时，又对人体具有不同程度的伤害作用。例如，药品副作用、穿刺与手术等对躯体的侵袭性损伤、放射性损伤等。医疗服务对人体的这种损害普遍存在，只是程度不同或在不同个体身上的后果不同。此外，患者接受医疗服务的目的是对抗疾病损害，最理想的结果当然是将疾病彻底治愈。医学发展的局限性决定了医疗服务作用于人体后，并非必然就能完全有效地对抗疾病，患同样疾病并接受相同医疗服务的不同个体的效果也往往存在差别。不但如此，还有可能给人体带来新的损害，如手术后的并发症。可见，医疗非过错损害包括医疗服务对接受者的积极损害和不能有效抵御疾病的消极损害。消极损害实际上是医学发展水平所限而导致疾病损害不能被有效对抗，本质上是疾病

---

〔1〕 彭诗祥："论医疗损害"，载《中国现代医生》2011 年第 10 期。

损害的延续。由于现实中这种结果对患者来说并不是理想的结果，患方极有可能认为医疗机构及其医务人员未提供合格的医疗服务延误诊断或治疗而引发纠纷。医疗非过错损害具有如下特征：①无过错性。无过错性主要是指医疗服务提供者主观上不存在任何过错，客观上也不存在违反法律法规以及医疗操作常规的行为。如穿刺给病人躯体造成的损伤和疼痛、特异体质者对某种药物高度过敏、做了必需的检查却不能明确诊断、手术后发生不可避免的并发症等。②客观性。医疗非过错损害是一种客观存在，医者和患者都无法抗拒。③多样性。医疗非过错损害表现形式多样，有多少种医疗服务，几乎就有多少种相应的医疗非过错损害。④普遍性。医疗非过错损害是普遍存在的，尽管医学发展到当今的水平，还没有一件完美无缺不给人体带来一丝伤害的医疗服务，因此有人称医疗服务总是“缺陷服务”，只不过在大多数情况下其损害较轻，与疾病损害比起来宁可承受这种损害而不得不接受医疗服务来对抗疾病损害，这便是“两害相权取其轻”。当然极少数情况下医疗非过错损害仍有可能给患者造成严重后果，比如临床上常向病人告知的“麻醉意外”，其后果的严重性可达到危及病人生命的程度。[1]

具体而言，无过错医疗损害一般包括以下几种情况：①疾病的自然转归：是指病人虽有死亡，残废，功能障碍等后果，但非医务人员的过失行为所致，而是由病人体内某种疾病发展而引起的必然结果。例如，病员林女，68 岁。因患慢性支气管炎继发感染，肺气肿，肺心病，心力衰竭，第 22 次住院治疗。由于病情危重，于入院后第 15 天进入昏迷状态，相继呼吸、心跳停止，经气管插管复苏抢救，后经气功管切开抢救无效死亡。

---

〔1〕 彭诗祥：“论医疗损害”，载《中国现代医生》2011 年第 10 期。

家属认为是气管切开手术致死，应属医疗事故。后经鉴定，结论是：正常死亡。理由是：病员所患呼吸系统疾病合并心衰，已久治不愈。此次发病又极其危重，是目前医学难以救治的，最后死于呼吸循环衰竭，属病情发展的自然转归，与气管切开的操作无关，不存在医疗过失。②医疗意外：医疗意外是指在诊疗护理过程中，由于无法抗拒的原因，导致病员出现难以预料和防范的不良后果的情况。它的发生不是医务人员本身和现代医学科学技术所能预见和避免的。如青霉素皮试阴性后，出现过敏反应引起的死亡。③并发症：是指在诊疗护理过程中，病员发生了现代医学科学技术能够预见但却不能避免和防范的不良后果。如法洛四联症根治术后会出现心肺功能低下从而有可能导致病人死亡就是并发症的例子。因为这种预后是已被医疗实践证实的，也是医师们能预见到的事情。

医疗损害过错与无过错的交织性，使得医疗损害的法律分析极其复杂。在极少数情况下，医疗过错损害非常明显。但在绝大多数情况下，医疗损害都是过错损害与无过错损害的混合体，有时，过错损害是非常次要的因素，而无过错损害决定了患者的转归与预后。面对这些情况，如何确定过错损害与无过错损害的边界极其重要。根据过错责任原则，它关系到医疗服务提供者责任承担的大小与幅度。这也是医疗损害明显不同于其他人身损害的重要特点。

第三章
医疗纠纷爆发成因

我国医疗纠纷的爆发始于20世纪90年代中后期，并愈演愈烈。医疗纠纷何以在我国突然爆发并居高不下，绝不是空穴来风。实质上，医疗纠纷既是一个技术层面的问题，也是一个社会层面的问题。它的爆发与特定时期的法律、经济、文化及医疗环境密切相关。正如美国1840年左右医疗纠纷爆发一样，它的发生也与美国当时宗教信仰的巨变、市场经济体制的建立以及法律对医疗过失诉讼的支持密切相关。[1] 我国的情形亦不例外。

第一节 制度因素

一、新旧医疗保障制度断层

新中国成立至1978年改革开放前，我国的医疗保障制度虽然整体水平不高，但总体而言，它给了老百姓一种安全感。具体而言，包括劳保医疗制度、公费医疗制度及农村合作医疗制度。1951年2月26日，政务院发布《中华人民共和国劳动保险

---

〔1〕 Mohr J. C.,"American medical malpractice litigation in historical perspective", *Journal of the American Medical Association*, 283 (2000), pp. 1731～1737.

条例》，在工人职员100人以上的国营、公私合营、私营及合作社经营的工厂、矿场及其附属单位等单位建立劳保医疗制度。1952年6月27日政务院发布《关于全国各级人民政府、党派、团体及所属事业单位的国家工作人员实行公费医疗预防的指示》，决定将公费医疗的范围自1952年7月起分期推广，从而在全国广泛地建立了公费医疗制度。1952年8月，政务院批准发布《国家工作人员公费医疗预防实施办法》，进一步明确了享受公费医疗待遇人员的范围。1953年1月26日，劳动部又颁发了《劳动保险条例实施细则修正草案》，规定全民所有制工厂、矿场、铁路、航运、邮电等产业和部门的职工及其供养直系亲属均可享受劳保医疗制度；此外，县以上的集体企业职工参照执行。自此，我国正式建立起覆盖城镇企业职工及其亲属的劳保医疗制度。

至于农村医疗服务，则建立了成功的农村合作医疗制度。20世纪80年代初，世界银行和世界卫生组织都曾派专家组来我国考察农村卫生。考察组的报告特别强调指出："中国农村实行的合作医疗制度是发展中国家群体解决卫生经费的唯一范例。"世界卫生组织还在另一份报告中说："初级卫生工作人员的提出主要来自中国的启发。中国在占80%人口的农村地区发展了一个成功的基层卫生系统，向人民提供低费用和适宜的医疗保健技术服务，满足大多数人的基本卫生需求，这种模式很适合发展中国家的需要。"可以说，农村合作医疗较好的发挥了我国农村医疗保障的作用，促进了"中国卫生状况的显著改善和居民期望寿命的显著增加"，享有"卫生革命"之誉。[1]

然而，这种广泛的医疗保障制度，在我国经济体制转型过

〔1〕 王虎峰：《医疗保障》，中国人民大学出版社2011版，第174~176页。

程中，在一段时间内出现了明显的断层。众所周知，改革开放前的中国社会是以人民公社与国有单位为表征的社会。在这样的社会结构里，“先国家，再集体，后个人”，“个人的事情再大也是小事，国家的事情再小也是大事”。显然，改革开放前的社会结构是一个个人对集体、国家的深度依赖结构。改革开放以后，先是人民公社的解体，涌现出了大量农民工，后是国营单位的萎缩，社会上出现越来越多的“无组织无单位人员”（个体劳动者等）、“有组织无单位人员”（非公有制部门就业者）或“有单位不在岗人员”（下岗和离退休人员）。根据统计，截至2008 年 12 月 31 日，全国农民工总量从 1996 年 13 644 万人上升到 22 542 万人；又据《中国劳动统计年鉴（2008）》，国有单位职工占职工总体的比重从 1978 年 78. 4% 下降到 2007 年 53. 8% 。在这股“国退民进”的浪潮中，“小政府、大社会”被设定为改革目标之一。然而，小政府并不必然意味着大社会的形成，在大社会尚未形成之前，个人从公社和单位中一步步剥离出来后，只能成为原子化的个人，个人原子化进一步恶化了医患关系。个人承担的卫生费用一直处在快速增长过程中。人均卫生费用从 1978 年的 11. 5 元上升到 2007 年的 854. 4 元，比重自 l978 年的 20. 4% 上升到 2001 年的 60% ，近年来才稍有回落，但 2007 年仍占卫生总费用的 45. 2% 。如果以 2006 年世界 193 个国家卫生经费为参照系，中国个人卫生费用支出比率排在 158 位。卫生支出日益成为个人的包袱，个人抵御各种风险的能力也越来越低，医患关系恶化就在所难免了。[1]

---

〔1〕 程中兴：“医患关系恶化的三大社会根源”，载《医学与哲学》2010 年第 6 期。

二、医疗服务市场化趋利

1985年，我国正式启动医改。当时主要对国有医院进行改革，其核心思想是“放权让利，扩大医院自主权”。1988年，卫生部、财政部、人事部、国家物价局等部门发布了《关于扩大医疗卫生服务有关问题的意见》，提出的主要措施有：一是实施承包制，积极推行医疗机构各种形式的承包责任制，财政对医疗机构除大修理、大型设备购置及离退休人员经费外的经费补助实行定额包干，医疗机构自主管理、自主经营，自主支配财务；二是实行“以副补主”，允许卫生医疗人员和医疗机构从事各种有偿服务；三是提高医疗服务收费，允许开办特殊的、高质量的服务即“特诊服务”；四是通过增加服务项目、调整收费标准等多渠道筹集资金。在这一时期，国家大规模地对各类医疗机构推行药品加成收入留用政策，允许医院在药品出厂价基础上按一定比例顺加作价，西药加成15%，中药加成25%～30%向患者销售，并免征流转税和所得税，药品差价收益留归医院，用以补充医院的资金。“以药补医”政策实施以来，药品销售收入就逐渐成为医院净收入最重要的组成部分，近些年来，公立医院药品销售收入占其业务收入的一半以上。该体制在运行初期，对减轻国家财政支出压力、提高医疗机构效益发挥了一定作用，但随后其弊端也逐渐暴露出并日益严重，突出表现为“错位奖励”，即大处方、开贵药等行为，严重损害了患者利益。在“以药补医”政策的激励下，医院的用药原则逐渐从“安全、有效、低价”变成了“谁给的回扣多进谁的药”，“什么药赚钱开什么药”。因此，“大药方盛行”、“廉价药退市、药品招标采购失灵”、“药价愈降愈高”等现象也应运而生。在这种卫生经济政策下，医疗机构从原来照章办事的机构转变成为医疗服务市场的积极参加者，追求收入最大化成为其运营的主要目标，收入来源越来越倚重于服务收费和药品销售收入。

当然，随着新一轮医改的进行，政府在卫生投入方面有所增加。根据中发［1997］3 号文件精神，2000 年财政部、原国家计委、卫生部下发了《关于印发〈关于卫生事业补助政策的意见〉的通知》，明确了政府卫生投入政策：中央和地方政府对卫生事业的投入，要随着经济发展逐年增加，增加幅度不低于财政支出的增长幅度。但据统计，2002 ~ 2004 年，政府拨款在公立医院总收入中的比重基本上在 10% 上下波动，药品收入的比重在 43% 上下波动，医疗服务收入的比重在 45% 左右波动。〔1〕医疗卫生服务的市场化最大的问题是使医患双方都成了市场经济中的主体。同时，在医疗服务市场化的进程中，我国的三级医疗服务体系一并进入了市场。初级卫生保健与守门人制度虚弱到了可以忽略的境地。患者可以随意就医，其流动性和自主选择性在世界范围内屈指可数。结果是三甲医院人满为患，卫生保健机构门可罗雀。医患矛盾极为突出。由于医疗服务市场的特殊性及医患双方的市场力量极度不对称，在这种不对等的市场力量面前，由于前述的患者已失去大部分医疗保障安全感，医患冲突绝对难以避免。

三、医疗诉讼制度便捷

医疗诉讼制度的便捷，是指在 2002 年《医疗事故处理条例》（以下简称《条例》）生效以后，患者要提起医疗诉讼不再需要任何前置程序的处理，只要符合民事诉讼法关于起诉条件的相关规定，就可以直接到人民法院提起医疗诉讼。这对于高

---

〔1〕 刘军明：《中国医改相关政策研究》，经济科学出版社 2012 年版，第 18 ~ 20 页。

风险的医疗服务领域而言，无疑是将医疗活动直接置于法院的领地。有一些老医学专家曾称自己行医是一只脚在医院，一只脚在法院。在这种开放式的医疗诉讼制度下，这是毫不夸张的陈述。

成都市所辖武侯区发生的医疗纠纷案件颇具代表性，既涉及在国内外享有盛誉的四川大学华西医院（原华西医科大学附属医院），又有其他各类大中小型专科性医院。在最高人民法院《关于民事诉讼证据的若干规定》以及《条例》施行后，该类案件大幅上升，不仅在该院受理的各类民事案件中占据了较大比例，而且成为人身损害赔偿案件中的热点和难点。以该区所受理的医疗纠纷案件为例，在1997年以前，年平均受理医疗纠纷案件不超过2件，1997年以后逐年成倍上升；2000年年受理医疗纠纷案件13件，2001年l6件，2002年24件，2003年26件，较之于1997年，在6年的时间里，增长幅度达到了13倍。〔1〕2003年以后，医疗诉讼也没有下降的迹象。有资料显示，与2005年相比，2006年上海市法院受理案件数增加17%。〔2〕诉讼制度的便利与医疗纠纷诉讼爆发不无关系。

当然，最近几年，由于各地医疗纠纷人民调解制度的尝试与建立，起诉到法院的案件相对有所缓和，但是，医疗纠纷诉讼案件仍然呈现出较高的态势。

---

〔1〕调研组："找寻法律本身——成都市武侯区人民法院医疗纠纷案件调查报告"，载《西南政法大学学报》2006年第5期。

〔2〕李守全："引入人民调解化解医患纠纷的实践与思考"，载《上海医学》2008年第10期。

第二节 社会因素

一、价值观沉浮

中国从高度的计划经济向市场经济转变是一个痛苦且不可回避的路程，给政治、经济、文化等领域带来了深刻的影响，也促使社会结构最深层的价值观发生一系列的冲撞。有学者指出，在这个转型时期，社会价值观具有如下特点：

第一，正负价值并存。市场经济是一种主要由市场配置社会资源的经济结构和模式。作为现代社会运作机制，它对促进社会发展和推动价值进步的正面效应是主要的，这应当充分肯定。但它又是一把利弊俱在双刃剑，对社会价值观的影响也有负面效应。这种双重价值效应在市场经济实践中的具体表现是：能促使人们重视社会道德和人伦的价值；能促使人们重视个人价值和个性发展，却难以保证人们重视社会整体价值和他人价值；能促使人们重视效率，却难以保证人们重视诸多的社会公平；能强化人们的主体意识，增加社会的活力和创造力，却难以保证增强全局观念、义务观念、社会责任感和民族凝聚力等。对这些正负效应并存的价值取向，一旦放松引导或引导乏力，就极有可能向功利主义、拜金主义、利己主义和个人主义这类消极的价值观倾斜。这种价值矛盾的出现，虽然打破了原来高度一元化的价值观念结构，改变了社会生活，但也加剧了价值观变革给社会带来的震荡和冲击，放大了价值主旋律以外的许多不和谐之音。

第二，传统与现代价值脱钩。在由计划经济体制向社会主义市场经济体制转轨的过程中，无论是经济领域、政治领域还是思想文化领域，都是新旧体制并存，同时发挥作用。传统的价值观在失去新的价值观支撑的情况下陷入逐渐失落的窘境，而新的价值观尚未孕育成形，于是导致价值观在新旧体制之间出现暂时的“真空”状态。这种价值“真空”带来的是一些心态失衡、人格解组的畸形现象。比如，追求对物的占有，迷恋对物的享乐，轻视社会的伦理和道义，无视精神的需要和发展；崇尚原始的、本能的人性复归，热衷于说粗话、办俗事，放弃做人应有的文明准则；个人利益至上，人情冷漠，社会责任感淡化，甚至风气不为、见死不救；情绪暴躁，行为缺乏理智和恒心，急功近利。总之，在当前转型时期，传统价值观与现代价值观还缺乏一种融合和对接的机制，仍处在一种暂时离散状态。

第三，主导价值与基本价值模糊。在转型时期，各种价值观念和人生哲学纷纷登场亮相，并按照各自的逻辑在运转着，相互整合的程度极低。一种占主导地位的、为大部分公众所接受和认可的价值观念尚未真正形成。人们虽然摆脱了一元价值观时代的压抑和单调，但在当今这个多元价值观交错并存的时代，却又更多地感受到了心理上的冲突、惶然和迷乱。可以说，目前不少人心态上的失衡，行为中的失范乃至犯罪现象的增多，都可以从这种主导价值和基本价值所处的“模糊”状态中找到合乎逻辑的解释。[1]

医疗领域是社会生活中与人人都密切相关的地带，医患关系的非正常演化不可避免地与人们价值观的嬗变相联系。医生及医院的行为目标、道德准则、职业伦理、价值取向在医疗市场化的潮水中淌得不清不楚。医生在技术垄断和各种利益与风

---

〔1〕周毅：“冲突与再铸：市场价值观”，载《江苏教育学院学报（社会科学版）》2003 年第 2 期。

险的抉择面前，短期的自我利益最大化可能是大部分医生的价值标准。随之而来的病人利益、行业利益、社会利益都居其二线，三线甚至不在其考虑之内。病人在医生这样一种价值框架内，怎能安然无事。如果没有医疗纠纷可能反而更加不正常了，因为有医疗纠纷，至少还表明有人在争取被别人践踏的财产和权利，至少还表明有一些声音在抗议不正当的行业和行为。所以，以理性的态度对待医疗纠纷是接纳它，并以正确的态度化解和引导它。

二、媒体导向

医疗纠纷作为社会热点问题引起了媒体极大关注，并经常出现在各种媒体上。不可否认，公众传媒在发挥舆论监督方面起着不可替代的积极作用。新闻媒体对医疗纠纷的关注，对规范医疗行为、提高医疗质量、改善服务态度起了一定的促进作用。但是，媒体的报道带有一定的病人利益倾向性和炒作性。宋咏堂等人对社会媒体报导的 89 例医疗纠纷进行了分析，属倾向指责医院同情患者的 62 起，占 69%，属倾向指责患者的 12 起，占 14%，属中立态度的 15 起，占 17%。同情患者的比例显著高于指责患者的比例。其次，这 89 例医疗纠纷中，有 35 起是法院公开信息的案例，其中医方败诉 24 起，占 69%（24/35），医方胜诉 5 起，占 14%（5/35），还有 6 起暂无结果，医院败诉的比例又显著高于医院胜诉的比例。从另外一个角度分析，这些报导中，属明显新闻炒作的 74 起，占 83%，属一般新闻报道的 15 起，占 17%。[1]

在信息爆炸和利益驱动的社会现实中，信息不可避免地会

---

〔1〕 宋咏堂、项红兵、张晋："对社会媒体报导医院医疗纠纷 89 例的分析研究"，载《中国卫生事业管理》2002 年第 3 期。

成为利益驱动的助推器。传播学中的“利用与满足”理论认为，大众传播的受众不是信息的消极接受者，而是整个传播活动中主动的、有选择能力的参加者，是为了一定目的而有意识地参与传播活动的。然而，由于种种原因，个体所接受的信息良莠不齐，真假难辨，如果存在不完全信息、虚假信息，个人的行为就会出现偏差。在《条例》颁布后的一段时期内，各大媒体，舆论对医疗纠纷的强烈关注和对一些医疗纠纷涉讼案件的突出报道，从社会所“期望”的角度讲，是一种普法的传播方式，但从另外一个角度讲，也是对医疗纠纷扩大化的无形广告。老百姓从身边的例子，患者从床边的经验无意之间对医疗纠纷的意识进行了升温，一旦对医院或医生不满，不管青红皂白，先投诉或诉讼再说。在这样一种信息环境下，医疗纠纷大大增加。

三、职业“医闹”

“医闹”，简言之，就是一部分人利用医疗纠纷来从事牟利的现象。他们每天穿梭于各大医院之间寻找“商机”，和出现了医疗纠纷的患者家属，采取扰乱医院就诊秩序的方式，向医院索取高额的赔偿。在医疗纠纷当事人获得了赔偿之后，他们再与其分红。[1] 随着医疗事件的不断曝光，公众心中的医院形象一落千丈，“医闹”利用医患关系的紧张与医院叫板，一哭，二闹，三打砸的伎俩，使医患矛盾不断升级。更关键的是，由于“医闹”的非理性以及社会上相当一部分人视医疗纠纷中的患者为弱势群体，且在有理和无理的情况下医院都不太可能与“医闹”僵持下去，大部分情况下医院都会对“医闹”的纠纷给予

---

〔1〕 杨颖、王朝阁：“自称‘梁山好汉’，‘劫富济贫’，‘医闹’让医院闹心”，载《广西质量监督导报》2006年第8期。

非理性的赔偿或补偿。[1] 医闹行为极易效仿，使人误以为医院存在息事宁人的心态，只要一吵一闹，就能获得赔偿，从而导致其他家属的效仿。甚至出现了“大闹大赔、小闹小赔”的结果。在这种情形下，无形中暗含医疗纠纷的可获利性，助长了医疗纠纷的攀升。

四、患者权利变迁

患者权利是特定时代政治、经济、文化及社会的产物。传统的医患关系是医疗父权主义（Medical Paternalism），并且长期主导着医生和病人的思想。从西方医学发展的过程来看，医生享有医疗过程中的决策权一直是医患关系中不容置疑的事情。依照希波克拉底誓言（Hippocratic oath），医生乃是仁慈的，权威的，以病人之最大福利为己任的专家。其职业准则是尽最大的良知与能力去追求病人的最大利益。在这样的一个伦理基础上，“命令-服从”式的医患关系，以及由医生代替病人做决定的执业习惯就成了天经地义的事情。

我们国家的两汉时期，儒家思想逐渐成为中国文化的主干，儒家学说强调的“医乃仁术”、“医者父母心”也逐渐成为中国医德的主要价值观。[2] 这种价值观要求医生必须怀着父母疼爱孩子般的心去关心病人，但与此同时，也赋予了医生父母般的权利。儒家“父父子子”的理念对医患关系产生了深刻的影响，使中国的医生在医患关系中处于绝对权威的地位，病人的任务是服从医生的医嘱。

无论在东方还是在西方，传统的观念认为：病人缺乏足够

---

〔1〕 王慧：“医疗利益链上的畸形群体”，载《人民论坛》2007年第5期。

〔2〕 土丽艳、郭照江：“知情同意原则与文化背景”，载《中国医学伦理学》2001年第5期。

的医学知识和判断力来衡量不同治疗手段的利害得失，而医生受过严格科学的专业训练和临床实践，因此有良好的判断力来决定何种治疗手段是符合病人最大利益的。在这种传统的父权主义的医患关系下，病人想要了解病情，参与决定的权利及意愿是不可能得到重视的。

然而，随着社会的发展，患者权利普遍得到了认同，一些国家通过立法加以保障。不管是美国的《病人权利法案》还是其它各种病人权利宣言，其内容都体现出以下几个方面：医疗权和护理权；康复权；转院权；知情权和同意权；资料权；保密权；试验权；查账权。[1]

我们国家随着法制建设的加强和病人权利意识的不断提高，病人权利也在不断发生变化。2002 年 9 月实施的《医疗事故处理条例》（以下简称《条例》）第 11 条规定："在医疗活动中，医疗机构及其医务人员应当将患者的病情，医疗措施，医疗风险等如实告知患者，及时解答其咨询；但是，应当避免对患者产生不利后果"。《中华人民共和国执业医生法》第三章第 26 条规定："医生应当如实向患者或者其家属介绍病情，医生进行实验性临床医疗，应当经医院批准并征得患者本人或其家属同意。"第四章第 37 条第 8 款明确规定："未经患者或者其家属同意，对患者进行实验性治疗的"要负法律责任。《侵权责任法》第 55 条规定，医务人员在诊疗活动中应当向患者说明病情和医疗措施。需要实施手术、特殊检查、特殊治疗的，医务人员应当及时向患者说明医疗风险、替代医疗方案等情况，并取得其书面同意；不宜向患者说明的，应当向患者的近亲属说明，并取得其书面同意，这些都是知情同意权在我国法律中的具体

〔1〕 王圣军："病人权利托付的医学伦理学意义"，载《自然辩证法研究》2002 年第 5 期。

体现。

知情同意权是病人权利的重要组成部分，是指在医患关系中医务人员为病人提供其做出医疗决定所必需的足够信息（如病情、诊疗方案以及这种方案的益处、危险性、预后情况和治疗费用等），病人在对这些信息做出理智的分析判断之后，对医务人员所提出的诊断方案做出同意或不同意的选择，知情同意是达成合意的表现。然而，由于医患双方的信息、知识、结构、处境以及期望的不同，这种合意在某种程度上只是一种形式上的合意，而不可能是一种实质意义上的合意。医生对病情的介绍和风险的告知不可能让患者真正理解所有的内容，也不可能把所有的风险囊括其中。如果医疗过程中没有出现偏离患方期望的意外结果，合意对双方都有一定的约束作用，一旦出现患方理解框架外的医疗结果，知情同意的约束力会大打折扣，医疗纠纷很难避免。

第三节 医院因素

一、医德下滑

道德影响理念，理念影响准则，准则影响行为，行为影响后果。在市场经济利益驱动的链条中，医生作为医疗行业的“独医无二”，受各种客观环境和主观因素的影响。面对医药商人带来的各种诱惑，在利益大跃进的年代，有些医院和医生手忙脚乱地跟进每日的进账和财富。医疗费用飙升，哈尔滨的天价医药事件和深圳人民医院接连两年的收费曝光，是最好不过的材料。患者的权利，包括医疗安全，医疗合理性及正当性可能全然不在某些医生的价值框架内。那些医生可能只是修理人体零部件的小商人，生命在他们眼里没有尊严，只是按比市场价格更扭曲的价格进行交易，高尚的救死扶伤和治病救人的职业责任可能蜕变成了医疗产业链上的效率标准。然而，今日的患者也绝非几年前的患者，权利意识的提高及明明白白付费的人大有人在，这促使他们对医院的许多不明之举提出质问，加剧了医疗纠纷的发生。

二、执行缺陷

医疗是一门科学性和经验性很强的学科，医疗规章制度是根据一定的医学科学标准和实践检验而制定出来的。目前，我国有关医疗方面的法律及规范，如《医疗事故处理条例》、《中华人民共和国执业医师法》、《中华人民共和国护士管理办法》、《医疗机构管理条例》、《医疗机构病历管理规定》，等等，可以说从数量来讲相对齐全。然而，由于各种原因，我们的制度大部分很难起到实际作用。孔顺贤等人对 32 例医疗纠纷的成因分析表明，不可避免的医疗纠纷仅占 25%（8/32），可以避免（9 例）及创造条件可以避免（15 例）的医疗纠纷占 75%（24/32），在这可以避免的 75%（24 例）医疗纠纷中，66.67% 的医疗纠纷属技术因素所致，33.33% 属责任因素所致。[1] 由于对医生的约束没有形成强有力的执行机制和监督机制，对医生的惩罚没有形成可置信性的威胁，使医生对职业操作流程的遵守和对技术水平的提高缺乏重视。

---

〔1〕 孔顺贤、占海哨、徐巧君："32 例医疗纠纷成分析与防范"，载《中国农村卫生事业管理》2003 年第 1 期。

第四章 医疗纠纷解决机制

第一节 医疗过失诉讼机制

医疗过失诉讼机制是解决医疗损害赔偿责任的纠纷解决方式之一。一般来说，医疗过失诉讼中要证明以下四个环节：①医疗服务提供者对患者负有法律上的义务；②医疗服务提供者在诊疗过程中存在过失；③患者在诊疗过程中遭受了损伤；④患者的损伤与医疗服务提供者的过失之间存在因果关系。只有这四个条件同时满足，也只要这四个条件同时满足，医疗服务提供者就必须对患者承担法律上的赔偿责任。虽然，这些要件看起来同一般的过失诉讼没有太多的区别，例如，都要有过失行为、损害事实，且损害事实与过失行为之间存在因果关系，但是，由于医疗的专业性和技术性，医疗过失诉讼在许多方面明显不同于一般的过失诉讼。

一、基本特征

（一）医疗过失认定的专业性

医疗过失的认定是医疗过失诉讼的关键环节。医疗服务提供者是否存在过失是判断他们是否承担损害赔偿责任的前提。

由于医疗行业是一个高度复杂和高度专业的领域，对医疗过失的认定是一件非常专业的事情。这种专业知识在某种程度上不是法官、陪审员以及一般人员利用普通知识或法律知识所能理解和推断的。它必须借助于医生的专业技能和临床经验。有些国家采取专家证人制度，如美国、英国，我们国家目前采取的是医疗损害鉴定制度。通过医疗专家对相关医疗问题进行全面、深入的分析，使法官能够基于法律专业知识做出公平、合理的判决。没有这些医疗专家对医疗证据的分析和判断，医疗过失的认定在绝大多数情形下举步维艰、无所适从。

同时，在医疗过失的认定中，对鉴定专家的专业性也有较高的要求。随着现代医疗技术的不断进步和发展，医学的专业性已经使医学成为一个庞大的具有相当分支学科的知识体系。据广东省医学会公布，该学会目前已有 72 个专科分会。言下之意，大大小小的医疗专业也有 72 个之多。[1] 不同专业的医疗过失问题，必须由不同的医疗专业人士来确定。医疗过失认定的专业性不是文字上的专业性，而是实践层面、知识层面以及经验层面的专业性。因为医疗过失是发生在医疗过程中，对医疗过失的认定是建立在对医疗过程有一个科学的、客观的认识基础上。只有知道正确的是什么，才能判断出错误是什么。例如，要一个内科医生来判断病理诊断工作中的过错分析，所得出的结论有可能会成为笑话。因此，医疗过失的认定具有高度的专业性。

（二）医疗损害因果关系的多元性

在医疗服务过程中，一个医疗损害结果的出现有着非常复杂的原因。它既可以是由于医务人员的诊疗护理过失所引起的，

---

〔1〕 广东医学会简介，http://www.gdma.cc/artlistshow.do? id = 992。最后访问时间：2012 年 7 月 25 日。

也可能是由于医疗意外、并发症、药物的副作用、疾病的自然转归、患者本身或第三人的过失所引起的。在医疗过失诉讼中，患者的医疗损害同医疗过失之间的因果关系的判断绝非易事。它是一个多因素多环节相互交织起来的网络体系，医疗过失只是众多因素的一个，而且与医疗过失有关的因素又可以构成一个复杂的子网，它既可以是某一个人的医疗过失行为，也可以是多个人员的集体过失且每个人的过失程度与过失后果又不特定的行为，因此，医疗损害因果关系的判断极为复杂。胡琰峰等人对医疗损害的因果关系进行了分类，他们认为可以分为以下几种：其一，单一原因的因果关系：在医疗损害中最为常见，即一个原因引起损害结果，如外科手术中遗忘器械、纱布在病人腹腔造成的腹膜炎等损害；其二，复数原因的因果关系：是指一个损害结果有多个原因所引起，又分为三种情形：①聚合因果关系：是指两个或两个以上的过失行为同时发生作用导致损害的发生，而各个行为单独作用也足以导致损害的发生。例如，手术过程中因手术医生的过失损伤了大血管，使患者出现了失血性休克，而麻醉师则在手术过程中因过失用错了药物加重了患者的休克病情，医生的过失与麻醉师的过失同患者休克之间的因果关系就属于聚合因果关系；② 共同因果关系：是指数个过失行为共同导致损害结果的发生，而单独一个过失行为不足以导致损害结果的发生。例如，一个医疗机构与一个医学研究所进行实验性医疗，但双方均未就试验的风险告知患者并征得患者的同意，结果患者知道这种行为侵犯了其知情同意权并认为对他造成了损伤，此时，医疗机构与医学研究所的过失行为同患者损伤之间因果就属于共同因果关系；③择一因果关系：是指数个过失行为均同时存在，但只有一个过失行为是导致损害结果的原因，但又无法判断是哪个过失行为。它与聚合的因果关系的主要区别在于不是所有的行为对损害都起了作用，与共同因果关系的区别是只有一个过失行为起了作用便产生了损害后果。在这种情况下实际不是一个因果关系的问题，而是一个证明的问题。[1] 由此可见，医疗损害中的因果关系远非一般民事损害因果关系那样简单。

二、缺陷

虽然，医疗过失诉讼存在一定的优势，例如，可以使医疗损伤案件的处理和赔偿更具有权威性和法律约束力，可以加大对患者的保护力度，可以使医疗行为除了受到行业规章的约束外，还要受到国家法律的强制调整，有利于医疗行为的规范化，等等。但是，由于医疗服务的复杂性及诉讼程序的刚性，医疗过失诉讼更多地表现为一些制度上的缺陷。

（一）证明责任的医患两难性

医疗过失诉讼同其他诉讼一样，同样离不开证明责任的分配。我们国家医疗过失诉讼证明责任的分配，经历了一个曲折的发展过程。在《医疗事故处理办法》（以下简称《办法》）时期，证明责任基本上是由患方承担，即由患方举证证明其在医疗过程中遭遇的损害是由医疗过失行为引起的，而且医疗过失行为与医疗损害之间存在因果关系。然而，他们的专业知识、信息存量以及能拿得出来的证据非常有限。在《医疗事故处理办法》时期，由于《医疗事故处理办法》时期患者的知情同意权还没有得到法律上的保障，连最基本的客观病历复印权都受到了严格的限制，他们的举证能力受到了明显的负面影响。

为了改善这种状况，在《医疗事故处理条例》（以下简称

---

〔1〕 胡琰峰、冯卓群："医疗侵权中的因果关系——英美侵权行为法律视角下的分析"，载《郑州航空工业管理学院学报（社会科学版）》2005 年第 2 期。

《条例》）时期，我们国家采取了举证责任倒置制度，即在医疗行为引起的侵权诉讼中，由医疗机构就医疗行为与损害结果之间不存在因果关系及不存在医疗过错承担举证责任。由于医疗的复杂性和不确定性，在这种情形下，医生首先能作的就是尽其所能把预见到的可能性统统排除掉，然后再做诊断；其次就是格外的小心，另外别无他法。这样做的直接结果是：一方面，病人医疗费大幅度上升，给社会造成了极大的负担；另一方面，病人的医疗安全得不到保障，因为一些急危重的病人会给医院带来很大的诉讼风险，他们往往会采取变相推诿的办法加以拒绝。因此，立法者在《侵权责任法》中，又对举证责任倒置制度进行了某些改革，即目前的举证责任原则是谁主张，谁举证，但是，对一些特定的情形又采取了过错推定，其目的就是为了平衡医患双方的举证责任。由于《侵权责任法》的生效时间相对较短，这一举证责任分配制度的效果如何，有待实践检验。然而，无论如何，医疗过失诉讼中的证明责任，无论是分配给患方还是医方，都存在一定的困难。

（二）医疗过失认定的不确定性

医疗过失认定的不确定性，一方面包括认定标准的不确定性，即是否构成医疗过失，必须结合当时的具体情况具体分析。同一个疾病，因不同的医疗环境，包括医院的级别、医疗设施的装备、医务人员的技术、病人的经济支付能力、病情的发展阶段等因素，医疗过失的判断标准可能有所不同。同样一个诊疗行为在不同的病人身上、不同的疾病种类、不同的医疗环境下，有些可能构成过失，有些则可能不会构成过失。《侵权责任法》第 60 条就明确规定了医疗过失的判断必须结合当时的医疗水平与当时的医疗紧急状况。因此，医疗过失的认定，基本上是“一案一标准”。虽然《侵权责任法》第 60 条中的“当时的医疗水平”有学者认为应是一个全国性的三甲医院的医疗水准，其目的是阻止医院“以自己水平就这样”进行抗辩从而推卸损害赔偿责任。[1] 如果真的这样推行，我们的患者可能又将面临一些灾难性的场景。因为许许多多的医院均达不到三甲医院的标准，他们为了避免法律责任，就会把相当一部分病人往三甲医院转诊，其结果可想而知。

另一方面，医疗过失认定的不确定性是指医疗鉴定专家在认定医疗过失过程中，存在不确定性。首先，医疗过失的鉴定是基于鉴定专家个人或集体的智慧对医疗过失问题进行鉴定。然而，医学毕竟是一门经验性、实践性很强的科学。任何一个鉴定结论的做出都受制于鉴定专家自己的临床经验和医学知识。医疗过失鉴定在某种程度是一种经验性的鉴定，鉴定结论在某种程度上具有不确定性。Posner KL 等人（1996）报道，30 位麻醉科专家对 103 例索赔案件进行评估，每一个案例被两个专家独立评估，结果发现，评估者同意索赔的比例是 62%，不同意的比例是 38%。[2] Hartz A. 等人（2002）对医疗过失案件中通常注意标准的确定性进行了评估，结果也发现，医生与医生之间对同一个医疗措施是否符合通常注意标准的意见差异较大。[3] 因此，虽然鉴定专家的意见在医疗过失的判断中起着至关重要的作用，但是，由于医疗服务的复杂性和个人经验的有限性与差异性，不同的专家对同一个案件也有不同的判断。

---

〔1〕 此内容来自于梁慧星教授 2010 年上半年来广州律师协会所做的《侵权责任法》讲座中讨论环节的谈话。

〔2〕 Posner K. L., Caplan R. A., Cheney F. W., “Variation in expert opinion in medical malpractice review”, *Anestheslology*, vol. 85, no. 5 (1996), pp. 1049～1054.

〔3〕 Hartz A., Lucas J., Cramm T., et al., “Physician surveys to assess customary care in medical malpractice cases”, *Journal ofGeneral Internal Medicine*, 17 (2002), pp. 546～555.

（三）审判中的医疗技术制约性

医疗过失诉讼案件的公平、公正审理，在很大程度上并不取决于主审法官的法律知识是否渊博、法律条文是否娴熟，而是在于主审法官对医学知识的了解与积累程度。对于一般的诉讼案件，主审法官完全可以凭借其专业的法律知识与一般的社会经验对案件的大致方向有一个比较理性的判断，然后，再根据双方提供的证据加以审理。然而，在医疗过失诉讼中，纯粹的法律知识和法律权威对案件审理的影响似乎并不那么明显。无论是对案件材料的审阅，还是对医疗证据的判断，都需要有一定的医学知识作为基础，否则，整个案件将可能陷入审理的困境。我们最近代理的一些医疗侵权纠纷案件，就基本上出现了这种情形。由于代理律师具有一定的医学知识与法学知识，他在庭审过程中坚决反对进行医疗事故技术鉴定或医疗纠纷司法鉴定，原因很简单，医院提供的病历资料存在不合乎法律规定的情形，当事人认为失去了鉴定的基础，因此，这些案件的审理就受到明显的阻碍。如何正确审理这些案件是摆在这些案件主审法官面前的重要难题。虽然，也有极少数的案件，法官可以凭借他的法律知识与社会经验对案件作出公平、公正的审判，但是，这毕竟只是个案，而不是普遍现象，绝大部分案件的审理都建立在医疗专家对医疗过失与因果关系进行分析的基础之上，然后再由法官根据具体的法律规定进行审理。法官无法、也基本上不可能对医疗过失案件进行专业审判。除非该法官既是医疗领域的通才，也是法律领域的专才。这种情形在现实中是不存在的，也是不可能的。在医疗过失诉讼中，法律的专长受制于医疗的专长，法律权威让位于医疗权威。

三、不利影响

医疗过失诉讼的不利影响主要表现为医疗服务提供者采取

的防御性医疗，从而对患者及社会所造成的不利后果。防御性医疗，即当医生安排检查、治疗、接诊、或避免高风险病人或治疗，主要是（但并非是绝对唯一）为了减少诉讼风险时所采取的医疗措施。当医生安排一些额外的检查或治疗主要是为了减少医疗过失责任时，他们就实施了积极防御性医疗（Positive defensive medicine or Assurance behavior）。当他们避免某些病人或治疗，他们就实施了消极防御性医疗（Negative defensive medicine or avoidance behavior）。[1] 防御性医疗在医疗过失诉讼高发的国家非常常见。

2002，美国的 Harris 研究团队为了公共利益，对医生、护士和医院管理人员进行了电话访谈，目的是研究害怕诉讼是如何影响医疗实践与医疗供给。结果发现，由于害怕诉讼，79% 的医生说他们自己由于担心医疗过失责任而采取了比医疗需要标准更多的检查，91% 的医生注意到了其他医生这么做，74% 的医生说他们自己转诊病人更常见，85% 的人注意到其他医生这么做，51% 的人说他们自己由于担心医疗过失责任，建议病人接受更多的有创检查，例如针吸活检，以便证实某一诊断，73% 的人注意到其他医生这么做，另外，41% 的说他们自己由于担心医疗过失责任开出了更多的药物，例如抗生素之类，73% 的人注意到其他医生这么做。不仅仅医生自己认为存在相当常见的防御性医疗，护士和医院管理人员同样认为防御性医疗非常常见。护士、管理人员认为多开了检查的百分比分别是 66%，81%；多开了药物的百分比分别是 38%，57%；增加了转诊的百分比分别是 62%，74%；增加了病人有创检查的百分比

[1] US Congress, Office of Technology Assessment, Defensive Medicine and Medical Malpractice. Washington, DC: US Government Printing Office; 1994. Publication OTA - H - 602, http://biotech. law. isu. edu/policy/9405. pdf，最后访问时间：2009 年 12 月 2 日。

分别是43%、65%。[1]

Studdert等人（2005）对美国医疗过失环境最糟糕的宾州地区1268名高风险专业医生防御性医疗的流行情况及特征进行了调查。6个高风险的专业分别是急诊科、普外科、矫形外科、神经科、妇产科和放射科。实施积极防御性医疗行为，例如安排检查、执行诊断程序以及转诊病人非常普遍，占93%，其中，43%的人在临床指征不需要的情形下使用了影像学技术，59%的回答者说他们经常多做一些超过医疗指征的诊断性检查，52%的医生说他们通常在不必要的情况下，把病人转诊给其他专家，1/3的医生说他们开出比医疗需要更多的药物，32%的调查者说在前3年内采取了一些限制自己执业的措施，包括排除一些容易出现并发症的治疗程序，避免一些病情复杂的病人或者感觉会起诉的病人，39%的专科医生说他们肯定或将要决定避免一些高风险的病人。[2]

我们国家的防御性医疗同样令人担忧，程红群等人对北京市9家三甲医院512名医生的防御性（自卫性）医疗行为进行了调查，发现增加各种转诊，会诊的比率为72.83%，增加各种化验和检查的比率为79.49%。512名医生中有491名认为现阶段防御性医疗行为有其存在的合理性，占被调查人数的95.9%。[3]刑泽民对基层医院的防御性医疗行为进行了调查，发现85%的

---

〔1〕 Harris Interactive Survey conducted for Common Good. Fear of Litigation study - the Impact on Medicine, March 2002, http://cgood.org/assets/attachments/68.pdf，最后访问时间：2009.9.18。

〔2〕 Studdert D. M., Mello M. M., Sage W. M., et al. "Defensive medicine among high - risk specialist physicians in a volatile malpractice environment", *The Journal of American Medicine* Association, 293 (2005), pp. 2609 ~ 2617.

〔3〕 程红群、陈国良、蔡忠军："512名医生自卫性医疗行为现状调查及分析"，载《中国医院管理》2003年第6期。

医生会因为防“事”于未然，而多开相关辅助检查，哪怕医生认为经过物理检查已基本就某个症状确诊的，也要再作检查证实留下证据，医生过分依赖诊断设备，大型医疗设备检查阳性率普遍低，会诊、转诊的病人也明显增多。[1]

防御性医疗对医疗服务有着不可估量的负面影响。积极防御性医疗，一方面可以通过多做检查、多开药物等措施增加医疗成本。美国医疗卫生责任联盟（Health Care Liability Alliance，HCLA）2002 年 6 月调查发现，超过 70%（71%）的美国人同意诉讼是引起医疗成本增加的主要因素之一。[2] 美国卫生和福利部下设的一个办公室（2002）报道，防御性医疗导致的各种成本，通过各种方式增加了联邦政府必要的医疗支出，据估计每年有 286 ~475 美元亿。[3] 我们国家也有资料提示防御性医疗会加大医疗成本。某一医院 2001 年 4 月至 2003 年 5 月的各科住院患者在举证责任倒置实施后平均住院费用由原来的（2089 ±109）元上升到（2885 ±212）元，化验费所占的比例由原来的 7.19% 上升到了 10.02%，检查费由原来的 10.10% 上升到了 13.69%。[4] 另一方面，积极防御性医疗也增加了病人的风险。

〔1〕 邢泽民：“基层医院防御性医疗现状与对策”，载《继续医学教育》2006 年第 31 期。

〔2〕 HCLA for immediate release，september17，2002. Health care groups applaud House efforts to preserve access to health care &curb litigation costs. http://www. hcla. org/pressreleases/2002 – set17 – MarkUp3b. pdf，最后访问时间：2009 年 9 月 25 日.

〔3〕 Office of the Assistant Secretary for Planning and Evaluation. Department of Health and Human Services. Confronting the New health Care Crisis：Improving Health Care Quality and Lowering Costs by Fixing Our Medical Liability System. July24，2002. （2007，10，19）. http://www. cns. org/advocacy/wc/archives/mlr/HHSReport 7 – 02. pdf，最后访问日期：2009 年 9 月 25 日.

〔4〕 刘和荣、董志红、王涛：“从医疗费用角度看举证责任倒置的实施”，载《中国全科医学》2004 年第 9 期。

有研究估计在未来的几年中，1.5% ~2.0% 的美国癌症有可能归因于 CT 检查的辐射。根据一个儿科放射科专家的推测，也许 1/3 的 CT 检查可以被其他方法所替代或者根本不需要做。[1] 同时，防御性医疗还有可能把病人的医疗费用更多的用于防止医疗过失诉讼而不是真正地为了病人的医疗质量。消极防御性医疗则从另一个更深的层面对患者及社会产生负面影响。回避高风险的病人及专业，会影响到患者的生命安全与医疗服务的供给，这是医疗服务的根本问题。因此，无论是从社会的角度，还是从患者个人的角度，防御性医疗都是不经济的、在某种程度上甚至有不人道的成份，在有限资源的约束下，它给整个社会带来的是负效应，而不是正效应。

医疗过失诉讼是医疗与法律相碰撞的产物，旨在运用法律原则、规则以及法律视角来处理医疗服务领域的法律问题。然而，医疗服务领域是一个高度专业的、自成一体的知识体系，它的复杂性、技术性和风险性是医学体系具有的基本特性，也是伴随着医学不断发展、不断进步但基本上保持不变的基本特性。法律同样是具有自己的渊源、基本原则以及各种规范的知识体系。它的强制性、权威性和程序性是任何其它规章制度无法代替的。目前，由于医疗过失诉讼的主导性，加剧了医疗服务的非医学化，有违医学规律，也给医患双方及整个社会带来了诸多的不利影响。如何科学、合理的构建我国的医疗过失诉讼制度，使之既有效率、又体现法律的公平是摆在我国法律人面前的重要课题，是摆在医疗卫生领域的重要课题。

---

〔1〕 Chawla A., Gunderman R. B.,"Defensive medicine: Prevalence, implications, and recommendations", *Academic Radiology*, 2008, 15: 948~949.

第二节　替代性纠纷解决机制

一、替代性纠纷解决机制概述

（一）ADR 概念

替代性纠纷解决机制是英文 Alternative Dispute Resolution（缩写为 ADR）的意译。ADR 概念源于美国，原来是 20 世纪逐步发展起来的各种诉讼外纠纷解决方式的总称，现在已引申为世界各国普遍存在着的、民事诉讼制度以外的非诉讼纠纷解决方式或机制的总称。由于替代性纠纷解决机制是一个总括性、综合性的概念，其内涵和外延相对难以准确界定。一般而言，替代性纠纷解决方式的概念强调的是与法院的（民事）诉讼程序（或判决）的区别与联系，对其界定通常是根据如下三个要素：首先，替代性，是指对法院审判或判决的替代。广义的 ADR 既可以包括当事人借助第三者的中介达成的自行协商和解；也可以包括各种专门设立的纠纷解决机构的裁决、决定；既可以包括传统的调解，也可以包括当代行政机关所进行的各类裁定、决定，等等。其次，选择性，是指这种纠纷解决方式以当事人的自主合意和选择为基础。这种选择是当事人的一种自主权利，既可以是对程序的选择，也可以是对纠纷解决结果的处分，但归根结底意味着在法院的审判和判决与各种非诉讼方式之间进行选择。ADR 只能为当事人提供选择的可能性，而绝不能剥夺当事人的诉讼权利和处分权。最后，解决纠纷，是 ADR 的基本功能。无论何种形式的 ADR，都以这一特定功能区别于一般组织或行政机构的管理性、职能性活动，以及行政机关的附带性纠纷解决工作。

（二）ADR分类

当代世界各国存在的ADR形式多样，依据不同的分类标准可以对其基本类型做以下分类：

第一，根据主持纠纷解决的主体，即ADR机关，可分为：①法院附设的ADR。这种纠纷解决机制虽然属于诉讼外纠纷解决方式，不同于审判和判决，但与法院的诉讼程序有一种制度上的联系，有些是在法院的领导下解决纠纷的，如日本的民事和家事调停以及美国的各种法院附设ADR等都属于这种类型。②国家的行政机关或准行政机关所设或附设的纠纷解决机构，例如消费者协会的调解、劳动仲裁机构等。③作为民间团体、组织的ADR机构，其中既包括民间自发成立的纠纷解决机构，也包括由政府或司法机关组织或援助的民间纠纷解决机构，例如日本的交通事故纷争处理中心（财团法人）、美国的邻里司法中心和我国的人民调解都属于这种方式。④由律师主持的专业咨询或法律援助性质的ADR机构。⑤国际组织所设的纠纷解决机构，如WTO根据其协定附属文件设定的纠纷处理机关。

第二，根据ADR启动程序中的必要条件，可分为：①合意ADR，即当事人双方合意决定通过解决纠纷，其中既可以事先通过仲裁协议对此进行约定，也可以在纠纷发生后合意选择某种ADR方式，但一般不能由一方当事人申请开始启动。②半强制ADR，即ADR机关或组织根据一方当事人的申请即可进行纠纷处理，如消费者纠纷和产品责任纠纷的处理，但一般不是诉讼的必经阶段，当事人可直接提起诉讼。③强制ADR，即根据法律规定或法院的决定，把设定为解决某些类型的纠纷的前置条件，如离婚、劳动纠纷和小额债务纠纷，但此处的“强制”仅限于参与的强制，而不是指当事人必须接受处理的结果，也不意味着剥夺当事人的诉权。

第三，根据 ADR 处理结果的效力，可分为：①有拘束力或终局性，即具有可强制执行的效力，当事人可向法院申请强制执行，如一般的仲裁裁定，以及经法院确认或经过公证的调解协议等。②无拘束力或终局性的，即不具有可强制执行的效力，当事人在纠纷解决的合意未达成时可直接转入诉讼程序，或在达成协议后的一定期限内仍可以提起诉讼。大多数 ADR 属于后者，但通常经过特定程序，如法院的确认或公证后，即可获得拘束力。

第四，根据 ADR 机构在纠纷解决过程中的作用，不同的 ADR 程序可分为中立性和指导性两种不同导向。各类 ADR 在价值取向上存在着显著差别。中立性 ADR 主要是为当事人提供一种对话的渠道，而指导性 ADR 则能够为当事人提供最接近判决的法律意见。

第五，按照 ADR 所解决的纠纷的类型，可分为：①解决一般民事（包括经济）纠纷的 ADR，如一般的民事调解或调停制度。②解决特定纠纷的 ADR，如劳动纠纷、消费者纠纷、家事纠纷、医疗纠纷、交通事故纠纷、建筑纠纷、公害环境纠纷、知识产权纠纷、国际贸易纠纷等等。这类特定类型的 ADR 目前发展很快，新的形式层出不穷。

第六，根据 ADR 的起源和运作方式，可分为传统型 ADR 和现代型 ADR。前者主要是以调解和仲裁为代表的从传统方式发展而来的替代性纠纷解决方式；后者则是指 20 世纪后半期以来获得迅猛发展的、主要用于解决特定类型纠纷的、或法院新创立的纠纷解决程序，如美国的法院附设 ADR 等。[1]

---

〔1〕 范愉：《非诉讼纠纷解决机制研究》，中国人民大学出版社 2000 年版，第 9～17 页。

（三）ADR的主要形式

ADR的主要形式有谈判，调解与仲裁。谈判是一种旨在相互说服的交流或对话过程，其实质是一种双方的交易活动。纯粹由当事人自行谈判所达成的协议，性质相当于契约或对原有契约的变更，对当事人具有契约上的约束力。然而，谈判并不是在任何情况下都能够成功的，只有满足一定的条件，谈判才有可能成功。首先，是当事人解决纠纷的愿望或诚意。其次，当事人具有进行判断和权衡的理性或能力。最后，当事人作出一定的妥协的现实可能性。谈判区别于其它纠纷解决方式也有一些自身的重要特征：首先，它主要不是一种特定的制度，而属于一种手段，在其他纠纷解决方式中也可以使用，因而具有较大的灵活性。其次，它在形式和程序上比较随意，具有通俗性和民间性。最后，它通常不企求第三者的介入，因而具有最高的自治性。现实中，即使有第三者的介入，也往往并非以权威的调解者身份出现，通常只是起协助作用或作为一方当事人的代理人。

调解是指在第三方主持下，以国家法律、法规、规章和政策以及社会公德为依据，对纠纷双方进行斡旋、劝说，促使他们互相谅解，进行协商，自愿达成协议，消除纷争的活动。调解程序像其他替代性纠纷机制一样，也有它的局限性。调解中存在的普遍性问题主要涉及：调解人的素质及其中立性的保持；调解机关的威信和程序的公正性；调解员的选任程序；调解程序在查明事实上的局限；以及调解的效力与生效判决相同是否具有充分的正当性；其程序上的灵活性是否会导致强制和不公平的结果等等。

仲裁是根据当事人的合意（仲裁契约），把基于一定的法律关系而发生或将来可能发生的纠纷的处理，委托给法院以外的第三方进行裁决的纠纷解决方法或制度。仲裁必须以当事人之间（事先）达成的协议，即仲裁契约为前提。仲裁裁决具有终局约束性。仲裁在适用实体规范和程序两方面具有相当大的灵活性。传统的仲裁主要应用于商事和国际贸易纠纷的处理，近代现以来，仲裁的应用范围在不断扩大。仲裁被作为解决特定纠纷的特定手段，建立了许多法定或强制性仲裁：例如劳动争议仲裁、法院附设仲裁，以及处理交通事故、消费者纠纷、产品责任纠纷和医疗事故纠纷的仲裁制度等等。这类仲裁的特点是：首先，当事人并未订立具体的仲裁契约，往往是通过法律规定或法院决定，强制或建议当事人以仲裁方式解决纠纷。其次，仲裁裁决并非终局性的，当事人在裁决作出后的规定期限内可以向法院起诉，因此并不因仲裁而失去诉权。再次，在形式上，仲裁往往与调解相结合，有时把调解作为前置条件，即必经阶段，如调解不成则进行仲裁。〔1〕

（四）ADR 的优势

ADR 的优势首先来自其程序利益，即成本低、迅速和便利之特点。其次，ADR 所追求的“公平”，“正义”理念不同于诉讼的价值取向，更适合于特定社会关系、特定主体和特定纠纷的解决。现代 ADR 的优点可以具体归纳为：①能充分发挥作为中立调解人的专家意见在纠纷解决中的有效作用；②以妥协而不是对抗的方式解决纠纷，有利于维护需要长久维系的商业关系及人际关系，乃至维护共同体的凝聚力和社会的稳定；③使当事人有更多的机会和可能参加纠纷的解决；④其程序有可能保守个人隐私和商业秘密；⑤当处理新的技术和社会问题时，在法律规范相对滞后的情况下，能够提供一种适应社会和技术

---

〔1〕 范愉：《非诉讼纠纷解决机制研究》，中国人民大学出版社 2000 年版，第 170、192、197 页。

的发展变化的灵活的纠纷解决程序；⑥允许当事人根据自主和自律原则选择适用的规范，如地方法惯例，行业习惯和标准等解决纠纷；⑦经过当事人理性的协商和妥协，可能得到双赢（win - win）的结果。〔1〕

（五）ADR的劣势

诚然，任何机制的优势和劣势都是相对的。ADR作为一系列的非诉讼纠纷解决方式，也有其内在固有的缺陷和弊端。它作为快速、便捷及低成本的解决方式，有时以当事人放弃或牺牲部分实体权利和诉讼权利为代价，有时则根本不以实体意义上的是非公平作为其价值判断标准，可能出现“廉价正义”的问题。许多美国学者对ADR在纠纷解决中的作用提出了质疑和批评。例如，ADR是为当事人提供了更好的程序还是改变了纠纷处理的结果；随着调解变得更为普遍，一个真正的危险可能是高质量服务的缺失；等等。另外，相对于诉讼程序，ADR在制度层面并没有较多的制约机制和监督机制，更多地依赖当事人的诚信与自律，ADR的滥用有可能会侵害当事人的诉权，也可能会对国家的司法权造成一定的侵蚀。〔2〕特别是，纠纷的解决有时依赖于当事人之间的实力对比，即双方所拥有的各种资源；在非法律的方法中，这种实力对比往往是直接的，因而当事人双方的地位不平等的情况必须引起充分的注意，尤其应该强调“保护弱者”、“保护人权”。此外，一些ADR形式由于缺乏理念和制度的支持，往往是自生自灭，而且其内在基准和程序都有极大的随意性和非规范性。因此，如何把ADR更好地纳入法制

---

〔1〕 范愉：《非诉讼纠纷解决机制研究》，中国人民大学出版社2000年版，第40页。

〔2〕［美］斯蒂芬·B. 戈尔德堡等著，蔡彦敏等译：《纠纷解决—谈判、调解和其他机制》，中国政法大学出版社2004版，第9页。

轨道使其扬长避短、推陈出新，将是一个艰巨的课题。[1]

二、替代性纠纷解决机制与医疗纠纷

结合医疗纠纷与 ADR 的特点，ADR 在解决医疗纠纷中具有一定的优势，具体体现在以下几个方面：首先，医疗专家意见在 ADR 机制中可以扮演重要的作用，能最大限度地发挥专业问题由专业人士来解决的优势。这既是一种效率，也是一种尊重，更是一种理解和信任。通过双方医疗专家的评估，分析，可以使医患双方对纠纷的焦点问题进行实质性探讨，最大的限度地使医患双方在自治，理解的基础上达成共识，促成问题尽早解决。其次，ADR 的低成本和高效率更适宜于患方在病痛和受损伤的情形下获得一些补偿。医疗责任的最终落脚点绝大部分是经济赔偿问题，患者在身体疾病与医疗损伤的共同折磨下，身心往往已极度陷入疲惫与被动之中，通过诉讼方式来解决医疗纠纷往往把患者拖上一条漫长的诉讼之路，其间的机会成本有时根本无法估计，给患者造成了难以估量的损失，通过 ADR 的快速解决机制有可能弥补这些问题。再次，当医生和患者共坐一起对医疗损伤进行分析时，双方的对抗情绪已经降低了许多，ADR 机制灵活的沟通方式有可能使医疗损伤的神秘与无奈变得让人理解和接受，患者的索赔要求或其他要求也可能在沟通过程中与医方达成一致意见。

在医疗纠纷的解决机制中，既要考虑医疗纠纷的特殊性，也要考虑司法资源的稀缺性，同时还要考虑诉讼与 ADR 机制对医疗纠纷解决的利弊得失。以诉讼方式作为医疗纠纷解决机制的底线，一方面可以使患者在最需要国家权力保护自己权利时

---

〔1〕 范愉：《非诉讼纠纷解决机制研究》，中国人民大学出版社 2000 年版，第 46 页。

有一种可供选择的制度，另一方面，也让医疗卫生领域某些严重的失职行为和侵权行为受到法律的监督和制裁。但是，医疗卫生领域又具有相当的特殊性，即医疗职业的高风险性与人生而俱来的就医需求特点，使得诉讼机制的刚性程序及其它的制度缺陷在医疗纠纷的解决过程中出现了许多不利于医患双方的情形。因此，只能让真正需要法律解决的医疗纠纷进入诉讼程序，把专业问题留给专家通过一些非诉讼的方式来解决。然而，如何充分利用诉讼与 ADR 的互补与协调来解决医疗纠纷是一个既具理论性又具实践性的问题。

三、替代性纠纷解决机制在我国医疗纠纷中的现状

谈判是运用得相对较多的替代性解决机制。但是，由于目前医院在谈判中带有规避医疗事故以规避卫生行政部门对它进行行政处理的倾向，以及医院在谈判中的某些强势地位，医患双方的谈判平台和实质均有可能偏离谈判的正常轨迹，既无助于医方从平等的角度对患方加以尊重和理解，也无助于对问题的实质予以真正的说明与解释。受损伤的患者可能从医院得到一部分补偿，但是，由于谈判的力量不均衡，谈判结果往往既不利于维护患者的权益，也不能很好地制约医院。

调解制度在我们国家有较长的历史。在《医疗事故处理办法》时代，行政调解作为医疗事故诉讼的前置程序曾经起了一定的积极作用。但是，自从《医疗事故处理条例》颁布以后，行政调解的作用大为减弱，既不是医疗事故诉讼的前置程序，也没有法律上的启动权，必须要由当事人提出才可开始。另外，由于老百姓对行政调解的长期不信任，行政调解几近文字条理上的需要而成摆设。然而，值得欣慰的是，目前已出现了其他形式的调解实践：①人民调解委员会的调解：按照最高人民法

院的司法解释，人民调解委员会达成的协议具有合同的性质，双方当事人不得随意变更和解除。据报道，上海市已经成立了专门的医患纠纷人民调解委员会。据悉，该调委会是由政府出资成立，调解员由律师、医师和退休的司法人员组成，其启动程序需要双方一致同意，受理后一周之内开始调解，一个月内结案，可以多次调解，如果不能接受调委会的结果，可以随时终止。②其他社会团体参与医疗纠纷的解决：2005 年北京市卫生法研究会接受中保北京分公司的委托，成立了医疗纠纷调解中心，开始了我国第一个由社会团体作为医疗纠纷处理第三人的有益探索。[1]

仲裁应用于医疗纠纷的解决，目前还处在理论上的探索阶段。郑雪倩等人认为医疗纠纷的解决不适用普通仲裁，原因是：第一，医疗服务合同属于非典型合同，不适合使用普通仲裁的办法解决；第二，医疗服务合同纠纷不属于《仲裁法》规定的受案范围。《仲裁法》第 2 条规定："平等主体的公民，法人和其他组织之间发生的合同纠纷和其他财产纠纷，可以仲裁"；第三，普通仲裁的"一裁终局"使医疗纠纷解决不能得到司法救济，法律救济途径的减少会使纠纷解决的公正程度降低。他们认为医疗纠纷的解决适合于特别仲裁。特别仲裁是指设立于行政部门之下的特别仲裁委员会以第三者的身份出现，对特定争议双方的争议事项依法予以居中裁决，从而解决特定争议事项的法律制度。医疗纠纷专业强，涉及面广的特点也适合特别仲裁处理。建议医疗纠纷仲裁作为医疗诉讼的必经前置程序。[2]

---

〔1〕 陈美雅："医疗纠纷诉讼外解决机制比较研究"，载《法律与医学杂志》2006 年第 3 期。

〔2〕 郑雪倩、童云洪："仲裁是否适用于解决医疗纠纷的探讨"，载《医院管理论坛》2005 年第 6 期。

在我国医疗纠纷处理的 ADR 机制中，仲裁相对于谈判和调解而言，可能更具有一定的发展优势。首先，仲裁具有准法律的特性，医患双方对它的公正性和制度性比较容易接受。其次，仲裁规则中的仲裁员制度，对医患双方而言具有同等的公平性和优势，有利于医患双方对问题进行平等的探讨与分析，以及问题的合理解决。而谈判和调解由于现行制度的某些缺陷，只有在扬弃的过程中才能慢慢步入正道。然而，由于仲裁应用于医疗纠纷的解决还存在制度的构建问题，谈判和调解在目前的情形下，仍是应用得比较多的两种 ADR 方式。

总之，我们国家目前医疗纠纷的替代性解决机制还处于初级发展阶段和探索阶段。虽然有些西方国家在医疗纠纷的解决方面形成了比较完善的替代性纠纷解决机制，但是，我们国家目前正在处于转型的混沌时期，许多与医疗纠纷相关的理论问题和政策问题还有待于进一步研究，所以不可能采取简单的拿来主义。但是有一点是明确的，即越来越多的国家正在从法院内解决医疗纠纷的路径过渡到法院外解决医疗纠纷，只是由于各自的制度不同，过渡的路径会有差异。我们可以根据我们国家的具体情况来设置符合我们国家的医疗纠纷替代性解决机制。

下　篇

实践探索篇

第五章
《办法》时期医疗损害责任制度

第一节 《办法》基本特点

一、行政主导

《医疗事故处理办法》（以下简称《办法》）是国务院于1987年前后制定的我国第一部专门用来处理医疗损害责任的行政法规。当时的医疗损害责任基本上以卫生行政部门的处理作为主导机制。根据《办法》的规定，医疗卫生行政部门可以在自己管辖的范围内自行组织，上至卫生行政主管领导，下至各医院的医生专家来进行医疗事故技术鉴定，并对医疗责任进行界定，基本上没有外界的干预和审查。例如，《办法》第12条规定，医疗事故技术鉴定委员会（以下简称鉴定委员会）由有临床经验、有权威、作风正派的主治医师、主管护师以上医务人员和卫生行政管理干部若干人组成。第13条规定，鉴定委员会负责本地区医疗单位的医疗事故的技术鉴定工作。省、自治区、直辖市级鉴定委员会的鉴定为最终鉴定。它的鉴定为处理医疗事故提供依据。第15条规定，非鉴定委员会成员和未经鉴定委员会邀请的其他人员，不得参加鉴定工作。如果患者接受了卫生行政部门的处理，可以说从事故的发生、鉴定、处理到事后的监管，基本上都是医疗卫生系统自己的事情，利益链上没有第三者。

从《办法》的规定来看，无论是鉴定委员会的组成、鉴定程序的提起、鉴定的操作方式以及对鉴定结论不服的救济，基本上都是医疗卫生系统不同部门、不同人员分工与合作的结果，而且存在着一种行政上的隶属关系，因此，社会上当时的评价是"老子处罚儿子"，不可能有公平、公正的结论。老百姓普遍对此制度非常不满。即使是一个非常合理、公平的鉴定结论，由于制度上的一些缺陷，也失去了它应有的社会公信力与法律价值。

二、责任限制

责任限制化主要表现在以下几个方面：首先，只有构成事故才能获得补偿。其次，对医疗事故的构成进行严格限制。本《办法》所称的医疗事故，是指在诊疗护理工作中，因医务人员诊疗护理过失，直接造成病员死亡、残废、组织器官损伤导致功能障碍的，很明显，至少要有功能障碍才能构成医疗事故。《办法》第 3 条第 1 款规定，虽有诊疗护理错误，但未造成病员死亡、残废、功能障碍的，不构成医疗事故，这一部分人是得不到补偿的。最后，对补偿的数额进行严格限制。《办法》第 18 条规定，确定为医疗事故的，可根据事故等级，情节和病员的情况给予一次性经济补偿。补偿费标准，由省、自治区、直辖市人民政府规定。广东省《医疗事故处理办法》细则（1988 年 4 月 1 日生效）第 23 条，确定为医疗事故的可根据事故等级、情节和病员的情况给予一次性经济补偿。补偿标准：一级医疗事故：死者生前系主要劳动力、家庭负担 3 人以上（含 3

人）的，最高不超过3000元；死者生前系主要劳动力、家庭负担2人以下（含2人）的，最高为2500元；未工作的青少年、儿童及60岁以上的老年人，最高不超过1500元；死者为未满3周岁婴幼儿，最高不超过800元。

三、原因区分

《办法》时期把导致医疗事故的原因区分为责任原因与技术原因。《办法》第5条规定，医疗事故分为责任事故与技术事故。责任事故是指医务人员因违反规章制度、诊疗护理常规等失职行为所致的事故；技术事故是指医务人员因技术过失所致的事故。由此产生的责任也有所不同。第20条规定，对造成医疗责任事故的直接责任人员，医疗单位应当根据其事故等级、情节轻重、本人态度和一贯表现，分别给予不同的行政处分，如记大过、降级、开除、留用察看、开除等；第21条规定，对造成医疗技术事故的直接责任人员，医疗单位应责令其作出书面检查，吸取教训，一般可免予行政处分；对情节严重的，也应当依照本办法第20条的规定，酌情给予行政处分。

四、限制诉讼

这一时期的医疗诉讼制度是一种设置了诉讼前置程序的限制诉讼。《办法》第11条规定，病员及其家属和医疗单位对医疗事故或事件的确认和处理有争议时，可提请当地医疗事故技术鉴定委员会进行鉴定，由卫生行政部门处理。对医疗事故技术鉴定委员会所作的结论或者对卫生行政部门所作的处理不服的，病员及其家属和医疗单位均可在接到结论或者处理通知书之日起15日内，向上一级医疗事故技术鉴定委员会申请重新鉴定或者向上一级卫生行政部门申请复议；也可以直接向当地人民法院起诉。根据该规定，医患双方一旦发生医疗纠纷，必须先经医疗事故技术鉴定委员会的鉴定，由卫生行政部门处理，对处理不服才能向人民法院提起诉讼。卫生行政部门的处理是提起医疗诉讼的必经前置程序。

五、国家补充

所谓国家补充，是指在这一时期，除了医疗机构承担相应补偿责任以外，国有单位及民政部门起到了很重要的补充作用。当时，中国的经济体制改革还处在由计划向市场渐进的早期阶段，国有单位还存着相当一部分医疗福利与保障，一旦出现医疗损害，病员单位承担了相当一部分责任。例如，广东省《医疗事故处理办法》细则第 24 条规定因医疗事故造成病人生活有困难者，属机关团体、企事业单位职工的，由所在单位按生活困难补助标准给予补助；属无依靠、无生活来源的农民和城镇居民的，由民政部门按救济政策予以适当解决。

第二节 《办法》实施后期的改革措施

《办法》实施后期的一些改革措施，主要表现为最高人民法院针对《医疗事故处理办法》在实施过程中所出现的问题所做的复函以及国家颁布的一些相关民事法律制度，当然，也有一些地方性法规在这方面做的一些尝试。

一、索赔经济损失直接诉讼

1990 年 1 月 7 日，最高人民法院针对四川高院请示的患者只索赔经济损失能否直接诉讼的问题作了复函。该复函的内容是：医疗事故技术鉴定委员会所作的医疗事故鉴定结论，系卫生行政部门认定和处理医疗事故的依据。病员及其亲属如果对医疗事故鉴定结论有异议，可以向上一级医疗事故技术鉴定委员会申请重新鉴定，如因对鉴定结论有异议向人民法院起诉的，人民法院不予受理。如果当事人对卫生行政机关做出的医疗事故处理决定不服依法向人民法院提起行政诉讼的，人民法院应当受理。当事人仅要求医疗单位赔偿经济损失向人民法院提起诉讼的，应依照《中华人民共和国民事诉讼法（试行）》的规定，按民事案件立案受理。

二、《民法通则》直接适用

1992 年 3 月 24 日，最高人民法院针对天津高院关于李新荣诉天津某医院如何适用法律问题作了复函。其主要内容有：关于李新荣诉天津市第二医学院附属医院医疗事故赔偿一案如何适用法律的问题，经研究，我们认为：《医疗事故处理办法》和《天津市医疗事故处理办法实施细则》，是处理医疗事故赔偿案件的行政法规和规章，与《民法通则》中规定的侵害他人身体应当承担民事赔偿责任的基本精神是一致的。因此，你院应当依照《民法通则》、《医疗事故处理办法》的有关规定和参照《天津市医疗事故处理办法实施细则》的有关规定，根据该案具体情况，妥善处理。

三、诉讼案由二元化

2001 年 1 月 1 日颁布的《民诉案由规定》（试行），把有关医疗诉讼的案由分为两种：医疗事故损害赔偿纠纷与医疗服务合同纠纷。

四、医疗侵权诉讼举证责任倒置

2002 年 4 月 1 日《最高人民法院关于民事诉讼证据的若干

规定》第4条第8款规定，因医疗行为引起的侵权诉讼，由医疗机构就医疗行为与损害结果之间不存在因果关系及不存在医疗过错承担举证责任。

第三节 改革《办法》的讨论意见

卫生部医政司法监司于2000年3月上旬和下旬先后在北京召开了《医疗事故处理办法》修订研讨会。来自全国人大教科文卫委员会、法制工作委员会、国务院法制办、最高人民法院的专家以及部分卫生厅（局）、医院、医疗事故技术鉴定委员会的代表近百人参加了会议。大家围绕《医疗事故处理办法（征求意见稿）》进行了热烈讨论。[1]

一、处理医疗事故的主体

不少同志认为，医疗事故处理具有二元性，既可以通过诉讼途径解决，也可以通过行政渠道解决。卫生行政部门是政府管理卫生事务的职能部门，负责监管医疗质量和服务质量，对医疗事故的处理，是其监督管理医疗机构的方式之一。卫生行政部门应当负责医疗事故的行政处理。但是，卫生行政部门的处理不能代替法院的审判，卫生行政部门的处理不是唯一的、最终的处理。对医疗事故的处理，大家提出采取双轨制的做法：即行政处理和司法处理并存，行政处理采取双方当事人自愿选择的原则，不作为司法处理的必备和前提条件。

〔1〕 赵宁、汪建荣：“卫生部医政司法监司召开《医疗事故处理办法》修订专家研讨会”，载《中国卫生法制》2000年第2期。

二、医疗事故分类

许多同志认为将医疗事故分为责任事故和技术事故，在实践中有以下问题：①责任事故和技术事故概念无法区分，在实践中技术事故也有当事人责任问题；②医疗事故技术鉴定时，标准不好掌握，医患双方经常在事故的性质上争论不休；③责任事故和技术事故造成的损害后果没有区别，赔偿标准基本一致。因此，他们认为，可以不区分责任事故和技术事故。

三、医疗事故技术鉴定

大家普遍认为医疗事故技术鉴定具有非常强的专业性和技术性，参加鉴定的人员必须是具有丰富临床经验的医学专家，应当明确医疗事故技术鉴定委员会是医疗事故技术鉴定的专门机构。有的同志提出鉴定组织能否让人信服，首先要解决鉴定程序公正问题。公正的程序是产生正确结果的前提。第一，允许当事人选择鉴定人员，当事人有权要求鉴定人员回避。第二，鉴定要听取当事人双方的陈述和申辩，接受当事人提供的有关材料。第三，除了鉴定合议阶段，应当允许当事人参加鉴定过程并发表意见。

还有的同志认为，鉴定结论是一种证据，能否被法院采纳应当由法院来决定。鉴定结论对卫生行政部门的作用，有两种观点：一是认为鉴定结论虽然是技术性的结论，但卫生行政部门是否采用鉴定结论，应当对鉴定程序进行审查后决定。如果鉴定程序不合法，卫生行政部门也不能采用。一是认为卫生行政部门应当以鉴定结论为依据，是否为医疗事故应当由鉴定委员会决定。

四、医疗事故处理

大家赞成在医疗事故处理中引入调解机制。调解分为医疗机构和患者的自行调解和卫生行政部门主持的行政调解。自行调解既可以在技术鉴定前，也可以在技术鉴定后。行政调解由当本人自愿选择。卫生行政部门主持内容只限于经济赔偿问题。双方当事人对调解不服的可以提起民事诉讼。

五、赔偿问题

大家认为应当明确赔偿项目和计算标准，而且要便于操作和计算。但是赔偿项目的制定应当考虑到医疗行业的特点和医疗事故造成后果的不同以及病人的自身情况。与会者一致认为，医疗事故处理办法的修改应当注意与当前进行的医疗体制改革相衔接。卫生行政部门应当转变观念，从多角度考虑问题，使修改后的医疗事故处理办法适应社会主义市场经济的大环境，使人民群众满意。

第四节　对《办法》时期医疗损害责任制度的述评

一、设置民事诉讼前置程序的必要与争议

《办法》时期，关于医疗纠纷的民事诉讼程序，在司法审判实践中存有不同的看法，并由此而对受案条件产生分歧，即有医疗事故赔偿诉讼的“直接提起说”和“附条件提起说”两种学说。

“直接提起说”认为，患者一方就医疗事故而提起的民事赔偿只要符合《民事诉讼法》第 108 条规定的四项基本条件，即

可向法院提起民事赔偿诉讼，法院应予受理。“附条件提起说”认为，依据《关于适用〈中华人民共和国民事诉讼法〉若干问题的意见》（以下简称《意见》）中第149条的规定，病员及其亲属对医疗事故技术鉴定委员会作出的医疗事故结论没有意见，要求医疗单位就医疗事故赔偿经济损失向人民法院提起诉讼的，应予受理。以此说明医疗事故赔偿诉讼除符合《民事诉讼法》第108条规定的四项基本条件外，同时还应具备医疗事故技术鉴定委员会对医疗事故作出的事故鉴定结论这一前提条件，法院才能受理。

比较上述两种不同受案条件学说，并通过审判实践，有学者认为“直接提起说”更符合我国民事法律规范的立法宗旨和原则，在处理医疗事故纠纷过程中能起到良好的社会效果，客观、公正地摆正医患双方的法律地位，从而比较正确和及时地维护了患者一方的合法权益。而“附条件提起说”与我国的民事诉讼法及其相关的司法解释的原旨是不完全符合的。“附条件提起说”所依据的是《意见》第149条，然而仔细研究该条规定的条款内容，并没有隐含就医疗事故赔偿诉讼应具备“鉴定结论”这一要件，只包含着下面两种情形：第一，医患双方对医疗事故定性没有异议，但双方就医疗事故赔偿问题产生了分歧，患者一方则可向法院提起赔偿诉讼；第二，医患双方就医疗事故性质问题产生了异议，由此提交给医疗事故技术鉴定委员会进行鉴定，以确认是否为医疗事故，双方当事人对确认为医疗事故的鉴定结论没有异议，患者一方可向法院提起医疗事故赔偿诉讼。上述第一种情形实质上明确肯定了患者一方提起赔偿诉讼只要符合《民事诉讼法》第108条规定的受案条件，法院应予受理；第二种情形是说明“鉴定结论”只能作为法院处理医疗事故的依据，只起证明某医疗行为性质的作用，而非法院立案要件。

其实，对于鉴定的申请，患者一方因异议情况完全可在起诉前或在法院立案受理后、审理结束前提出。法院亦可委托医疗事故技术鉴定委员会进行鉴定，以作为处理医疗事故的依据。否则，对于申请鉴定的请求因程序繁琐患者一方不仅很可能会碰到各种困难，而且有可能因地方性的法规、办法的特别规定而申请不到"鉴定结论"，致使患者一方丧失司法救济权。可见，"附条件提起说"是会给患者一方寻求司法救济造成困难和障碍的，它不利于及时解决和处理医疗纠纷，也不能有效地保护患者一方的合法权益。〔1〕

但也有学者认为，医疗诉讼设置行政前置程序既具有合法性，也具有合理性与科学性。行政前置程序是指在某些法定情形下，当事人向特定的行政机关申请行政处理后，才可以向人民法院提起诉讼的特殊程序。行政前置程序是当事人以某些特定的案由向人民法院提起诉讼前的一个必经程序。行政前置程序作为一个特定的诉讼前置程序有其根源和适用范围。在这些特殊的损害赔偿中，往往涉及较强的专业性、高风险性等行业特点。而对于专业性、技术性很强的某些行业，仅靠法官的普遍知识难以对事件的因果关系和责任分担作出正确认定。对于这些问题的解决，行政前置程序就是一个很有力的工具。正因为如此，我国法律规定，对医疗、道路、铁路、航空等事故引起的损害赔偿，一般要先经过主管部门处理后才可以向人民法院提起诉讼。行政前置程序一方面解决了《民事诉讼法》第72条"专门性问题有法定部门鉴定的问题"，同时又减轻了法院的工作量，提高了审理案件的效率。与其他专业相比较而言，医

---

〔1〕 罗时贵："试析医疗事故的赔偿诉讼"，载《南昌高专学报》1995年第4期。

疗行为具有更强的专业性、技术性特点，更需要在诉讼前对因果关系和责任分担作出正确的界定。《办法》明确规定，医疗事故发生后，应首先由卫生行政部门处理，进行医学技术鉴定。[1]

针对医疗诉讼设置起诉前置程序，本人认为，不论从国内的实际情况来看，还是从国外的发展趋势来看，都有其制度上的合理性。通过卫生行政部门从专业的角度对医疗纠纷作一个初步分析和处理，既有利于排除一部分可能滥用诉讼权利的人对司法资源的浪费，也有利于对医学专业性的尊重，更为重要的是有利于卫生行政部门对医疗质量与医疗安全的监管。虽然我们国家当时的医疗纠纷行政处理制度在某些方面存在着严重的缺陷，但是，至少作为起诉前的程序限制是合理的。

二、限制损害赔偿的合理与矛盾

《办法》时期的赔偿制度是限制性赔偿，这一规定基本上体现了医疗的福利性与公益性，并与当时的计划经济相适应。然而，随着市场经济制度的不断推进，对于医疗损害限制赔偿是否合理这一命题却存在两种相反的意见。

第一种意见认为，尽管随着经济体制改革的深入，但医疗服务的公益性与福利性并没有改变。究其原因，医疗服务价格是提高了，但相对于医疗服务的成本而言，绝不是对等关系。胸心血管外科专家孙衍庆委员介绍，现在[2]在北京的医院里做一台普通阑尾手术只收80元手术费，一般需要2名主刀医师、1名麻醉师、2名护士，病人从进手术室到推回病房一般需要1个多小时。手术过程中像麻醉等药物另收费外，其他如酒精、缝

---

〔1〕 马维秋："医疗诉讼行政前置问题研究"，载《中国卫生政策》2001年第12期。

〔2〕 1997年左右，正与后面巨额赔偿的年代相一致。

合线、手术单、手术衣、纱布等器材敷料的消耗全在这 80 元内。在器材敷料价格不断上涨的情况下，5 名医务人员的技术劳务费用还能有多少呢？做一台体外循环心脏手术而且是较复杂的两个手术一起做，手术费也是 800 元封顶。陕西省人民医院主任医师李梅生委员介绍：陕西省是执行更老的标准，手术费 400 元封顶。做手术越多，医院就赔得越多。[1] 同时，《中共中央、国务院关于卫生改革与发展的决定（1997 年 1 月 15 日）》强调："我国卫生事业是政府实行一定福利政策的社会公益事业，政府对发展卫生事业负有重要责任。各级政府要努力增加卫生投入，广泛动员社会各方面筹集发展卫生事业的资金，公民个人也要逐步增加对自身医疗保健的投入。"彭佩云同志据此阐明："这就使我们进一步明确了在建立社会主义市场经济体制的条件下，我国卫生事业是使全体社会成员共同受益的事业，政府对卫生事业实行一定的福利政策，卫生事业不以营利为目的。"[2] 因此，仍然主张对医疗损害赔偿进行限制，不宜推进《民法通则》在医疗服务领域中广泛适用。[3]

第二种意见认为，随着我国经济体制改革的不断深入，单位能给予职工的保障已无法与改革前相比，职工的福利已逐步由单位负担转为由社会负担或由个人自行负担，医疗事故发生后的经济补偿与单位补贴相结合的赔偿原则也因此受到了严重

---

〔1〕 祁芒、林恂："医疗服务价几何？—— 听政协委员细算一笔帐"，载《健康报》1997 年 3 月 9 日，第 1 版。转引自：胡晓翔："再论对《医疗事故处理办法》的评价——不可滥用《民法通则》"，载《中国卫生事业管理》1998 年第 7 期。

〔2〕 "彭佩云在全国卫生工作会议上的总结讲话"，载《健康报》1996 年 12 月 19 日，第 1 版。转引自：胡晓翔："再论对《医疗事故处理办法》的评价——不可滥用《民法通则》"，载《中国卫生事业管理》1998 年第 7 期。

〔3〕 胡晓翔："再论对《医疗事故处理办法》的评价——不可滥用《民法通则》"，载《中国卫生事业管理》1998 年第 7 期。

的冲击。社会的变革要求《办法》也必须作出相应的改革，因此，将以往医疗事故赔偿上的一次性补偿原则，变为按《民法通则》的规定，逐项赔偿实际损失的原则，是新形势下患者合法权益保护所必须采取的重要措施之一。[1]

持这种观点的学者与法律工作者占绝对多数，有些个案更能充分说明这个问题。1996 年 8 月 12 日，天津市高级人民法院在参考最高人民法院的有关指示精神并进行了长达 5 年的一系列细致周密的调整后，依照《通则》、《办法》的有关规定并参照《天津市医疗事故处理办法实施细则》的有关规定，由天津市第一中级人民法院判决医科大学第三医院赔偿李新荣自 1984 年 10 月至 1996 年 7 月医药费损失的 90%，即 100 875. 54 元，陪伴费 70 356 元、营养费 17 160 元、误工费 29 631. 60 元，减去先预付的 30 000 元，共计 188 023. 14 元，同时，判决医科大学第三医院赔偿李新荣今后 20 年的医药费的 90%，即 169 344 元，陪伴费 108 080 元、营养费 29 200 元、误工费 49 680 元，共计 356 304 元，再加上上诉期间的其他一些费用，医大三院需给付的金额总计 58 万余元。判决后，作为本案审判长的孙永山法官对记者发表了这样见解，改革开放后，医院成为了经营单位，但不论发生多大的医疗事故仍然按计划经济时期的《办法》最高给受害者一次性补偿 5000 元，显然已不能适应当前市场经济发展的需要。医院对病人造成了伤害，责任就应当由医院来承担。而从法律上讲必须强调只有赔偿才能维护法律的尊严。[2]

---

〔1〕 乔世明："论《医疗事故处理办法》的法律问题与完善"，载《法律适用》2001 年第 3 期。

〔2〕 韩新、吴筝："李新荣获赔五十八万元"，载《今晚报》1997 年 1 月 19 日，第 7 版。转引自：胡晓翔："再论对《医疗事故处理办法》的评价——不可滥用《民法通则》"，载《中国卫生事业管理》1998 年第 7 期。

本人认为，《办法》时期的医疗损害限制赔偿原则是合理的。尽管这种限制在某种程度上有它的缺陷，并与当时的经济现状存在巨大的冲突，但我们总不能因为阀门存在一些缺陷，就干脆把阀门卸掉。在当时的现实环境中，突破限制原则，给患者巨额赔偿，能够解决一些迫在眉睫的现实问题，但从制度本身的角度去看，并不是一个可持续发展的策略。

三、区分责任与技术的科学与无效

《办法》对责任事故与技术事故进行了明确的区分并责以不同的处罚。针对这种区分，有学者认为它不具有科学性，且不具有可操作性。首先，关于责任事故与技术事故的命名就不科学。责任一词在法律法规中通常是指对行为人的违法行为所应承担的法律责任，如刑法 134 条的重大责任事故。但这里所讲的责任事故似乎是仅指因行为人的“责任”。这样问题就产生了，难道技术事故没有责任心不强的问题吗？或者因责任心不强所产生的事故，难道就没有技术问题吗？如果这个责任是指行为人所应承担的法律责任，就更讲不通了，那么，岂不成了技术事故便可以不承担法律责任？

其次，责任事故与技术事故的二分法，不具有可操作性。当然，对《办法》有解释为“行为人的行为以其责任心不强为主要原因所造成的事故为责任事故”、“以动手术上的过失为主要原因所造成的事故为技术事故”。然而这种从字面到字面的概念式的解释，说起来容易，但操作起来却是非常的困难甚至是完全不可操作的。这从我们所碰到的医疗事故案件来看，几乎都有行为人的责任心不强的问题及技术操作上的失误两种情形。在行政执法或司法实践中，我们常常可以找到两个性质和后果完全相同，甚至行为人的表现情节也几乎完全相同的案件，结果在两地分别被定为责任事故和技术事故两种不同的事故，而且这种情况在国内并非是少数。甚至一个医疗事故鉴定单位，将案情性质几乎完全相同的两起案件，认定为不同性质的两类案件情形也时有发生。

最后，《办法》第5条给责任事故与技术事故所下的定义也不科学。该条文给责任事故所下的定义是：医务人员因违反规章制度、诊疗护理常规所致的事故。所谓诊疗护理常规，指的就是“技术操作规范”，是线性技术性的东西，怎么违反了技术操作常规却成了责任事故呢？这样，责任事故与技术事故还有什么界限可言呢？〔1〕

然而，本人认为，这种制度区分，在一定程度上符合医学科学规律。医学是人体科学，是实验科学，是经验科学。由于疾病的复杂性以及人体机能的复杂性，出现这样或那样的事故有时实难避免。对于技术上的缺陷，不可能通过制度的设计和惩戒归零；而责任事故，它与人的主观性密切联系在一起，通过一定制度防范和严惩措施有可能使责任事故归零。同时，作为人命关天的医疗职业，要求医务人员有高度的责任心既是对生命的尊重，也是对健康的尊重。遵守法律、法规、规章及诊疗规范是他们每个人应尽的基本义务，也是他们行医不可逾越的底线。因此，对于因责任原因与技术原因处以不同的责罚制度，从理论上讲，是对医务人员的尊重，也是对医学科学的尊重。区分责任事故和技术事故，能有针对性地对医院和医生进行教育和防范。

虽然，在民事赔偿中这种区分毫无意义，但是，对于医务人员与医疗机构而言，还是具有一定的警示意义的。因为行政

---

〔1〕 张赞宁：“医疗事故处理办法在修订中亟待解决的几个问题”，载《中国社区医学》2001年第1期。

处分关系到每一个医务工作者的命运与前途，远比赔些钱对他们更有威胁作用与惩治作用。也许在我们这个行政大统一和行业保护的体制下，责任事故和技术事故的区分有可能只是为医生开脱责任提供了一个所谓的说法，并没有真正意义上的制度效益。然而，还是旧话重提，行政体制上的缺陷不能淹没技术设计上的优势。区分何为因果，何为主次才能真正从制度上取其精华，去其糟粕。

四、鉴定的专业与公正失衡

《办法》时期的医疗损害鉴定制度，最主要的特征是由医疗卫生行政部门组织与参与的、主要由临床医学专家进行的医疗事故技术鉴定。法医类组织的司法鉴定在《办法》时期的医疗损害鉴定制度中并没有占有重要的地位。此时期的医疗损害鉴定呈现出明显的专业性，即由医学专家担纲医疗损害鉴定的重任。理论上来说，这种鉴定制度具有其科学性与合理性，只有临床医学专家才真正知道临床医疗服务中的规则与技术要素，也只有临床医学专家才真正知道临床医疗服务过程中出现的问题性质与后果严重程度，外行人是不可能真正了解的。正所谓“内行看门道，外行看热闹”。只有真正具有相关医学专业知识的人，才有可能从事实本身的角度去认定医方是否有过错以及这种过错与损害之间是否具有因果关系。然而，由于各方面的原因，这种鉴定的专业性并没有如我们所分析或预期的那样，公正地完成医疗损害鉴定任务，而是在一定程度上成了医疗机构及其医务人员相互保护的领地，并严重妨碍了患者的权利。

这一时期的医疗损害鉴定制度的公正性备受质疑。当时医疗事故技术鉴定的做法是这样的：当事人直接向所在地的医疗事故鉴定委员会提出申请，鉴定结论也直接由鉴定会签署、送达。鉴定结论一旦送达当事人，就对当事人的实体权利产生事实上的处分，非经法定程序不能变更，表现了典型裁决书的性质。所以，该鉴定结论具有非同一般意义上的“证据”性质。当事人如果对此鉴定结论不服，当时的规定是：①诉讼。《办法》和各地《实施细则》均规定可以起诉。但最高人民法院法（行）函（1989）63 号文规定：“……人民法院不予受理。”这主要视鉴定结论为一种证据，而当事人不可对证据不服而起诉。②申请同级卫生行政部门解决。卫生部卫医发（1993）21 号复函规定：“因卫生行政部门对同级医疗事故技术鉴定委员会无隶属管辖和技术审查权”，告之：“不予受理”。③再找原鉴定委员会解决。告之：无复议制度，而拒之受理。④若因其它诉讼理由起诉，法院受理后涉及到对鉴定结论质证，规定鉴定委员会也不亲自出庭。总之一句话，医疗争议投诉难，对医疗事故鉴定结论不服投诉更难。这层层的规定，不管本意基于何考虑，但客观结果只有一个：当事人的诉权被严重限制了，使之没有透气孔，医疗事故鉴定委员会的权威、权限被推到一个不恰当的地步，超越了一切。无领导归属，无监督机制和自我约束机制，对自己的行为后果不承担任何责任。即使鉴定有错误，也无人为之纠正。这岂能符合法制，岂可公允。[1]

五、举证责任倒置的理想与两难

《办法》时期内的相当长的一段时间，医疗纠纷诉讼中的举证责任由患方来承担。由于医院对病历的绝对控制权、医疗事故技术鉴定的“父子鉴定”以及医疗行为的高度专业性，要使患者在没有专家证人制度或其他有助于患者取证的制度框架内

〔1〕 张滨、陆永章、黄宜辰：“现行处理医疗事故纠纷法律制度存在的问题与改革建议”，载《中国卫生法制》1999 年第 4 期。

承担这样的证明责任，实有困难。一旦提起医疗事故诉讼，患方唯一能拿出来的可能就是那张倍受争议的医疗事故技术鉴定书，而医生和医院在利益冲突和利益驱动下，却有可能利用手中的病历管理权，对病历进行修改，掩盖事实。这种医患双方举证能力的极度不均衡使举证责任成了《医疗事故处理办法》时期争议较为激烈的问题之一。

有学者认为，为了切实保护在诉讼中处于劣势的病员及其家属的合法权益，应将这两项事实的举证责任倒置，让被告承担。具体理由有三条：其一，诊疗护理工作具有专业性强、技术性高的特点，随着现代医学科学技术的发展，某些高精度、高性能的特殊治疗方式越来越多地应用于临床，一旦发生医疗事故，对于缺乏医学专门知识的原告，要判断出诊疗护理工作中有无过失及过失所在是非常困难的，几乎是不可能的。因此，如果在医疗事故民事赔偿诉讼中要求病员及其家属对医疗过失的存在及其与病人损害结果的因果关系举证，那么对于病员及其家属合法权益的保护是极为不利的。其二，在诊疗护理工作中，医务人员都要作病历记载，医疗事故发生以后，原始病历是主要证据之一，但病员及其家属无法查阅这一原始资料，因而也就无力提供证据去证明医疗单位的医务人员的过失及其与损害结果之间的因果关系。如其掌握着全部病案资料，熟悉医学科学知识，那就比较容易。所以，把“医疗过失”和“因果关系”两项事实的举证责任倒置给医疗单位，不会影响对医疗单位合法权益的保护。把“医疗过失”和“因果关系”两项事实的举证责任倒置给医疗单位，意味着作为原告的病员及其家属的举证责任的减轻，使原告因不熟悉医学知识和无法查阅病历资料而形成的诉讼劣势得以缓解，有利于保护病员及其家属的合法权益。其三，在医疗事故民事赔偿诉讼中，有较大部分是发生了病员死亡后果的，病人已死不能举证，如果要病人家属就病人的死亡过程中医务人员的过失和因果关系举证更是不可能的。这种情况下，如果适用我国民事诉讼法举证责任一般原则“谁主张、谁举证”，那病员的家属必定因无力举证而败诉，其被侵害的合法权益就难以得到救济了。[1]

《医疗事故处理条例》生效前夕，最高人民法院发布的《证据规定》明确规定医疗侵权诉讼采取举证责任倒置。“举证倒置”使患者举证难的问题得以解决。医院举证后，患方再调查就会轻松多了。然而，举证责任转移给医院之后，其负面影响主要是给医院和医生带来空前的压力，无助于医患矛盾的解决与患者生命健康的维护。医院要疲于各种证据的管理，医生要疲于各种证据的收集。因为无因果关系举证、无过错举证在医方并不那么简单，难首先就难在医学科学的特殊性。一是科技成分含量高，具有一定的复杂性。在诊疗过程中，常常会发生一些目前尚不可知的因素给病人造成某种伤害，如药品（新药）的未知毒副作用等。而且由于医学的复杂性，临床上的因果关系不总是一目了然的。二是具有双重性。医学，它既有可以治疗疾病的一面，又有伤害人体的一面。这种双重性是伴随着每一项医疗行为而存在的。如服药有副作用，输血可以挽救生命，也可能引起溶血过敏等反应，感染传染病。三是高风险性。任何手术、检查本身都可能会给病人造成一定的伤害，许多疾病和手术的治愈率和成功率都不是百分之一百，有的甚至很低，风险很高，如肝脏穿刺、心包穿刺等，要求医院的医疗行为只能成功，不能失败，这是违背科学规律的。四是医疗效果的不确定性。医药科学对于疾病的认识需要一个循序渐进的过程，

---

〔1〕 李龙：“医疗事故赔偿诉讼的若干基本理论问题与诉讼运作”，载《西南政法大学学报》2000年第6期。

至今仍有大量的医学难题尚未解开。不同的人患同样的疾病，用同样的办法治疗，并不一定能够取得同等的疗效，最后的转归更是千差万别，有的死亡，有的恶化，有的痊愈。这是由人类的个体差异造成的，也是不以人的意志为转移的客观规律。五是医疗行为的高责任性。救死扶伤是每一个医务工作者应尽的责任和义务，同时也就是因为有这些特殊性，可以说不论是哪一级医院，哪一级医护人员，也不管是否尽心尽职，都会有医疗意外乃至医疗事故发生。如果说，其他职业行为，在很多情况下还可以通过各种手段控制和防止风险发生的话，那么在医疗行为中的职业风险是不可避免的，除非医生违背职业道德，将患者拒之门外。[1]

---

〔1〕 赵阳、邹晓静、孙斌等："医疗诉讼'举证责任倒置'对医患关系的潜在影响分析"，载《中国卫生事业管理》2002 年第 12 期。

第六章
《条例》时期医疗损害责任制度

第一节 《条例》整体思路

一、医疗事故处理的矛盾分析

《医疗事故处理条例》（以下简称《条例》）的整体思路是建立在对医疗事故处理的矛盾分析基础上的。了解《条例》的整体思路，有必要从医疗事故处理的矛盾分析入手。因医疗事故引发的纠纷很多，一段时间成为热点问题，这与医疗事故处理的矛盾的特殊性有关。医疗事故处理的矛盾归纳为以下四方面：[1]

（一）医疗技术专业性与患者认识水平的矛盾

医疗技术是一门专业性很强的技术，非常复杂。医学学制之所以最长，正是因为医学技术需要多花一些时间才能掌握。但是，病人及其家属却往往对医疗技术所知甚少；在出现医疗事故时，往往有许多不解。如果医务人员在工作中不太注意，给病人或其家属的释疑解惑不够，就容易产生矛盾。在医疗事故处理过程中，病人及其家属认为医疗事故处理的核心问题是

〔1〕 张建华："《医疗事故处理条例》的整体思路"，载《国外医学：医院管理分册》2002 年第 2 期。

鉴定问题。鉴定的作用就是在医疗技术与患者之间架起沟通的桥梁。但是，医疗事故鉴定必须由医学专家进行，也只有医学专家才能进行，这是由医疗技术专业性决定的。医学专家与相关医务人员是属于同一领域的专业人士。病人及其家属所担心的，是负责医疗事故鉴定的医学专家受相关医务人员的影响，不能做出公正的鉴定结论。这是医疗技术专业性与患者认知水平的矛盾在医疗事故鉴定工作中的体现。医疗技术专业性与患者认识水平的矛盾，是医疗事故处理的基本矛盾。其他矛盾都是由这一矛盾引发的，并在这一矛盾的基础上发展的。

（二）卫生行政部门医疗机构管理者的职责与医疗机构举办人的责任的矛盾

卫生行政部门在医疗事故的处理过程中，既是医疗机构的管理者，又是医疗机构举办人。作为机构的行政管理者，卫生行政部门承担了类似体育运动裁判员的角色；而作为医疗机构举办人，医疗事故赔偿与卫生行政部门存在间接的利害关系，卫生行政部门又是一种当事人，像是运动员。这是一个矛盾，处理不好，容易使患者产生对卫生行政部门的不信任。

（三）生命、健康无价与赔偿有限的矛盾

生命、健康无法用简单的货币形式来衡量，也不好以个人的实际收入来衡量。例如，基础研究与应用研究应该是一个都不能少，但应用研究相对容易出成果，容易转化为生产力，从事应用研究的科技人员也容易得到回报；而基础研究也许需要几辈人的前赴后继，才能出成果，对一个科学家来讲，其所取得的成果很可能是阶段性的，得不到回报。在市场经济条件下，从事商务活动更是如此，今天收入高，明天还可能破产。因此，生命、健康无价，且每一个人的生命、健康还应该是等值的。然而，与生命、健康无价相矛盾的是，赔偿总是有限的，对医

疗事故造成的生命、健康的损害，不可能按照生命、健康的价值无限地赔。患者或其家属往往从医疗事故对生命、健康造成的损害的角度提出疑问，认为生命、健康受到损害，赔偿不足以弥补生命、健康的损害，这正是生命、健康无价与赔偿有限的矛盾的体现。

（四）效率与公平的矛盾

医疗事故的处理不仅仅表现为医患双方的事，还体现着社会价值。涉及的基本的社会价值包括效率和公平。有一个观点可以展开讨论：有人认为我国现阶段医疗技术水平不是太高，所以赔偿不能太高，赔偿太高，造成医疗机构和医务人员负担过重，影响医疗技术的发展和普及。特别是在我国广大的农村地区，医疗技术水平还相当落后的情况下，更是这样。这种观点也有一定道理，这是从效率的角度提出来的观点。医疗事故赔偿造成医院赔不起，医生都不愿意干了，对医疗事业的发展肯定有不利影响。然而，患者或者其家属往往从公平的角度看待这个问题，更倾向于认为，身体或者键康因为医疗事故受到损害，如果处理不当，不能服人。所以，在公平与效率之间要找到一个平衡点。

二、解决医疗事故处理矛盾的思路

解决医疗事故处理矛盾不是一朝一夕就可以完成的，有的关系到体制改革的问题。在现有的条件下解决医疗事故处理矛盾，应当遵循以下思路：

（一）把保护患者或其家属的合法权益作为工作的出发点

由于专业特点，就医患双方在医疗过程中的关系，一般来讲，医疗机构及其医务人员处于主动的地位。医疗服务是医疗机构及其医务人员提供的，因为患者或其家属不懂医疗技术，而医疗机构及其医务人员是这方面的专家，在医疗服务中患者或其家属遇到不懂的问题，是医疗机构及其医务人员提供解释。发生医疗纠纷，首先是医疗机构及其医务人员作出说明。如果进行鉴定，也是医疗技术方面的专家承担责任。可以这么认为，医疗事故处理的难点是医患双方的沟通。在这一沟通过程中，患者或其家属往往是提出问题，医疗机构及其医务人员是释疑解惑。如果医疗机构及其医务人员处于主动地位，更便于医疗机构及其医务人员与患者或其家属的沟通。

（二）程序要求绝对公平，赔偿要兼顾效率

处理医疗事故纠纷，一个是程序问题，一个是实体问题。提出处理医疗事故，要求程序绝对公平，赔偿兼顾效率，就是在程序上要让患方或者其家属和医疗机构及其医务人员有一个沟通的基础，让患方能够接受。而赔偿则要考虑到医院的承受能力，要考虑到我国医疗技术发展的现状，考虑到医疗技术水平提高和发展的要求。兼顾效率可能是医方比较现实的选择。不能因为让患方满意，而使医疗机构不愿大胆接受病人，医务人员不敢大胆开展医疗技术探索。需要指出的是，赔偿要兼顾效率是就医疗事故对生命、健康造成的损害的补偿而言的，因为生命、健康无价，不可能足额赔偿，但对于在医疗事故处理过程中可以计算的项目。例如医疗费等，则不能以赔偿要兼顾效率为由，不给予足额赔偿。

（三）以医疗事故鉴定为中心，完善医疗事故处理制度

医疗事故处理过程，实际上是医患双方的沟通过程。医疗事故鉴定是沟通的中心环节。正是在这个意义上说，完善医疗事故处理制度，应当从鉴定着手，是医疗事故就是医疗事故，不含含糊糊，该医疗机构承担什么责任就承担什么责任，不遮遮掩掩。通过完善医疗事故鉴定制度，让患者及其家属切切实

实感觉公平。

（四）卫生行政部门尽量超脱一些

作为医疗事故处理的监督管理部门，卫生行政部门承担着不可推卸的责任。但考虑到区分“裁判员”与“运动员”角色的要求，卫生行政部门应当更注重承担好监督管理的职责，特别是在担当运动员角色的事项的处理上，尽可能不要担当“裁判员”。由此，在医疗事故处理过程中，卫生行政部门的主要职责是对发生医疗事故的医疗机构及其医务人员的行政责任的追究；对属于医疗事故鉴定这一专业性很强的医疗技术问题，卫生行政部门不宜处理，只是对有关合法性问题予以监督；而对发生医疗事故的赔偿问题，则是处于调解者的地位，应当事人的请求才进行调解，其意见只有当事人双方都接受才产生法律效力。有一点必须明确，卫生行政部门对医疗事故发生后的行政处理，是不以当事人的意志为转移的。如果发生医疗事故，无论当事人是否达成一致，卫生行政部门都必须追究医疗机构及其医务人员的行政责任，不能以被损害方没有提出要求为理由，放弃追究医疗机构及其医务人员的行政责任。

三、处理医疗事故要抓住的几个环节

（一）首先要注意医疗事故的预防与处理

无论是医疗机构及其医务人员还是患者或者其家属，都不愿发生医疗事故。要想不发生或少发生医疗事故就必须加强管理，建立各种严格的预防性的规章制度。制度再严密，也不能完全杜绝医疗事故的发生，这就要求在发生医疗事故时，要进行紧急处理。因此，医疗事故处理一定要以预防为重点，在医疗活动中，通过预防，一要杜绝或者减少医疗事故的发生，二要保留好证据，医疗活动过程的记录要完整，材料要齐备。

（二）医疗事故鉴定

医疗事故鉴定是处理医疗事故的中心环节，也是做好医疗事故处理其他环节工作的起点。医疗事故鉴定是一项技术性很强的工作。技术性问题应当由技术专家去解决，医疗事故鉴定由医学会承担是适当的，医学会的机构性质、技术力量和其在社会的影响使其完全能够胜任这项工作。相信医学会一定能做好医疗事故鉴定工作，取信于民。同时，在鉴定过程中要让患方多参与。鉴定委员会的构成由医患双方在专家库中按比例共同随机抽取。

（三）行政处理

医疗事故通过鉴定得以确认，卫生行政部门就要进行处理，追究负有责任的医疗机构及其医务人员的行政责任。即使医患双方协商达成一致，民事责任解决了，卫生行政部门也要依据医疗机构管理条例和执业医师法的规定，追究造成医疗事故的医疗机构及其医务人员。这是卫生行政部门的职责所在。

（四）赔偿

赔偿是医疗事故处理中医患双方关注的焦点。为此，赔偿的原则、项目和标准应当明确，以避免医患双方因规定模糊，认识不一致而产生争执。医疗事故处理的几个环节，都应当与司法处理的程序衔接起来 无论是医疗事故鉴定，还是医疗事故赔偿，都应当尽可能与法院的做法一致，不至于互相脱节，引发新的社会问题。立法过程是如此，执法过程也应当如此。

第二节 《条例》相对于《办法》的具体变革及分析

一、扩大救济范围

《条例》对医疗事故概念进行了修改，扩大了医疗事故的范围。《条例》第2条规定，本条例所称医疗事故，是指医疗机构及其医务人员在医疗活动中，违反医疗卫生管理法律、行政法规、部门规章和诊疗护理规范、常规，过失造成患者人身损害的事故。该《条例》第4条规定，根据对患者人身造成的损害程度，医疗事故分为四级：一级医疗事故：造成患者死亡、重度残疾的；二级医疗事故：造成患者中度残疾、器官组织损伤导致严重功能障碍的；三级医疗事故：造成患者轻度残疾、器官组织损伤导致一般功能障碍的；四级医疗事故：造成患者明显人身损害的其他后果的。这两条规定，相比于《办法》第2条与第6条，有明显的变化，即把《办法》时期一部分不属于医疗事故的情形归入了医疗事故，同时，对医疗事故的构成要件也进行了放宽，并不要求《办法》所规定的死亡、残疾、或功能障碍的医疗后果，只要求造成了患者人身损害。

当然，也有学者认为医疗事故这样分级与定义还是存在一些缺陷的。例如，本应该作为兜底条款而对其他造成患者人身损害的情形加以涵盖的第四级医疗事故，却仍然是造成患者“明显”人身损害的其他后果。从该角度来说，如果只是对患者造成“不明显”或者“轻微”的人身损害的，则不是医疗事故损害后果而不构成医疗事故。这实际上是与《民法通则》相矛盾的，因为《民法通则》第106条第2款规定：“公民、法人由于过错侵害国家的、集体的财产，侵害他人财产、人身的，应当承担民事责任。”根据民法学原理，损害可以有多种分类：财产损害及非财产损害，客观损害、主观损害与感情上损害，积极利益损害与消极利益损害，直接损害和间接损害等，从没有明显损害与非明显损害之分。[1]

---

〔1〕张鸿：“对《医疗事故处理条例》若干问题的思考”，载《重庆工商大学学报（社会科学版·双月刊）》2003年第1期。

另外，医疗事故只根据损害后果，而不考虑主观过错程度的分级方法也有很多弊病。如针对癌症晚期病人而言，医护人员在诊疗护理工作中只要稍有过错，就可能造成病人的死亡，按照《条例》的分级标准，应属于一级医疗事故；而针对病情很轻或身体素质很好的患者而言，医护人员在诊疗护理工作中即使过错很大，损害后果也不一定很严重，按照分级标准，只能属于二级、三级或四级医疗事故，有的甚至连四级也不够。如某老年患者因胃出血而接受了胃部分切除手术，可是没想到术中损伤了脾；第二次手术切除脾脏时，术者又损伤了患者的胰腺；针对胰腺进行第三次手术后，不仅原有的胰病没被解决，反而使患者出现了呼吸窘迫综合症；第四次行气管插管手术时，医院又突然停电，已经切开气管手术只能中途停止，直到患者家属冒险修好了线路后，手术才得以继续进行。经历了这样多次的创伤后，这位老年患者居然奇迹般地活了过来，而且目前已基本痊愈。在本案中，患者的四次手术都存在着严重的过错，可是由于其体质的原因，最终并没有造成严重的危害后果，按《条例》的分级标准，最高也只能是二级医疗事故。所以，只根据损害结果而不考虑主观过错程度的分级容易导致对医护人员处理上的不公。[1]

二、平衡双方诉讼武器

《办法》时期，患者基本拿不出对自己有利的任何证据。唯一能拿到的也许就是医疗事故技术鉴定书。为了平衡医患双方的诉讼武器，改善患者的举证能力，《条例》明文规定了患者对客观病历资料拥有复印权。《条例》第 10 条规定，患者有权复

---

〔1〕 任秀芳、陈平："浅析《医疗事故处理条例》存在的问题及对策"，载《浙江万里学院学报》2003 年第 3 期。

印或者复制其门诊病历、住院志、体温单、医嘱单、化验单（检验报告）、医学影像检查资料、特殊检查同意书、手术同意书、手术及麻醉记录单、病理资料、护理记录以及国务院卫生行政部门规定的其他病历资料。患者依照前款规定要求复印或者复制病历资料的，医疗机构应当提供复印或者复制服务并在复印或者复制的病历资料上加盖证明印记。复印或者复制病历资料时，应当有患者在场。患者通过知情同意权有权对部分医疗病历进行复印，有权对治疗过程中的信息和分析进行了解，大大提高了患方在医疗纠纷中的证据获取能力，有利于患者举证。

诚然，由于我国目前对病历资料的复印权仅限于客观病历的范畴，对主观病历的复印是禁止的。对于这种制度现状，与发达国家是存在距离的。加拿大 1992 年判例和英国 1994 年的判例，均判决病人有权利使用其全部病历。该项权利的基础一般为：①病人对病历内容拥有财产利益；②基于医患双方的信托关系产生的披露义务而拥有；③其他一些权利 。英国 *Data Protection Act* 1998 更进一步取代 *the Access to Health Records Act* 1990 允许患者使用包括电子病历在内的所有病历。美国传统观点包括美国医学会认为医院或者医师完成并保存病历，对病历拥有所有权，包括占有以及对于病人使用病历的决定权。但同时承认这种所有权应该服从病人拥有病历包含的个人信息的权利，对于病人的要求，医师应该允许复印或者提供病历摘要。美国 28 个州立法认为病人有权利使用病历的全部信息，包括：① 有权使用病历中包含的信息；② 复制病历；③ 纠正或者补充某些内容；④保护隐私。总之，允许病人了解病历的全部内容是国际医疗立法的趋势。[1]

---

〔1〕 卢光明、范贞："复印病历的法律基础探讨"，载《解放军医院管理杂志》2006 年第 3 期。

三、赋予直接起诉权

《办法》时期对待医疗纠纷起诉的态度是有保留的支持。通过对医疗纠纷诉讼设置一个行政处理的前置程序，使相当一部分医疗纠纷在卫生行政部门得到了解决，只有那些不服卫生行政部门处理的医疗事故和直接以经济赔偿为由的纠纷才可以向法院提起诉讼。《条例》时期的起诉制度是采取直接起诉及法律优先制度。《条例》规定，当发生医疗事故的赔偿等民事责任争议时，医患双方既可以协商解决，也可以向卫生行政部门提出调解申请，还可以直接向人民法院提起民事诉讼。当事人既向卫生行政部门提出医疗事故争议处理申请，又向人民法院提起诉讼的，卫生行政部门不予受理；卫生行政部门已经受理的，应当终止处理。

行政处理的诉讼前置程序有利于降低医疗诉讼风险。《办法》把卫生行政部门的处理作为起诉前的必经程序有其合理性。[1] 医疗行为是高技术性和高风险性的组合体。医疗的高风险性随时都有可能给患者带来不利后果。这些不利后果的出现，既有可能是医务人员的过错所致，也有可能是患者自身的原因或医学本身的缺陷所致，同时，不利结果的程度也有轻重之分，有些仅仅是医患沟通不足，有些可能是一些明显的轻微的身体伤害，有些可能是非常复杂且要全面地专业分析之后才能做出评判。这么复杂多样的医疗纠纷案件，通过卫生行政部门从行业和专业的角度对医疗纠纷作一个初步分析和处理，既有利于排除一部分可能滥用诉讼权利的人对司法资源的浪费，也有利于减少医务人员的诉讼风险。同时，对于急于解决纠纷的患者

---

〔1〕 李珊："论处理医疗纠纷方式的合理性及缺陷"，载《青岛大学师范学院学报》2002 年第 1 期。

也非常有利。因为诉讼的程序刚性使医疗案件的处理往往要经历几年的时间才能结案。迟来的正义已经不是正义。

当然，由于种种制度原因与历史原因，这一制度在当时并没有收到很好的制度效果。但是，至少作为起诉前的一个制度安排是合理的。不能因为行政体制上的原因就废除行政处理作为起诉前置程序这样一种制度。现在知道直接起诉制度的缺陷后，又在着力构建第三方调解机制，以解决直接起诉的种种弊端。第三方调解机制虽然有它的优势，但它的发展仍然不容乐观。关键问题是在中国现行的市场机制面前，第三方机构的运行成本谁来承担。如果这一问题没有得到很好的解决，第三方机构的持久运行仍将困难重重。

四、鉴定相对中立

《办法》时期的医疗损害鉴定制度采取的是省属范围内的、卫生行政参与管理的、全医式的医疗事故技术鉴定模式。所谓省属范围内的、卫生行政部门参与管理的、全医式的医疗事故技术鉴定模式，是指鉴定级别以省级鉴定为最高级别，鉴定机构与鉴定人员归属卫生行政部门管理，从鉴定专家的组成到鉴定过程的完成，基本上是由医疗专业人员完成的鉴定模式。《条例》针对医疗事故技术鉴定制度进行了大幅度的改革：第一，这种鉴定制度在形式上已脱离了卫生行政部门的手心，改由医学会负责组织。《条例》第20条规定，对需要进行医疗事故技术鉴定的，应当交由负责医疗事故技术鉴定工作的医学会组织鉴定；第二，鉴定人员的组成规则不同。《条例》第24条规定，医疗事故技术鉴定，由负责组织医疗事故技术鉴定工作的医学会组织专家鉴定组进行。符合本条例第23条规定条件的医疗卫生专业技术人员和法医有义务受聘进入专家库，并承担医疗事故技术鉴定工作；第三，首次鉴定级别与最高鉴定级别有所提高。《条例》第 21 条规定，设区的市级地方医学会和省、自治区、直辖市直接管辖的县（市）地方医学会负责组织首次医疗事故技术鉴定工作。省、自治区、直辖市地方医学会负责组织再次鉴定工作。必要时，中华医学会可以组织疑难、复杂并在全国有重大影响的医疗事故争议的技术鉴定工作。通过这些改革，大大提高了鉴定的中立性与科学性。

当然，改革后的医疗事故技术鉴定制度，仍然存在一些不足。首先，医学会组织的医疗事故技术鉴定与卫生行政部门仍然有着千丝万缕的联系。行政干预在一定程度影响着医疗事故鉴定的公正性。例如，《条例》和《暂行办法》中赋予了卫生行政机关对医疗事故争议的受理权（《条例》第 20 条、《暂行办法》第 10 条）、判定权（《条例》第 36 条）、鉴定结论审核否定权（《条例》第 41 条、《暂行办法》第 43 条、第 39 条）、再次鉴定的受理权（《条例》第 22 条、第 39 条、《暂行办法》第 40 条）和医疗事故争议处理权（《条例》第 37 条）。这些规定到目前为止也只有在中国法律里面有，世界上其他国家的法律法典里面从来没有出现过。显然这是用法律的形式，明确规定卫生行政可以干预法定鉴定机构的整个鉴定过程，包括提起再次鉴定，妨碍了医学会“独立鉴定”的原则，令当事人仍然不得不对医疗事故鉴定的公正性产生疑问。[1]

其次，医疗事故鉴定结论的法律属性不清。在《办法》施行期间，司法界、卫生界、医疗界和其他社会各界有着不同的认识。尤其司法界（包括律师）和卫生界有着截然相反的认识。前者认为，依据《民事诉讼法》第 63 条和最高人民法院的有关

---

〔1〕 夏宝华：“浅议医疗事故鉴定立法中存在的缺陷（二）”，载《卫生政策》2004 年第 1 期。

司法解释，鉴定结论是民事证据形式之一，其是否具有证据效力应当由人民法院审查确定，最多是卫生行政部门认定和处理医疗事故的依据，而非审判机关审理医疗赔偿案件的“唯一合法依据”。因此，人民法院认为医疗事故技术鉴定结论不能作为证据采信的，可以委托进行司法鉴定。后者认为，鉴定结论作为专门性机构出具的技术结论，应当是人民法院处理医疗事故的“唯一合法依据”，未经医疗事故鉴定或者不依据鉴定结论而受理、审理和判断医疗事故赔偿案件的，是不符合法律规定的。因此，法医对医疗事故所作的鉴定不能对抗医疗事故技术鉴定委员会的鉴定结论。这种认识分歧，给医疗事故的行政处理和民事处理带来了极大的麻烦。

《条例》试图确立医疗事故鉴定的法定和唯一地位，但是，正如《办法》存在的缺陷一样，《条例》的这一定性同样存在几个依然没有解决的问题：

第一，正如《办法》作为行政法规，在法律效力上低于《民法通则》等法律，在行政诉讼、民事诉讼的法律适用上，人民法院有权依据《立法法》和法律适用原则决定法律法规的适用。《条例》作为行政法规，同样在效力层次上低于法律。因此，在司法“处理”医疗事故时，同样存在过去司法部门与卫生行政部门、医疗机构和医务界的矛盾，特别是在处理医疗事故时是否应当以医疗事故鉴定结论作为认定和处理医疗事故的法定技术依据的问题。

第二，医学会组织的专家鉴定组是否就是《民事诉讼法》第72条规定的“法定鉴定部门”，《条例》没有做出回答。而根据该条的规定，只有在没有法定鉴定部门时才由人民法院指定的鉴定部门鉴定。从一般意义上理解，医疗机构及其医务人员的医疗行为是否存在过错，该行为与患者的损害后果是否存在因果关系是技术性、科学性、专业性极强的问题，不是一般人员所能胜任，即使是专业人员，也应当具有相应专业高级技术职务并受聘3年以上（《条例》第24条）；同样，也不是一般的机构所能胜任，也应当由一群具备资质的高层次专家组成的组织才能做出判断。因此，医疗过错以及过错与损害后果之间的因果关系问题应当属于第72条规定的“专门性问题”，只有“专家鉴定组”才是医疗事故鉴定的“法定鉴定部门”。而法医鉴定组织虽为法定鉴定组织，但因其不具备医疗事故技术鉴定的条件，只能进行外伤等级以及伤残程度等鉴定，不是医疗事故技术鉴定的法定鉴定部门。但是《条例》并没有确定医疗事故的技术鉴定属于“专门性问题”，即属于民事诉讼法第72条的问题。虽然民事诉讼第72条有此规定，但没有任何一部法律、法规规定医疗事故的鉴定是专门性问题，也没有规定医学会是医疗事故鉴定的法定机构；而司法鉴定组织也是国家的法定鉴定组织，且法律没有禁止司法鉴定组织进行医疗事故的鉴定职责，因此，法医鉴定不违法，也应当有效。

第三，对医学会的监督与法无据。《条例》明确了医疗事故的鉴定由医学会负责组织，且医学会也是独立的事业单位，但是，医学会仍然不是行政机关或者具有行政职能的组织。如果医学会不作为，则当事人（申请人）同样不能通过行政诉讼进行救济，《办法》施行期间的问题同样没有解决。《医疗事故技术鉴定暂行办法》第13条规定了几种不予受理的情形，如果医学会违反规定受理该鉴定，则谁来鉴定医学会的行为呢？在鉴定中，由于鉴定委员是以个人身份参加的，尤其有可能跨地区（市、省等）聘请有关人员，则其在鉴定中的徇私枉法行为的监督就更无法处理。如果按照刑法中的有关鉴定人员应当承担的法律责任来确定，则可能有关人员不愿意参加鉴定；虽然《条例》第24条规定，医疗卫生专业技术人员有义务受聘进入专家库，但这种“义务”只是一种倡导性的规定，没有相应的法律责任相对应。虽然医疗事故技术鉴定并不是医疗事故处理的唯一法定依据，但是不容否认的是，它毕竟是医疗事故处理中的医学依据，也对医疗事故的处理结果有着极为重要的作用，特别是对当事人（医疗机构、医务人员、患者及其家属）的权利义务有着重大影响，特别是对患者及其家属，有时会成为其维护权利的障碍。因此，借鉴“公权力”理论，应当使医学会和医疗事故技术鉴定行为纳入合理的监督体系，从而达到对医疗事故技术鉴定的约束和医疗事故当事人合法权益的维护。[1]

五、提高医疗损害赔偿标准

《条例》对医疗事故赔偿制度进行大幅度地改革。《条例》第50条规定，医疗事故赔偿，按照下列项目和标准计算：①医疗费：按照医疗事故对患者造成的人身损害进行治疗所发生的医疗费用计算，凭据支付，但不包括原发病医疗费用。结案后确实需要继续治疗的，按照基本医疗费用支付。②误工费：患者有固定收入的，按照本人因误工减少的固定收入计算，对收入高于医疗事故发生地上一年度职工年平均工资3倍以上的，按照3倍计算；无固定收入的，按照医疗事故发生地上一年度职工年平均工资计算。③住院伙食补助费：按照医疗事故发生地国家机关一般工作人员的出差伙食补助标准计算。④陪护费：患者住院期间需要专人陪护的，按照医疗事故发生地上一年度职工年平均工资计算。⑤残疾生活补助费：根据伤残等级，按照医疗事故发生地居民年平均生活费计算，自定残之月起最长

---

〔1〕 顾帮朝：“医疗事故鉴定的法律性质及其地位——医疗事故技术鉴定制度的立法缺陷及其完善”，载《中国医院管理》2003年第3期。

赔偿30年；但是，60周岁以上的，不超过15年；70周岁以上的，不超过5年。⑥残疾用具费：因残疾需要配置补偿功能器具的，凭医疗机构证明，按照普及型器具的费用计算。⑦丧葬费：按照医疗事故发生地规定的丧葬费补助标准计算。⑧被扶养人生活费：以死者生前或者残疾者丧失劳动能力前实际扶养且没有劳动能力的人为限，按照其户籍所在地或者居所地居民最低生活保障标准计算。对不满16周岁的，扶养到16周岁。对年满16周岁但无劳动能力的，扶养20年；但是，60周岁以上的，不超过15年；70周岁以上的，不超过5年。⑨交通费：按照患者实际必需的交通费用计算，凭据支付。⑩住宿费：按照医疗事故发生地国家机关一般工作人员的出差住宿补助标准计算，凭据支付。⑪精神损害抚慰金：按照医疗事故发生地居民年平均生活费计算。造成患者死亡的，赔偿年限最长不超过6年；造成患者残疾的，赔偿年限最长不超过3年。此外，《条例》第51条规定，参加医疗事故处理的患者近亲属所需交通费、误工费、住宿费，参照本条例第50条的有关规定计算，计算费用的人数不超过2人。第52条规定："医疗事故赔偿费用，实行一次性结算，由承担医疗事故责任的医疗机构支付。"这是新《条例》规定医疗事故赔偿项目和标准的全部内容。

《条例》的这一规定，改变了《办法》规定的一次性限额赔偿办法，提高了赔偿标准。特别应当注意的是，《条例》规定了对医疗事故受害人的精神损害赔偿。对究竟是否应当对医疗事故受害人实行精神损害赔偿的争论，作出了结论。但是，《条例》规定的赔偿标准仍然比其他人身损害赔偿标准低，与人民法院办理侵权案件的人身损害赔偿标准相差较多。例如，误工费赔偿规定最高赔偿医疗事故发生地上一年度职工平均工资的3倍，比《国家赔偿法》规定的5倍降低了2倍。致人死亡的，仅赔偿丧葬费和相当于6年当地居民平均生活费的精神损害抚慰金。而《国家赔偿法》规定的死亡补偿费为国家上一年度职工年平均工资20倍。造成患者残疾的，仅赔偿3年的当地居民平均生活费，而《国家赔偿法》规定的丧失劳动能力的要赔偿10至20倍的职工年平均工资。医疗事故赔偿比国家赔偿和一般民事赔偿的标准为低，是可以理解的。因为医疗机构对医疗事故受害人予以赔偿，实际上还是“羊毛出在羊身上”。对受害人的赔偿最终还是要分摊在所有的患者身上，而不是由国家出资赔偿。对此，在审判实践中应当适用新《条例》规定的赔偿标准判决案件，是有根据、有道理的。但是，人民法院应当保留最终的司法决定权。如果按照新《条例》的赔偿标准确定的赔偿数额显失公平，不足以救济受害人的损害的。法院可以作出高于新《条例》规定的赔偿标准的判决。[1]

关于惩罚性赔偿能否作为医疗事故的民事责任存在争议，立法中也没有采取惩罚性赔偿。究其原因，可能有以下三点：①在民法通则117~119条中规定对人身及财产损害赔偿的总原则应当以实际损失为限；②根据《消费者权益保护法》第49条惩罚性赔偿是建立在经营者欺诈的基础上，即经营者主观上有恶意。但医疗事故是基于过失而产生的，不属于主观故意，当然就不存在欺诈的行为，所以应用惩罚性赔偿实际上就没有依据；③这种惩罚性赔偿从表面上看似乎是对患者有利，但是医疗机构为了不赔上血本同样会采取一些自我保护的措施，比如提高诊疗费，就像一些发达国家居高不下的医疗费反倒使患者深受其害，并且从我国的医疗行业的目前水平来考虑，保护发展医疗业才是对医患双方以及大众健康最重要的大事。如果不

---

〔1〕 杨立新：“论医疗事故的民事赔偿责任”，载《河南省政法管理干部学院学报》2003年第4期。

合时宜的强加要求，那么医生在医治病人的时候就会考虑对其自身最有利的方法而不是对病情最有效的方法，久而久之这种保守的方法必然导致医疗技术的倒退，反而令大众健康受害。所以我们对医疗业的规范要符合现状，把握要有尺度，惩罚性赔偿显然不符合我国医疗业的现状以及我国国情。[1]

六、取消责任与技术的区分

《条例》没有将医疗事故划分为责任事故和技术事故，主要是考虑以下几个因素：① 医疗事故处理的核心是赔偿，而依照《条例》的规定，赔偿是以损害后果来计算的；②难以制定分类的客观准确的标准，在实际工作中不好掌握；③ 医疗事故往往是多因一果，其损害后果经常是由病情、责任程度、医务人员的技术水平等原因综合引起；④ 医患双方往往对医疗事故的定性存在争议，影响医疗事故的及时解决。但在《条例》第 31 条中明确规定鉴定结论中应当包括过失行为在医疗事故损害后果中的责任程度，这为卫生行政部门处理由于医务人员不负责任而导致的医疗事故提供了依据。这种规定与《执业医师法》第 37 条的规定也是相一致的。[2]

这一制度变革，对单个患者的民事救济无疑具有重要的现实意义。然而，医疗技术的高风险性与人的责任心是两个不同层次的概念。基于医疗服务的特点，过分强调民事赔偿，不考虑技术与责任的差别，是对医学与医疗服务的不公平。例如，手术中误将缝合针遗留在肝脏之内，虽然患者为此疼痛难忍，痛苦万分。但肝脏整体上的消化、解毒功能可能并不受到任何

---

〔1〕 刘镓："试论医疗事故的民事赔偿"，载《行政与法》2003 年第 5 期。

〔2〕 医疗事故处理条例起草小组：《医疗事故处理条例释义》，中国法制出版社 2002 年版，第 11、17 页。

影响，所以根据《条例》的规定，哪一级医疗事故也不构成，而实践中医患双方对此类事件的认识是一致的，那就是这类事件应该是典型的责任事故。于是就会出现这样一些怪现象：公认的事故因无法在分级中找到座位而无法认定，患者虽然饱尝痛苦却无法获得赔偿；肇事者虽严重违反操作规程，行政领导却奈何不了；因其它医疗事故而受到行政处理的医护人员与其相比之后，又很容易产生不公平之感等。

第三节 《条例》时期司法实践中的其他改革措施

一、《条例》的参照适用

《条例》生效不到半年，2003 年 1 月 6 日，最高人民法院发布了《关于参照〈医疗事故处理条例〉审理医疗纠纷民事案件的通知》。《通知》规定，条例施行后发生的医疗事故引起的医疗赔偿纠纷，诉到法院的，参照条例的有关规定办理；因医疗事故以外的原因引起的其他医疗赔偿纠纷，适用民法通则的规定。人民法院在条例施行前已经按照民法通则、原《医疗事故处理办法》等法律、法规审理的民事案件，依法进行再审的，不适用条例的规定。人民法院在民事审判中，根据当事人的申请或者依职权决定进行医疗事故司法鉴定的，交由条例所规定的医学会组织鉴定。因医疗事故以外的原因引起的其他医疗赔偿纠纷需要进行司法鉴定的，按照《人民法院对外委托司法鉴定管理规定》组织鉴定。人民法院对司法鉴定申请和司法鉴定结论的审查按照《最高人民法院关于民事诉讼证据的若干规定》的有关规定处理。《条例》实施后，人民法院审理因医疗事故引起的医疗赔偿纠纷民事案件，在确定医疗事故赔偿责任时，参照《条例》第49条、第50条、第51条和第52条的规定办理。

二、事故损害与过错损害应适用不同的法律依据

上述《通知》发布1年左右，即2004年4月2日，最高人民法院民一庭负责人又就审理医疗纠纷案件的法律适用问题举行了答记者问，明确区分医疗纠纷应当区别不同类型分别适用法律。人民法院处理医疗事故引起的人身损害赔偿纠纷时应当以《条例》为依据。但是，对不构成医疗事故的其他医疗侵权纠纷应当按照《民法通则》第106条和119条规定处理。医疗事故损害赔偿应当参照适用《条例》的规定。鉴于人身损害赔偿司法解释对赔偿的标准作了一些调整，赔偿的数额比《条例》规定的赔偿数额高，所以因医疗事故受到损害的患者，可能会以一般的医疗纠纷向法院起诉。在这种情况下，如果医疗机构提出不构成一般医疗纠纷的抗辩，并且经鉴定能够证明受害人的损害确实是医疗事故造成的，那么人民法院应当按照《条例》的规定确定赔偿的数额，而不能按照人身损害赔偿司法解释的规定确定赔偿数额。

三、一些地方性法规的补充

上述意见出台，各地高级人民法院根据上述意见的精神，先后制定了一些地方性的指导意见。广东省高级人民法院于2007年12月29日发布了《广东省高级人民法院关于审理医疗损害赔偿纠纷案件若干问题的指导意见》（粤高法发［2007］29号），其相关的主要内容有：医疗损害赔偿纠纷包括医疗事故损害赔偿纠纷和医疗过错损害赔偿纠纷。医疗事故损害赔偿纠纷案件中，医疗机构承担赔偿责任的范围及标准，应依照《医疗事故处理条例》的规定确定。医疗过错损害赔偿纠纷案件中，

医疗机构承担赔偿责任的范围及标准，应依照《民法通则》及最高人民法院《关于审理人身损害赔偿案件适用法律若干问题的解释》的规定确定。对于经鉴定不构成医疗事故但存在医疗过错的案件，人民法院应依据医疗机构的过错程度、原因力大小等因素判决医疗机构承担一定的赔偿责任。医疗事故技术鉴定结论认为医疗机构的医疗行为不构成医疗事故，但确认医疗机构的医疗行为存在不足、不当或过失，如人民法院认定上述过错与医疗损害存在因果关系的，可直接判决医疗机构承担医疗过错损害赔偿责任。

四、医疗纠纷诉讼案由的统一

2008 年 4 月 1 日，《民事诉讼案由规定》把有关医疗纠纷引起的诉讼案由统一归类为“医疗损害赔偿纠纷”。

第四节 《条例》时期医疗损害责任制度及医患关系的乱像

一、三个双轨制的二元化医疗损害责任制度

《医疗事故处理条例》实施后，我国形成了三个双轨制构成的二元化医疗损害责任制度。这三个双轨制的具体内容如下：

第一，医疗损害责任诉因的双轨制。医疗损害责任的诉因，是医疗损害责任纠纷的案由，也就是理论上的医疗损害责任概念。凡是医疗机构及医务人员因过失造成患者人身损害的，都可以形成责任竞合，在法律适用上的后果是，究竟是以侵权责任作为请求权的法律基础，还是以违约责任作为请求权的法律基础，由受害患者一方进行选择。这已经由合同法第 122 条规定了具体的解决方法，在实践中并没有出现问题。但是，在司

法实践中，在选择以侵权法作为请求权法律基础的医疗损害责任纠纷中，却在案件的诉因或案由上被刻意区分为医疗事故责任和医疗过错责任。这样的双轨制原本没有事实和法律依据，但审判实践却予以承认，并且司法实务将其称为“区别对待”原则，坚持这种不合理的做法。

第二，医疗损害赔偿标准的双轨制。医疗损害赔偿诉因和案由的双轨制，其基础在于损害赔偿标准的双轨制。30 年来，国家行政法规始终坚持医疗损害赔偿标准的限制原则，而不适用一般的人身损害赔偿标准。《办法》规定了一次性补偿方法以及相应的赔偿标准，就体现了这样的思想。尽管《条例》规定的赔偿数额标准有所提高，但体现的仍然是限制赔偿思想。由于最高人民法院司法解释中规定的人身损害赔偿标准远远高于《条例》规定的标准，最高人民法院在司法解释中又确定医疗事故赔偿纠纷应当参照《条例》规定的标准办理，因此，对于医疗鉴定机构鉴定不构成医疗事故的医疗损害责任纠纷，或者患者不请求进行医疗事故鉴定的医疗损害责任纠纷，以医疗过错为诉因和案由起诉，就可得到大大高于医疗事故标准的赔偿。由此形成了目前这种赔偿标准双轨制的畸形法律适用现象。

第三，医疗损害责任鉴定的双轨制。与前述两个双轨制相适应，在医疗损害责任的鉴定中同样也存在双轨制。在较长时间里，医疗事故鉴定是医学鉴定，由医疗机构的行政主管机关或者医学研究机构独家垄断，其他任何人都不能插手。《办法》规定只能由卫生行政主管部门组织医疗事故鉴定委员会进行医疗事故鉴定，法官对医疗事故鉴定结论无权进行司法审查，只能按照医疗事故鉴定结论来认定事实。《条例》规定医疗事故鉴定改由医学会负责，随机抽取鉴定专家组成医疗事故鉴定组作出鉴定，但仍然没有改变医疗事故责任鉴定是医学鉴定的性质，因此，法官无权组织也无权审查。此举引起了普遍的对立情绪，多数法院和法官默许、接受受害患者一方提供其他司法鉴定机构的医疗过错鉴定，对不申请医疗事故责任鉴定和鉴定为不属于医疗事故责任的案件，将医疗过错鉴定结论作为认定事实的依据，形成了医疗损害责任鉴定的双轨制。尽管医疗机构对这种鉴定的科学性和合法性提出质疑并且表示反对，但多数法院和法官都对经过审查的医疗过错鉴定结论予以认定，作为认定案件事实的根据。因此，尽管《条例》规定只有医学会才享有组织医疗事故责任鉴权力，但却无法改变司法实务肯定司法鉴定机构医疗过错鉴定的做法，医疗损害责任鉴定的制便成为司法现实，并为受害患者所广泛采用。据上海司法鉴定中心的专家介绍，该中心受理鉴定的 300 多例医疗纠纷，80% 的医疗纠纷被推翻〔1〕。这两种鉴定制度的启动主体、鉴定主体、鉴定组织者、鉴定内容和鉴定所要解决的问题，以及鉴定的监督机制均有明显不同〔2〕。医疗事故中的损害事实较为局限，仅限于"人身损害"且要达到一定程度，而侵权中的"损害事实"包括生命健康、财产、精神等一系列损害且无损害程度限制。另外，目前的医疗事故鉴定只对确定为医疗事故的纠纷进行过错判断和因果分析，而对相当多的非医疗事故纠纷不做过错判断和因果分析，对于这一部分案件，法院为了查明事实，必须再委托司法鉴定。这种鉴定的双轨制与重复鉴定带来了很大的危害，有学者对这些危害进行了研究，认为主要表现在以下几方面：①加重医患双方的负担；②使诉讼期间延长不利于对患者

〔1〕 蒋德海："举证责任倒置是医方举证责任的复位"，载《政治与法律》2002 年第 4 期。

〔2〕 梁晓峰："论医疗鉴定与司法鉴定的差异"，载《中共郑州市委党校学报》2007 年第 1 期。

权利的保护；③不利于患者的进一步治疗并对医院的正常管理带隐患，加大了审判难度，制约了诉讼效率；④使医疗事故技术鉴定的公信力下降和医患之间更加不信任。[1]

二元结构的医疗损害责任制度存在诸多弊病。

第一，分割完整的医疗损害责任制度，造成受害患者一方相互之间的矛盾。对医疗损害责任实行三个双轨制的二元化结构，其后果就是分割完整的医疗损害责任法律制度，把一个完整的医疗损害责任制度人为地分为医疗事故责任和医疗过错责任，适用不同的法律规则，致使同样的医疗损害得到相差悬殊的赔偿金。因医疗过错造成死亡的，按照人身损害赔偿司法解释的规定，死亡赔偿金按照受诉法院所在地上一年度城镇居民人均可支配收入或者农村居民人均纯收入标准，按 20 年计算；但 60 周岁以上的，年龄每增加 1 岁减少 1 年；75 周岁以上的，按 5 年计算。以北京为例，2005 年人均可支配收入为 17 653 元，20 年为 35 306。元。按照《条例》规定的标准赔偿，医疗事故的受害患者只能得到 6 年的医疗事故发生地居民年平均生活费的赔偿。北京没有居民平均生活费的统计，使用的是人均消费支出数据，2005 年为 13 244 元，6 年是 79 486 元，相差 273 574 元，并且医疗事故的受害患者无法获得 10 万元至 3 万元的精神损害抚慰金的赔偿。这样的法律适用结果，当然会引起矛盾，受害患者一方的不满意程度是可以想象的。

第二，加重医疗机构举证责任，形成防御性医疗，损害全体患者的利益。司法机关一方面默许对医疗机构的片面保护，另一方面则为了保护受害患者而加重医疗机构的举证责任，这种矛盾做法的后果是直接导致医疗机构在医疗诉讼中的不利地

---

〔1〕 徐董兵："论医疗事故技术鉴定与民事诉讼程序衔接"，载《法制与社会》2007 年第 2 期。

位，要求医疗机构负担超出其负担能力的举证责任及医疗损害赔偿责任，使医疗机构及医务人员不得不采取防御性医疗措施，对患者普遍实行过度检查，直接受到损害的当然是全体患者。同时，过高的医疗损害赔偿责任负担，也使医务人员面对应当进行探索的医学科学研究缩手缩脚，不敢进行探索和实践，甚至推诿和拒绝治疗，最终的后果必然是迟滞医学科学发展，损害全体人民的整体利益。

第三，造成审判秩序混乱，损害司法权威。医疗损害责任制度的二元化，引起当事人对我国法律制度的怀疑，大多数法官也不理解，又不敢对抗行政法规和司法解释的明确规定。有些法院则直接出台自己的法律适用规则，改变司法解释和行政法规的规定。北京市高级人民法院就出台了《关于审理医疗损害赔偿纠纷案件若干问题的意见（试行)》，其第 21 条明确规定："确定医疗事故损害赔偿标准，应参照《医疗事故处理条例》第 49 条至第 52 条的规定；如参照《医疗事故处理条例》处理将使患者所受损失无法得到基本补偿的，可以适用《民法通则》及相关司法解释的规定适当提高赔偿数额（第 1 款）。确定一般医疗损害赔偿标准，应适用《民法通则》及相关司法解释的规定（第 2 款）。"这就是所谓的"区别对待"的医疗损害赔偿原则。高级人民法院的规范性意见直接改变最高人民法院的司法解释，尽管是为保护受害患者利益而采取的不得已的做法，但审判活动和法律适用中的这种混乱，无疑会降低司法机关的威信。[1]

---

〔1〕 杨立新："中国医疗损害责任制度改革"，载《法学研究》2009 年第 4 期。

二、医患矛盾持续恶化

我国自20世纪90年代医患关系紧张以来，医患关系一直没有得到明显改善且呈现出不断恶化的趋势。

2002年调查显示：绝大多数医院都为医疗纠纷所困扰。医院越大，收治的疑难重症病人越多，产生的纠纷也越多。在被调查的326所医院中，一年内有98.47%的医院发生过医疗纠纷，医疗纠纷发生得较多的科室依次是：外科、产科、骨科、妇科、儿科。同时，326所医院病人索赔金额总计约6 000多万元，平均每所医院21万元，其中三级医院病人索赔10万元以上的占60%，调查推算，按平均索赔金额，全国医院一年医疗纠纷索赔金额高达42亿元，占全国县以上医院医疗收入的5.9%。通过法律途径解决医疗纠纷的是少数，大多数病人和家属采取了较为过激的方式。调查显示，发生医疗纠纷后，病人和家属到医院打闹、扰乱医院工作秩序的占73.5%，诉诸法律解决的仅为10.8%，还有一部分通过协商“私了”。病人打砸医院后，对医院设施直接造成破坏和医务人员受伤的比例分别为35%和34%，其中东北和中南地区尤为严重。此外，326所医院中有90%以上的医院都有病人因为医疗纠纷滞留不出院、不交医疗费，而在这方面，国家的法律法规制裁力度很低。

2004年调查显示：将近3/4的医师认为自己的合法权益不能得到保护。每家医院平均每年发生医疗纠纷66起，发生患者打砸医院事件5起以上，打伤医师5人；北京医师协会对北京市71家二级以上医院的统计表明：近3年共发生殴打医务人员事件502起，致伤、致残90人。单起医疗纠纷最高赔付额达300万元，平均每起赔付额为10.81万元。四川大学华西医院院方有一份长达5页的医务人员“黑名单”，上有24名医生，他们都因医疗纠纷而受到暴力威胁，名字前醒目地写着他们的处境："威胁"、"不得安宁"、"将付出惨重代价"……为了保护受威胁的医生，医院不得不花钱为医生聘请"保镖"。频繁的医院暴力已经引起社会的关注，为了探讨如何制止医院暴力，保护医生生命安全，2004年四川《华西都市报》邀请12个城市医院院长举办院长峰会。

2006年我国内地共发生9831起严重扰乱医疗秩序事件，打伤医务人员5519人，医院财产损失超过两亿元。据不完全统计，2006年1月至11月，广州各级医疗机构发生因医疗纠纷引发的较大影响的患方暴力索赔事件共97件。提案还提供了中国医师协会的调查数据，超过60%的医生对目前的执业环境不满意，很多医生对自己的执业环境感到不安，有的甚至产生恐惧。广东省卫生厅专题调研统计表明，2006年1~6月，除梅州市外，全省各级医疗机构发生的医闹以"暴力索赔"为主，共200宗，平均每天超过1宗，其中129宗最终"私了"。在上述"暴力索赔"中，三级医院占了23%，二级医院占52%；涉及的科室以内科最常见，占46%，其次是外科，占18%。

2007年全国内地有73.33%的医院出现暴力医闹殴打、威胁、辱骂医务人员；59.63%的医院发生过因病人对治疗结果不满意，聚众在医院内围攻、威胁院长人身安全；35.56%的医院发生过病人因对治疗结果不满意，聚众到医务人员或院长家中威胁人身安全；76.67%的医院发生过患者在诊疗结束后拒绝出院，且不交纳住院费用；61.48%的医院发生过医闹在院内摆花圈、设灵堂、烧冥纸等，甚至有些家属把遗体放在医院，坚持不火化，整个医院的正常运转已严重受到干扰。2007年全国内地三级甲等医院每年发生医疗纠纷中要求赔偿有100例左右，到法院诉讼的有20~30例左右，二级医院每年发生20例左右，到法院诉讼的有5例左右；而赔偿的数额三级甲等医院一年一般在100万左右。[1]

针对这种极度破坏医疗秩序并严重损害医务人员身心健康的恶生医患事件，卫生部、公安部于2012年4月30号联合发布了《关于维护医疗机构秩序的通告（卫通［2012］7号)》，全文如下：

为有效维护医疗机构正常秩序，保证各项诊疗工作有序进行，依照国家有关法律法规的规定，特通告如下：（一）医疗机构是履行救死扶伤责任、保障人民生命健康的重要场所，禁止任何单位和个人以任何理由、手段扰乱医疗机构的正常诊疗秩序，侵害患者合法权益，危害医务人员人身安全，损坏医疗机构财产。（二）医疗机构及其医务人员应当坚持救死扶伤、全心全意为人民服务的宗旨，严格执行医疗管理相关法律、法规和诊疗技术规范，切实加强内部管理，提高医疗服务质量，保障医疗安全，优化服务流程，增进医患沟通，积极预防化解医患矛盾。（三）患者在医疗机构就诊，其合法权益受法律保护。患者及家属应当遵守医疗机构的有关规章制度。（四）医疗机构应当按照《医院投诉管理办法（试行)》的规定，采取设立统一投诉窗口、公布投诉电话等形式接受患者投诉，并在显著位置公布医疗纠纷的解决途径、程序以及医疗纠纷人民调解组织等相关机构的职责、地址和联系方式。患者及家属应依法按程序解决医疗纠纷。（五）患者在医疗机构死亡后，必须按规定将遗体立即移放太平间，并及时处理。未经医疗机构允许，严禁将遗体停放在太平间以外的医疗机构其他场所。（六）公安机关要会同有关部门做好维护医疗机构治安秩序工作，依法严厉打击

---

〔1〕 医疗环境数字统计揭示医患死结。http://news.39.net/homicide/2012326/1997186.html，最后访问时间：2013年10月2日。

侵害医务人员、患者人身安全和扰乱医疗机构秩序的违法犯罪活动。(七)有下列违反治安管理行为之一的，由公安机关依据《中华人民共和国治安管理处罚法》予以处罚；构成犯罪的，依法追究刑事责任：(1)在医疗机构焚烧纸钱、摆设灵堂、摆放花圈、违规停尸、聚众滋事的；(2)在医疗机构内寻衅滋事的；(3)非法携带易燃、易爆危险物品和管制器具进入医疗机构的；(4)侮辱、威胁、恐吓、故意伤害医务人员或者非法限制医务人员人身自由的；(5)在医疗机构内故意损毁或者盗窃、抢夺公私财物的；(6)倒卖医疗机构挂号凭证的；(7)其他扰乱医疗机构正常秩序的行为。本通告自公布之日起施行。

这一通告的发出，一方面警示当前医患矛盾仍然十分尖锐，另一方面，也反应了在目前的现实条件下，难以在短期内很好的解决这一问题。针对这一通告的发布，仁者见仁，智者见智，褒贬不一。

第七章
《侵权责任法》中的医疗损害责任

第一节 医疗损害责任制度的理论基础

一、人格平等是医疗损害责任改革的基本方向

人格平等，是民法的最高原则。人格平等原则的目标之一，就是使民事主体的合法权益得到平等保护，任何一个民事主体的权利受到侵害之后，都平等地受到民法的保护和救济。且在现行的二元化的医疗损害责任制度中，医疗事故责任与医疗过错责任的赔偿标准完全不同，其实质在于法律对受害患者给予不平等的人格待遇。尽管这不是设计医疗事故赔偿责任的初衷，也不是立法者和司法者的主观愿望，但其引起的后果却在实质上造成了受害患者的人格不平等。作出这样的评价并非危言耸听，同样的受害患者，同样的损害事实，得到的却是反差极大的赔偿待遇，其实质必然涉及深层次的人格平等问题。医疗损害责任改革的基本方向，就是废除诉因、赔偿标准和责任鉴定的三个双轨制，建立统一的医疗损害责任制度，改变现行的法律适用混乱状态，使受害患者在统一的医疗损害责任制度中得到平等保护。

二、兼顾多方利益是医疗损害责任改革的基本要求

改革医疗损害责任制度必须根据我国的具体国情和医疗损害的实际情况进行。在改革医疗损害责任制度中着重关注的必须是人，必须以人为本。医疗损害中的人，首先是受害患者及受害患者一方，他们是权利受到损害的受害人，是最需要保护和关心的人群。在医疗损害责任制度的改革中，必须关注受害患者一方的利益诉求，确立有效的保护方法和救济措施，使受害患者一方受到的损害能够得到充分的救济，使他们的合法权益能够得到有效的保护。但是，在医疗损害责任制度调整的范围内，除了应当保护受害患者一方的利益之外，还有其他应当保护的利益。首先，应当考虑保护医疗机构的利益。我国的医疗制度确实具有一定的福利性，令其承担完全市场化的损害赔偿责任是不公平也是不合理的；任何医疗技术和医疗手段都有风险，患者接受某项医疗措施实际上就等于接受了这种医疗风险；医疗损害结果发生的原因复杂，通常都不是由单一的医疗过失行为引起的，而是有多个原因；医学需要通过医疗实践去发展，医疗机构担负着发展医学、造福人类的重大职责。因此，在医疗损害责任制度中不能对医疗机构科以过重的赔偿责任，以保护医疗机构的正当利益，促进医学科学的发展。其次，还应当考虑保护全体患者的利益。在我国现行医疗体制下，医院的经费基本上来源于向患者收费，支付给受害患者的赔偿金只能在医院的经费中支出。如果医疗机构承担的赔偿数额过高，医院为了寻求经费的收支平衡，必然会向患者收取更多的费用，最终将损害赔偿金转嫁到全体患者身上，以由全体患者多支出医疗费用的方法承担赔偿责任。因此，在改革医疗损害责任制度中，必须保护好全体患者的利益。改革医疗损害责任制度，

在立法中反映各方的利益诉求，统筹兼顾最广大人民的根本利益、现阶段群众的共同利益以及不同群体的特殊利益，形成科学有效的受害患者利益、医疗机构利益和全体患者利益的协调机制和权益保障机制，这是改革医疗损害责任制度的基本要求和根本目标。

三、过错责任原则是建立和谐医患关系调整三者利益的最佳平衡器

调整受害患者、医疗机构和全体患者之间的利益关系，最好的平衡器就是侵权责任法的过错责任原则。过错责任原则具有纯化道德风尚、确定行为标准、预防损害发生等社会功能，更重要的是，它能够协调各种利益冲突，维护社会的公平和正义。在现代社会，几乎所有人都离不开医疗，因此，全体患者的利益差不多等同于全体人民的利益。“人民之安宁乃最高之法律。”在医疗损害责任中，过错责任原则的重要作用就是平衡三者利益关系，建立和谐的利益关系结构。过错责任原则的平衡作用表现在：第一，没有医疗过失医疗机构就没有责任。并非凡患者遭受损害医疗机构就要予以赔偿，而是必须医疗机构及医务人员存在医疗过失才发生赔偿责任。第二，医疗机构仅仅就自己的医疗过失所造成的损害承担赔偿责任。在医疗机构应当承担赔偿责任时，依据过错责任原则的要求，还应当适用比较过错、比较原因力等规则，将不应当由医疗机构承担的部分责任予以扣除，合理确定医疗机构的赔偿责任，而非一律全部赔偿。第三，基于医疗过失的严重程度适当限制精神损害抚慰金的赔偿数额。医疗过失不具有恶意，仅仅存在一般过失或者重大过失，与一般的侵权行为有所不同，因而在确定医疗损害责任的精神损害抚慰金数额时，应当予以适当限制。美国加州

医疗损害赔偿改革的经验表明，高额的赔偿金给受害人带来的是损害赔偿请求权的满足，但随之而来的就是医生为了转嫁这种风险而大幅度提高患者的医疗费用。鉴于此，加州医疗损害赔偿改革法采取限制精神损害抚慰金数额等措施，使加州医疗损害赔偿制度保持了将近30年的稳定，成为美国医疗损害赔偿制度改革的样板。借鉴这些经验，对医疗损害责任中的抚慰金赔偿数额进行限制，符合过错责任原则的要求，也能够平衡三者之间的利益关系，以使医患关系得到改善。

四、坚持民事诉讼武器平等原则妥善处理诉讼机会和诉讼利益的平衡

人格平等原则反映在诉讼中，就要求保证双方享有平等的程序权利，保证诉讼的双方当事人地位平等、机会平等和风险平等。这就是民事诉讼中的“武器平等原则”。该原则来源于宪法保障平等权的要求：在地位上，不论当事人是攻击者即原告还是防御者即被告，也不论其在诉讼外的实体法律关系中是否有上下从属关系，在诉讼中均享有相同的地位；在机会上，当事人享有平等地接近、利用法院的机会，以及提出攻击、防御方法的机会；在风险上，诉讼的胜败风险应在双方当事人之间平等分配，不应由一方负担较高的败诉不利益风险。因此，“武器平等”不仅是形式上的平等，也须为实质平等的保障。原告和被告只有以平等或对等的诉讼权利武装自己，在一个平等的环境中赢得诉讼，才是公平的。长时间以来，作为主张权利的一方即受害患者一方，在诉讼中经常处于劣势，具体表现在：一是事实上不知，无法掌握医疗过程以及损害发生的实际情况；二是专业上不知，即使是患者亲身经历医疗过程，也由于欠缺医疗专业知识，难以陈述具体治疗经过和过失所在；三是证据的偏在，医疗文书和资料不掌握在患者一方。因此，在医疗损害责任诉讼中，在诉讼政策上适当向受害患者一方倾斜，是正确的。世界各国的医疗损害责任法也都是如此，唯此才能够保证双方当事人之间的平等关系，做到武器平等。但是，在诉讼中过于向受害患者一方倾斜，将两个侵权责任要件即因果关系要件和过错要件的举证责任完全推给医疗机构一方，而受害患者对此不承担举证责任，必然会使双方当事人在诉讼中的地位失衡、机会失衡、风险利益关系失衡，导致作为防御一方的医疗机构疲于应对具有巨大诉讼压力、超出其负担能力的医疗损害责任诉讼，负担过高的机会和风险利益的负面压力。改革医疗损害责任制度，在程序上就必须区别不同情况，分别适用举证责任倒置或者举证责任缓和规则、完全的过错推定或者不完全的过错推定规则、完全的因果关系推定或者不完全的因果关系推定规则，以保障双方当事人的武器平等，保障双方当事人的地位平等、机会平等和风险利益平等，使医患关系协调发展。欲将一个简单、一致的方式通盘适用于所有事件，既可能不符合个案正义，也未必适当。因此，在医疗损害责任制度改革中，必须对与其相适应的程序制度以及具体的举证责任制度进行改革，以实现程序上的公平来保证实体法公平的实现。[1]

第二节　医疗损害责任的类型

医疗损害责任是一个含义非常广泛的概念，几乎概括了在医疗过程中所发生的所有损害的救济问题，远比医疗事故责任和医疗过错责任的概念宽。在理论上，杨立新教授曾经提出将

---

〔1〕杨立新："中国医疗损害责任制度改革"，载《法学研究》2009 年第 4 期。

医疗损害责任的类型分为医疗伦理损害责任、医疗技术损害责任和医疗产品损害责任。《侵权责任法》第55条至第59条分别规定了这三种医疗损害责任的类型，构成了医疗损害责任完整的类型体系。

一、医疗伦理损害责任

《侵权责任法》第55条规定的是违反告知义务的损害责任，是医疗伦理损害责任的基本类型；同时，《侵权责任法》第62条规定的违反保密义务的损害责任也是医疗伦理损害责任的类型。医疗伦理损害责任，是指医疗机构及医务人员从事各种医疗行为时，未对患者充分告知或者说明其病情，未对患者提供及时有用的医疗建议，未保守与病情有关的各种秘密，或未取得患者同意即采取某种医疗措施或停止继续治疗等，而违反医疗职业良知或职业伦理的过失行为，医疗机构所应当承担的侵权赔偿责任。医疗伦理损害责任的核心是具有医疗伦理过失。《侵权责任法》第55条第2款规定违反告知义务造成患者损害的，就构成违反告知义务的医疗伦理损害责任。其中对于损害的界定，应当包括造成患者人身实质性损害和造成患者精神性权利即自我决定权的损害。对于前者，应当适用《侵权责任法》第16条确定赔偿责任；对于后者，应当适用第22条确定赔偿责任。

二、医疗技术损害责任

《侵权责任法》第57条规定的是医疗技术损害责任。该条规定："医务人员在诊疗活动中未尽到与当时的医疗水平相应的诊疗义务，造成患者损害的，医疗机构应当承担赔偿责任。"这一规定确认，医疗机构及医务人员在从事病情检验、诊断、治疗方法的选择，治疗措施的执行，病情发展过程的追踪，以及术后照护等诊疗行为中，存在不符合当时的医疗水平的过失行为，医疗机构应当承担赔偿责任。因此，医疗技术损害责任是医疗机构及医务人员具有医疗技术过失的医疗损害责任类型。

三、医疗产品损害责任

《侵权责任法》第 59 条规定的是医疗产品损害责任。该条明确规定，医疗机构在医疗过程中使用有缺陷的药品、消毒药剂、医疗器械以及不合格的血液等医疗产品，因此造成患者人身损害的，医疗机构或者医疗产品生产者应当承担不真正连带责任。应当明确，医疗产品损害责任也是产品责任，是特殊的产品责任，其中最为特殊之处，就是医疗机构参加了这种侵权损害赔偿责任法律关系，成为一方责任人，与缺陷医疗产品的生产者承担不真正连带责任。《侵权责任法》规定了上述三种不同的医疗损害责任，概括了全部的医疗损害责任的类型，既借鉴了法国关于医疗科学过失和医疗伦理过失的科学分类方法又体现了我国医疗产品损害责任的特殊规则，是一个完美的医疗损害责任的类型体系。[1]

第三节 医疗损害责任的归责体系

一、医疗损害责任的归责原则体系由三个归责原则构成

我国《侵权责任法》规定医疗损害责任法的归责原则体系，由过错责任原则、过错推定原则和无过错责任原则构成，是由

〔1〕 杨立新：“《侵权责任法》改革医疗损害责任制度的成功与不足”，载《中国人民大学学报》2010 年第 4 期。

三个归责原则构成的一个归责原则体系。《侵权责任法》与《民法通则》规定的侵权责任规则有一个典型的不同，就是在一个具体的特殊侵权责任类型中，由只适用一个归责原则改变为根据具体情况适用不同的归责原则。例如，在机动车交通事故责任中，机动车与非机动车或者行人发生交通事故的适用过错推定原则，机动车相互之间发生交通事故的适用过错责任原则；在饲养动物损害责任中，一般适用无过错责任原则，但动物园的动物损害责任适用过错推定原则。医疗损害责任情况复杂，根据不同的情形适用不同的归责原则确定侵权责任，是正确的。

二、过错责任原则是医疗损害责任的基本归责原则

在医疗损害责任的归责原则体系中，过错责任原则是基本的归责原则。除了在侵权法的归责原则体系中过错责任原则就是基本的归责原则之外，医疗损害责任的过错责任原则是基本归责原则还表现在：第一，《侵权责任法》第 54 条明确规定医疗损害责任的基本归责原则是过错责任原则，对此无需赘言。第二，医疗技术损害责任和医疗管理损害责任都必须实行过错责任原则，这两种医疗损害责任类型要求构成赔偿责任必须具备过错要件，没有过错就没有责任。某医学院附属医院在同一天做两个儿童患者的手术，一个是 4 岁的徐某要做心脏修补手术，一个是 5 岁刘某要做扁桃体摘除手术。医务人员因对患者的身份特征核对不仔细，竟将徐某做了扁桃体摘除术；对刘某开胸取出完好的心脏后才发现错误，手术长达 3 个小时，造成严重后果。这是严重的医疗过错。第三，对医疗伦理损害责任适用过错推定原则，也必须以过错为要件，只是过错要件的证明实行推定而已。第四，即使在适用无过错责任原则的医疗产品损害责任中，对于医疗机构承担医疗产品损害的最终责任也

必须有过错，医疗机构如果对于缺陷医疗产品致患者受到损害没有过错，则只可以承担中间责任而不承担最终责任，即医疗机构承担了中间责任而又无过错的，就可以向缺陷医疗产品的生产者或者销售者追偿，而不是自己承担最终责任。

三、过错推定原则和无过错责任原则是医疗损害责任归责原则的特殊情形

在医疗损害责任中，应当依照《侵权责任法》第6条第2款和第7条规定，在“法律规定”的情形下，例外适用过错推定原则或者无过错责任原则。首先，《侵权责任法》第59条规定的医疗产品损害责任适用无过错责任原则，与产品责任的归责原则保持一致。其次，《侵权责任法》第55条和第61条规定的未尽告知义务和违反保密义务的医疗伦理损害责任适用过错推定原则。可能引起怀疑的是，这两个条文都没有明文说适用过错推定原则，但这两个条文明文规定的“未尽前款义务”和“泄露患者隐私或者未经患者同意公开其病历资料”，都具有违法性，都可以推定为有过错，确定医疗伦理损害责任适用过错推定原则是有法律根据的。[1]

第四节　医疗损害鉴定制度的现实剖析

一、当前医疗损害鉴定制度中基本问题与共识探讨

医疗损害鉴定是《侵权责任法》实施后的重要问题。虽然

〔1〕 杨立新：“《侵权责任法》规定的医疗损害责任归责原则”，载《河北法学》2012年第12期。

《侵权责任法》的实施是我国医疗损害责任制度构建的里程碑。它创造性地采用了统一的医疗损害责任概念，科学地确定了医疗损害责任的基本类型与医疗损害责任的归责原则体系，然而，它也存在一些不足之处，其中之一就是没有规定医疗损害责任鉴定制度。[1] 为了配合《侵权责任法》的顺利实施，最高人民法院2010年6月30日下发了《关于适用〈中华人民共和国侵权责任法〉若干问题的通知》（以下简称为《通知》）。《通知》第3条规定，人民法院适用侵权责任法审理民事纠纷案件，根据当事人的申请或者依职权决定进行医疗损害鉴定的，按照《全国人民代表大会常务委员会关于司法鉴定管理问题的决定》、《人民法院对外委托司法鉴定管理规定》及国家有关部门的规定组织鉴定。由该规定可以看出，我国目前的医疗损害鉴定制度并没有因最高人民法院的司法解释而明确，同时，由行文中的语义不难看出，司法鉴定将在医疗损害鉴定中起着越来越重要的作用。然而，这样一种制度导向，是否真正有利于医疗损害鉴定制度的构建，值得深思。

（一）当前医疗损害鉴定制度中的基本问题

1. 警惕形式意义上的鉴定公正带来实质意义上的鉴定不公正。司法鉴定基于其鉴定机构的社会中立性及鉴定人员的个人负责制，在很大程度上获得了社会对其鉴定结论作为证据使用的高度认可。特别是在医疗损害的鉴定过程中，由于医疗事故技术鉴定制度本身存在的一些问题以及《医疗事故处理条例》所规定的不构成医疗事故的不予赔偿等规定，医疗纠纷司法鉴定在某些地方已成为患方获得医疗损害赔偿的主要证据来源。这在一定程度上保护了作为弱势群体的患者一方。

---

[1] 杨立新："《侵权责任法》改革医疗损害责任制度的成功与不足"，载《中国人民大学学报》2010年第4期。

然而，我们在看到这一制度的正面价值与积极作用的同时，我们不能忘记，司法鉴定的本质是在诉讼活动中鉴定人运用科学技术或者专门知识对诉讼涉及的专门性问题进行鉴别和判断并提供鉴定意见的活动。〔1〕之所以需要司法鉴定，是法官无法对一些专门性问题进行事实上和法律上的判断，他们必须借助于鉴定人提供的鉴定结论才能做出审判。因此，无论是鉴定人的专门知识还是专门技术，都必须具有相应的专业能力，否则根本无法完成司法鉴定的本质任务。结合医疗损害的特点，我们不能不强调，医疗损害司法鉴定的专门性和复杂性是其他任何类别的司法鉴定无法比拟的。

第一，医疗损害司法鉴定的复杂性，是其他司法鉴定无法比拟的。据广东省医学会公布，该学会目前已有 72 个专科分会。〔2〕言下之意，大大小小的医疗专业也有 72 个之多。要对这么多专业的医疗损害进行司法鉴定，其复杂性是其他任何司法鉴定类别无法想象的。第二，医疗损害司法鉴定的经验依赖性是其他司法鉴定无法比拟的。医疗损害发生在医疗过程中，医疗的经验性和实践性决定了从事医疗损害司法鉴定工作的鉴定人员必须具有相应的经验积累与知识储备。正如 2010 年 7 月在重庆召开的第二届全国高校司法鉴定论坛上一位知名的学者所言："从事精神病司法鉴定的人员能去做割舌头的鉴定工作吗？"第三，医疗纠纷司法鉴定的不确定性是其他类型司法鉴定无法比拟的。由于医疗的复杂性和专业性，同一个医疗损害案件由不同的专家进行司法鉴定，排除所有的个人因素，仅基于医学知识的特点，得出两个不同的鉴定结论是完全可能的。谁对谁

---

〔1〕 参见《全国人大常委会关于司法鉴定管理问题的决定》。

〔2〕 广东省医学会．广东医学会简介，http://www.gdma.cc/artlistshow.do?id=992，最后访问时间：2012-7-25。

错，在医学的角度有时很难有一个绝对的结论。

基于此，医疗损害的司法鉴定，无论在鉴定人的资格上，还是专业上，都必须有严格的限制，才能真正满足医疗损害司法鉴定的要求。否则，我们得到的可能只是一些忽悠百姓的形式上的公正，并不能得到一个基于专门知识、专门技术的医疗损害司法鉴定结论，其结果是并没有保质保量地完成司法鉴定的真正任务，损害了司法鉴定的制度效果与社会价值。

2. 警惕法律对患者的保护带来医疗对患者的伤害。纵观我国医疗法律制度的改革过程，最为明显的特征是对患者的保护逐渐加强，相对而言，医方的利益，医疗的特殊性逐渐弱化。医患利益在某种层次上是高度统一的。虽然，在患者的诊疗过程中，医生由于技术垄断拥有更多的决定权和信息资本，使患者处于相对被动和弱势的地位，出于对弱者的同情和关怀，可能更多的理念是保护和支持患者。然而，自古以来的医生都是在与风险与疾病作斗争，医生与患者是代表人类与疾病抗争不可缺少的主体，二者的利益理应摆在同等的位置上才会有利于对疾病的研究和控制，更好地服务于人类健康。医患利益在这个层面上，既是一致的，也是不可偏袒的。只有尽量地控制疾病，人类才会少遭疾病缠身，少进医院，才会有更少的医疗损伤和医疗纠纷。如果对医患利益提供非均衡保护，医生在高风险的环境下，不得不加强自我保护，这会给整个医疗服务及整个社会健康利益带来不可估量的影响。《条例》时期的举证责任倒置所导致的防御性医疗就是很好的证明。[1] 美国医疗过失诉讼制度对健康保险所产生的负面影响也是一个活生生的社会实证。有研究表明，美国医疗过失诉讼在某些地区已明显影响到

---

〔1〕 程红群、陈国良、蔡忠军："512 名医生自卫性医疗行为现状调查及分析"，载《中国医院管理》2003 年第 6 期。

了医疗服务的可及性。[1]

为什么医疗行业会有如此大的反作用力，主要是基于以下几方面的原因：第一，医疗服务的高风险性与医疗法律的高风险性使医方行医如履薄冰。一旦出现损伤，患者通常都认为是医疗服务者的过失所致。第二，在医疗过失诉讼中，法院虽然拥有裁判权，但是，法院在认定医疗过失的过程中存在相当的不确定性，第三，医患关系的好坏也是医疗诉讼的一个重要因素。然而，医患关系毕竟是一种复杂的社会关系，它不仅仅是医方与患方之间的人际关系，更多的还是一个国家医疗保障水平的产物。第四，人的理性使医方会尽可能想办法减少医疗法律所带来的风险。经济人（Economic Man）理论是西方经济学中最古老最经典的理论，大多数人把它界定为“有理性的、追求自身利益或效用最大化的人”。它是经济学中最基本的人性假设。在市场经济国家中经历了上百年的磨练，目前仍是经济学理论不可动摇的基础。从最初的古典经济人，到新古典经济人，再到广义新经济人，经济人假设的范围已从厂商扩大到消费者及政府官员。[2] 美国经济学家贝克尔更是用经济分析的方法对传统的“非经济领域”，比如犯罪行为和对付犯罪的公共政策、家庭生产、婚姻、生育和家庭结构等进行了开创性的研究。[3] 经济人的假设已渗透到了社会生活的方方面面。虽然，医生自古以来承担救死扶伤的神圣职责，依照希波克拉底誓言（Hip-

---

〔1〕 Mello MM, Studdert DM, DesRoches CM. “Effects of malpractice crisis on specialist supply and patient access to care”, *Annal of Surgery*, vol. 242 (2005), pp. 621 ~ 628.

〔2〕 杨春学：《经济人与社会秩序分析》，上海人民出版社 1998 年版，第 19 页。

〔3〕［美］加里·S. 贝克尔著，王业宇等译：《人类行为的经济分析》，上海人民出版社 1993 年版，第 11 页。

pocratic oath)，医生乃是仁慈的、权威的、以病人之最大福利为己任的专家，其职业准则是尽最大的良知与能力去追求病人的最大利益，但是，在市场导向的经济体制下，医生离不开经济人假设的大环境，医生同样会追求自身利益和医院利益的最大化，特别是在医疗高风险与诉讼高风险的情形下，医方不可避免地会采取一些减少自己风险和损失的措施，从而给患者与社会带来负面影响。最后，医疗市场的信息不对称和供给诱导需求的基本特性使医方处于绝对的“一条龙”地位。医疗服务提供者有能力根据自身意愿对医疗服务的需求进行调节，从而在医疗服务中占有绝对控制地位。医疗服务的供需平衡不能完全靠“市场经济”或“市场调节”来解决。因为医疗服务行业需求价格弹性很小，人们不会因为医疗费用的提高而不生病或少生病，也不会因医疗价格低而多生病。[1]

如果当前的医疗损害鉴定制度不能公平地保护医患双方，还是在患者利益优先考虑的指导思想下进行制度设计，我国的医疗市场、医患关系将不可避免地进行第二次不良升级，[2] 由此给患者与社会带来的不利后果绝不会亚于第一次的冲击，同时，《侵权责任法》所采取的减轻医方举证责任的立法目的，也会在此大打折扣，无法实现其立法效果。

（二）当前医疗损害鉴定制度中应达成的基本共识

1. 医疗损害的鉴定不是一般法医能胜任的鉴定工作。医疗的专业性、复杂性和技术性不是文字上的专业、复杂和技术，而是实践层面、知识层面以及经验层面的专业、复杂与技术。一位从事临床工作的医生，无论称职还是不称职，无论他的技术高超还是平庸，他都要经过专门的医学院校的学习和培养，

---

〔1〕 郑树清：“论医疗服务业的特点”，载《上海经济研究》2006 年第 12 期。

〔2〕 第一次不良升级是指举证责任倒置所引起的医患关系对立。

包括学习系统的基础医学知识，如人体解剖、生理、病理、病理生理学，全面的临床医学知识，如内科学、外科学、妇产科学、儿科学、传染病学、眼科学、口腔医学、皮肤病学，以及一些桥梁医学，如诊断学、放射学、检验学等连接基础医学与临床医学的学问，最后还有一年的临床实习。这些医学知识与技能具有高度的专门性、系统性和科学性。如果没有经过专门的学习与培养，任何人都不可能承担医疗工作。[1] 何况，即使经过了这样严格的、专门的训练之后，还不能立即成为一个合格的临床医生。从医学院校毕业分配到单位后，在单位里面还有一年的见习期，要跟着负责的上级医生再学习一年该专业的临床技能。一般专业的医生，经过 2～3 年的临床培养，基本上能胜任常见病、多发病的治疗原则与操作技能，然而，对一些特殊专业的医生，如病理医生，没有 3～5 年以上的培养周期，仍然很难承担一般的日常病理诊断工作。因此，医疗的复杂性远非一般人所能想象。

医疗损害是发生在医疗过程中的损害，其基本特征是与医疗行为密切相关。对医疗行为过错的认定以及医疗行为与医疗损害之间因果关系的分析，是建立在对医疗过程有一个科学的、客观的认识基础上的。只有知道正确的是什么，才能判断出错误是什么。比如，要一个内科医生来判断病理诊断工作中的过错以及对医疗损害与医疗行为之间的因果关系进行分析，所得出的结论有可能会成为笑话。因此，不同专业的医疗问题必须由不同的医疗专业人士来确定，医疗损害的鉴定资质是专业资质。

虽然我国的法医学在学科上横跨了医学与法学这两门学科，

---

〔1〕 中医的师徒传承不再此例。

但是，法医作为一个成熟的交叉学科，它的学科体系与知识结构已基本形成定论。法医学开设的主要课程有：法学理论、人体解剖学、病理学、内科学、外科学、刑事侦察技术、法医病理学、法医毒理学、法医临床学、法医物证、法医精神病学、法医毒物分析。法医学的研究对象包括人（活体、尸体）和物。活体检验包括检查被害人和被告人的生理状态和病理状态内容，死体检验主要检查目的是判明死亡原因、推断死亡时间、确定损伤部位、鉴别生前伤和死后伤、推断致伤凶器、有无中毒和疾病体貌特征检查。物体检验包括人体的一部分、人的分泌物、排泄物、人体表面复制物、人体附着物、剩余食物饮料、药品、呕吐物、胃内容物等的检验。[1]

以上内容不难看出，一般的法医根本无法胜任多专业的医疗损害鉴定工作。他们既不具备专业的临床医疗知识，也不具备专业的临床医疗技能。如果一味地从法医字面上理解，认为法医既具有法学知识，又具有医学知识，能完成医疗损害的鉴定工作，无异于只认帽子不认人，其结果是丢掉了鉴定的灵魂，抓住了鉴定的躯壳。

2. 医疗事故技术鉴定制度仍是一项可利用的制度资源。当前的医疗事故技术鉴定制度是建立在医学会组织下的医疗专定集体鉴定制度。它的基本特征是医疗权威至上，体现了医疗问题医疗专家分析的基本理念。然而，由于医疗事故技术鉴定制度在一定程度上缺乏有效的、公平的、公开的监督机制，致使医疗事故技术鉴定在很大程度上不能排除行业保护、同行相护的制度弊端，严重影响到了医疗事故技术鉴定结论的证据能力，以至社会倾向性地认为，当前的医疗事故技术鉴定虽然不是以

---

〔1〕 法医学，http://baike.baidu.com/view/25270.htm，最后访问时间：2012 年 5 月12 日。

前的所谓“父子鉴定”，但仍然是“兄弟鉴定”。杨荣强等人对上海市闸北区6年多来的医疗事故技术鉴定书进行分析，发现存在着答非所问、避重就轻等问题，并认为其主要原因是同一系统、人情难却、区域限制、缺乏监督所致。[1] 它所得出的不构成医疗事故的鉴定结论，即使没有或者很少有保护医方的因素在里面，但大家仍然不相信它的权威性和科学性。[2] 同时，有相当一部分意见认为，集体鉴定制度缺乏个人负责的责任机制，会使鉴定专家缺乏应有的法律责任感。因此，在某种程度上看，医疗事故鉴定制度是一个失去社会存在价值的鉴定制度。

然而，我们在看到这些不利现象的同时，还是要注意对一些本质的问题进行分析。我们知道，医疗事故鉴定制度是一种集体鉴定制度，这种集体鉴定制度在当前没有成熟的医疗专家证人制度或陪审团制度的前提下，仍然是一种可取的医疗损害鉴定制度。因为，医疗服务太复杂了。由于个人经验的限制，个人负责的鉴定制度比较容易导致错误的结论或认识。虽然在个人负责的鉴定制度下，有可能组织医疗专家组成的听证会，但是，听证会上的专家意见，相比于集体鉴定制度下的专家意见，可能更具有任意性，因为听证会上的专家意见基本上不受任何约束，最终的鉴定结论是负责鉴定的人在参考这些专家意见的基础上形成的，而医疗事故技术鉴定结论的专家意见是要记录在鉴定过程中，并且持不同意见的专家有权利把自己的意见注明于鉴定结论上。因此，在某种程度上说，医疗事故技术鉴定制度是一种集大成的鉴定制度，它有利于克服医疗经验的

---

〔1〕 杨荣强、叶强、李明发等：“医疗事故技术鉴定中存在的问题及探讨”，载《中国卫生资源》2010年第1期。

〔2〕 这里除外不构成医疗事故不予赔偿的法律因素，仅仅是从鉴定结论作为证据使用的角度加以考虑。

不足、医疗知识的片面给鉴定结论带来的不利影响，医疗事故技术鉴定的集体鉴定制度仍有其制度优势的一面。

二、江苏模式与北京模式比较研究

在最高人民法院发布了上述《通知》后，部分地方司法机关对最高人民法院的《通知》作出了不同的理解。许多地方出台了一些地方性指导意见：①2010 年 7 月 9 日江苏省高级人民法院《关于做好〈中华人民共和国侵权责任法〉实施后医疗损害鉴定工作的通知》（以下简称为《江苏鉴定工作通知》）〔1〕以及 2010 年 10 月 11 日江苏省高级人民法院、江苏省卫生厅发布的《关于医疗损害鉴定工作的若干意见（试行）》（以下简称《江苏鉴定工作意见》）（江苏省高级人民法院审委会 2010 年第 30 次全体会议讨论通过），〔2〕依据这两个审判指导文件建立起来的鉴定模式称为江苏模式；②北京高级人民法院《关于审理医疗损害赔偿纠纷案件若干问题的指导意见》（以下简称《北京鉴定指导意见》）（2010 年京高法发［2010］第 400 号），〔3〕依据这个审判指导文件建立起来的鉴定模式称为北京模式；③浙江省高级人民法院民一庭颁布并于 2010 年 7 月 1 日施行的《关于审理医疗纠纷案件若干问题的意见（试行）》；④上海市高级

---

〔1〕 江苏省高级人民法院《关于做好〈中华人民共和国侵权责任法〉实施后医疗损害鉴定工作的通知》，http://lihaijun1688. blog. 163. com/blog/static/76471224201101711640763/，最后访问时间：2011 年 4 月 15 日。

〔2〕 江苏省高级人民法院、江苏省卫生厅《关于医疗损害鉴定工作的若干意见（试行）》http://www. chinayhjf. com/article/2011/01/17/12951939752. html，最后访问时间：2011 年 4 月 15 日。

〔3〕 北京市高级人民法院《关于审理医疗损害赔偿纠纷案件若干问题的指导意见》，http://wenku. baidu. com/view/91f5644e2e3f5727a5e962c0. html，最后访问时间：2011 年 4 月 15 日。

人民法院颁布并于2011年1月1日起施行的《上海法院关于委托医疗损害司法鉴定若干问题的暂行规定》(沪高法［2010］363号)，这是在原《关于人民法院委托医学会进行医疗纠纷司法鉴定若干问题的意见》、《关于人民法院委托医学会进行医疗纠纷司法鉴定若干问题的补充意见》的基础上修改而成的关于鉴定委托的操作规范（见表7－1)。江苏模式和北京模式有一定的代表性，在一定程度上反映了我国《侵权责任法》实施后医疗损害鉴定制度的现状，现以这两个模式进行比较研究，以期对我国当前医疗损害鉴定制度有一个比较清晰的了解。

表7－1　浙江、江苏、上海、北京四地的司法审判指导文件的概况〔1〕

文件属地	制定日期	生效日期	条数	主要内容	特色
关于审理医疗纠纷案件若干问题的意见（试行）		2010－07－01	23	诉讼各方面	第一个制定并实施
关于做好《中华人民共和国侵权责任法》实施后医疗损害鉴定工作的通知关于医疗损害鉴定工作的若干意见（试行）	2010－07－09 2010－10－11	2010－07－09 2010－10－11	423	鉴定委托及实施	损害鉴定常任专家库、鉴定专家实行实名制

〔1〕　该表来源于刘鑫、孙东东、陈特：《医疗损害赔偿纠纷诉讼事务——以北京浙江等地司法审判指导性文件为中心》，中国法制出版社2011年版，第24页。

续表

文件属地	制定日期	生效日期	条数	主要内容	特色
上海法院关于委托医疗损害司法鉴定若干问题的暂行规定		2010－01－01	28	鉴定委托及实施	异地鉴定，鉴定专家实行实名制，鉴定程序文件、专家合议书等送交法院
关于审理医疗损害赔偿纠纷案件若干问题的指导意见	2010－11－18	2010－11－18	43	诉讼各方面	内容详尽，切合审判实践，解决实际问题

（一）江苏模式主要内容

1. 医学会优先与本行政区域优先模式。《江苏鉴定工作通知》第1条规定，根据最高人民法院《关于适用〈中华人民共和国侵权责任法〉若干问题的通知》的精神，结合我省实际，医疗损害鉴定仍应委托医学会组织专家进行，统称为医疗损害鉴定；当事人均同意委托其他司法鉴定机构进行医疗损害鉴定的，应予准许。《江苏鉴定工作意见》第2条规定，医疗损害鉴定一般应委托本行政区域内市医学会组织进行，当事人均同意委托其他司法鉴定机构进行鉴定的，应予准许。本地医学会存在回避等情形的，人民法院可委托本省其他市医学会组织鉴定，必要时经省高级人民法院司法技术部门同意后，商请省医学会组织鉴定。医疗损害需要重新鉴定的，由省医学会负责组织。

2. 鉴定内容以侵权责任构成要件为基础。《江苏鉴定工作通知》第2条规定，人民法院委托医疗损害鉴定的，可根据案件审理需要，要求鉴定机构对涉案医疗行为有无过错、医疗过错行为与损害后果之间是否存在因果关系、医疗过错行为在医疗损害后果中的原因力大小及伤残等级作出明确认定。医疗损害鉴定结论未明确作出上述认定的，人民法院可以要求其作出补充鉴定或出具相应的意见。《江苏鉴定工作意见》第9条规定，鉴定书应针对人民法院委托的事项详细分析说明，结论要具体、明确。①医疗行为是否存在违反法律、行政法规、规章和诊疗护理规范的过错。但对该过错属于过失或者故意，可不予判定；②医疗过错与患者的人身损害后果是否存在因果关系；③患者人身损害后果及伤残等级；④医疗过错行为对患者人身损害后果产生的作用。医疗损害涉及多种原因时，要对各种原因在产生损害后果的过程中原因力大小进行分析，并根据原因力的大小分别表述为：直接因素、主要因素、同等因素、次要因素、轻微因素及无因果关系。

3. 鉴定的合议制度及鉴定专家的动态化与分类管理。《江苏鉴定工作意见》规定，医疗损害鉴定，实行专家合议制。鉴定组专家由医学会组织双方当事人协商确定；协商不成的，由医学会在备选的鉴定专家库中随机确定。鉴定组专家人数为3人以上（含3人）单数，涉及的学科设置应根据医疗损害鉴定的相关内容确定。医疗损害鉴定书应当由鉴定专家签署姓名、专业和职称，加盖×××医学会医疗损害鉴定专用章。医学会应对医学鉴定专家库加强管理。医学专家库专业设置不能满足医疗损害鉴定所需专业要求的，应当进行必要的调整和补充。对医学专家库专家应当进行定期培训并考核。对不胜任鉴定工作的，应当及时调整。医学会可以根据鉴定工作的需要，在现有分类医学专家库的基础上，聘请一批医德高尚、具有一定的法律知识、相关专业领域公认的学术权威为常任专家，并单独建库。常任专家参与鉴定时，原则上担任鉴定组组长。各级医疗机构应积极支持医学会开展医疗损害鉴定工作，积极推荐符合条件的专家。加入医学会医学鉴定专家库的成员优先参与当地的医疗卫生质量监督管理工作和本单位职称评审考等工作，并可优先聘为医学会专业委员会委员或评为资深会员。医学会应建立对鉴定专家的动态监管机制，进一步健全医疗损害鉴定专家队伍和规章制度，提高鉴定质量。医学会在对鉴定质量考核时，充分征求人民法院在庭审采信方面的意见。

4. 鉴定结论作为证据使用的程序保障。首先是鉴定材料质证与补充制度。《江苏鉴定工作通知》规定，人民法院在委托鉴定前，应当组织双方当事人对提交的病历等鉴定材料进行质证，未经质证的，不得委托鉴定。当事人对病历等鉴定材料有争议的，由人民法院给予认定。病历等材料真实性难以判断的，人民法院应当告知当事人先申请相关鉴定。《江苏鉴定工作意见》规定，人民法院在委托鉴定前，须对与提交鉴定有关的证据材料组织质证。当事人对人民法院移送的证据材料有异议，医学会认为确有必要的，可要求人民法院再次确认。医学会在受理鉴定过程中认为需要补充证据材料的，应当书面函告人民法院及时补充，医学会不得自行接收当事人提交的证据材料。鉴定过程中，医学会认为需要向双方当事人和其他相关单位、个人进行调查取证的，应当告知人民法院，由人民法院组织进行。人民法院需要医学会派员协助调查取证时，医学会应当指派专家协助。其次是鉴定人的出庭制度。人民法院要求鉴定专家出庭接受质询的，医学会应当组织鉴定专家出庭。鉴定专家确因特殊原因无法出庭的，经人民法院准许，可以书面答复当事人的质询。

5. 鉴定的公开与沟通。《江苏鉴定工作意见》规定，医学会应当在医疗损害鉴定会 7 日前，将鉴定会的时间、地点和要求等书面通知医患双方当事人，要求其参加鉴定会并听取其意见。审理案件的法官可以列席鉴定会。医学会完成鉴定后，人民法院要求对相关事项进行补充鉴定或说明的，应当书面函告医学会。医学会应对相关事项进行补充鉴定或说明。在医疗损害鉴定过程中，出现应中止与终止鉴定的情形，医学会应当及时函告人民法院。医疗损害鉴定中出现特殊情况，医学会应及时和人民法院联系，人民法院应积极协助医学会解决和处理有关问题。

6. 对鉴定时限明确规定。首先是受理的时间，《江苏鉴定工作意见》规定，人民法院委托的医疗损害鉴定，医学会应当受理。除具有法定回避情形外，医学会应当自收到委托书后 10 日内作出受理决定，并制作《受理通知书》，函告人民法院。对不予受理的应当在《不予受理通知书》中说明具体理由。其次是鉴定的时间、医学会一般应在收到人民法院移送的鉴定材料后 45 日内出具医疗损害鉴定书。

（二）北京模式的主要内容

1. 司法鉴定优先模式。人民法院根据当事人的申请或者依职权决定进行医疗损害鉴定的，按照《全国人民代表大会常务委员会关于司法鉴定管理问题的决定》及国家有关部门的规定组织鉴定。人民法院委托进行医疗损害责任过错鉴定的，应当根据北京市高级人民法院关于司法鉴定工作的相关规定，委托具有相应资质的鉴定机构组织鉴定。在国家有关部门关于医疗损害鉴定的新规定颁布之前，人民法院也可以委托各区、县医学会或北京医学会组织进行医疗损害责任技术鉴定。

2. 鉴定内容以侵权责任构成要件为基础并以过错为主导。对下列医疗专门性问题，当事人双方有权申请进行医疗损害鉴定：①医疗机构的诊疗行为有无过错；②医疗机构是否尽到告知义务；③医疗机构是否违反诊疗规范实施不必要的检查；④医疗过错行为与损害结果之间是否存在因果关系；⑤医疗过错行为在损害结果中的责任程度；⑥人体损伤残疾程度；⑦其他专门性问题。

3. 鉴定的公开制度。医疗损害赔偿纠纷案件的审判人员，可以参加涉案医疗鉴定会，并可以就有关问题向鉴定专家询问。

4. 对鉴定结论的救济制度。对有缺陷的医疗损害鉴定结论，可以通过补充鉴定、重新质证或者补充质证等方法解决的，不予重新鉴定；当事人有证据证明医疗损害鉴定结论有《最高人民法院关于民事诉讼证据的若干规定》第 27 条第 1 款规定的情形之一的，可以申请重新鉴定。当事人申请重新鉴定的，应当在人民法院指定的期限内提出。

5. 鉴定结论的证据效力制度。医疗损害鉴定文书应当在法庭上出示，由当事人质证。医疗损害鉴定文书经法庭质证确认后，具有证据效力。

6. 不配合鉴定的法律责任。当事人无正当理由拒不同意、不配合进行医疗损害鉴定的，应承担不利的法律后果。

（三）江苏模式与北京模式的比较分析

1. 江苏模式与北京模式的相同点。

（1）规范了医疗损害鉴定的内容。江苏模式与北京模式均在自己的指导性文件里对医疗损害鉴定的内容进行了明确的规定。尽管两个模式所规定的具体内容有所不同，但都是围绕案件中的医学专门性问题进行设计。另外，相比于《侵权责任法》实施前，目前的医疗损害鉴定已基本回到了医疗损害鉴定本质的轨道上来，即围绕医疗行为是否有过错以及医疗过错与医疗损害结果之间是否存在因果关系进行鉴定，从而有利于法官对医疗损害案件的公正处理。

（2）对具体的鉴定制度给予了关注。由于鉴定程序是否公正明显影响到鉴定结论是否公正，因此，两个模式都对一些具体的鉴定制度给予了一定的关注。虽然两个模式所关注的角度或措施有所不同，比如，江苏模式对鉴定材料的质证、鉴定人员的组成做出了明确的规定，北京模式则对不配合鉴定、重新鉴定等情形进行了明确的规定。总体而言，两者基本上都在朝着使鉴定程序趋于公正的方向发展，例如，均规定了审理案件的法官可以列席鉴定会。

（3）仍然是一种双轨制的鉴定模式。无论是最高院的司法解释，还是两个地方性的鉴定模式，制度行文里都体现出了双轨制的鉴定模式。虽然目前的双轨制与以前的双轨制有些不同，以前是明文规定不同的诉讼案由分属不同的鉴定路径，而现在则是基于双方当事人同意或者基于国家统一的鉴定制度还没有出台等原因，当事人可以选择另外一种鉴定模式。但无论怎样，目前的鉴定轨迹仍然是双轨制的鉴定制度。

2. 江苏模式与北京模式的不同点。基于前面两种模式主要内容的分析，不难发现江苏模式与北京模式在一些具体的制度设计方面确实存在不少的差异，从根本上说，本书认为，二者的最大差别在于两种鉴定模式的优先选择不同。江苏模式优先选择了医学会组织的医疗损害鉴定，并对其行了改革；而北京模式虽然也有医学会组织的相关鉴定。但总体而言，司法鉴定在医疗损害鉴定中占有非常重要的地位。这种制度差别在一定程度上反映了我国目前对医疗损害鉴定的两种倾向性意见。下面对这一制度差别进行简要评述。

（1）从江苏模式来看，它最大限度地体现了医疗损害鉴定的专业性。专业性是任何鉴定的基本要求。对鉴定中的专门性问题进行判断与分析，离不开鉴定人在这一领域的专业知识与专业技能。如果鉴定缺乏这一基本要求，法官也用不着委托实施鉴定，因为委托鉴定常常不利于案件及时审结，也会增加当事人的诉讼成本。对医疗损害进行鉴定，由于医疗服务的专业性、技术性和复杂性更为明显，医疗损害鉴定的专业性更为重要。江苏模式很好地体现和保障了这一专业要求。因为就目前的制度基础而言，医学会组织的医疗损害鉴定，无论是鉴定专家的医学知识还是医学技能，都是其他鉴定制度在某种程度上无法相比的。它是一种制度化的专家鉴定制，而不是一种任意的或可选择的专家鉴定制。虽然目前部分司法鉴定机构在组织医疗损害的司法鉴定时，也会请一些临床医学专家进行会诊，但目前而言，这并不是一种强制性的会诊制度，同时，会诊的专家人数也不确定，而是鉴定人根据案件的繁简自由定夺。因此，本文认为江苏模式从医疗损害的专业性来看，是一种非常可取的制度，它能够完成医疗损害鉴定的基本任务，并且能够为法官审理医疗损害案件提供专业帮助。其实，这也是医疗损害鉴定的底线和前提。当然，这一制度从目前的设计来看，也存在一些不足和缺陷。例如，依然是全医式的医疗损害鉴定制度，缺乏必要的监督机制，同时，也仍然是本行政区域内的主导鉴定模式，不利于鉴定结论的公正作出和其在社会上应有的公信力。[1]

（2）从北京模式来看，它在某种程度上是最高人民法院司法解释的翻版。这样的制度导向与制度设计，从我们国家的实际情况来考察，自有它的正当性与合理性。首先，医疗损害司法鉴定从实践的角度看，不是新生事物，它早已存在于我国的

〔1〕 肖柳珍：“当前医疗损害鉴定制度存在问题与对策”，载《证据科学》2010年第4期。

司法实践，并在某种程度上承担着非常重要的医疗损害司法鉴定工作。其次，目前医学会组织的医疗损害鉴定，在某种程度上确实缺乏社会公信力，甚至连鉴定结论的证据能力都值得怀疑，因为绝大多数医学会出具的鉴定结论都没有经过法庭的质证程序就直接被法院作为证据使用。因此，医疗损害司法鉴定的提出有其正当性和合理性的一面。但是，结合我们国家目前司法鉴定的现状，本书认为这一鉴定模式需要花大力气进行制度完善，否则，很难真正完成医疗损害鉴定的本职工作。原因如下：在我国目前的司法鉴定体制下，很难保证医疗损害鉴定人具有相应的医学专门知识与技能。一方面，目前的司法鉴定没有对医疗损害鉴定人的资格进行特别的规定，只要符合一般鉴定人资格的要求，在理论上均可以进行医疗损害鉴定，同时，目前的司法鉴定没有对医疗损害鉴定机构进行特别的规定，只要取得司法鉴定执业许可证的机构，理论上也可以从事医疗损害鉴定业务；另一方面，即使是目前的法医从事医疗损害鉴定工作，由于其自身知识结构的局限性，也很难很好地完成医疗损害鉴定工作，因此，目前的医疗损害司法鉴定制度很难保证医疗损害鉴定人在医学知识方面的要求。

三、医疗损害鉴定实证研究

（一）调查对象与方法

1. 专题研讨。此次专题研讨会是由广州市中级人民法院于2012年2月29日专门组织的医疗损害鉴定研讨会，被邀请的代表有广州地区司法鉴定中心、广州市医学会、广东省医学会、广州市医院系统、广州市法院系统、广州市律师协会医疗专业委员会、广州地区高校、广州市司法局的专家、教授及代表。本人被邀请参与了此次研讨。研讨专题为：①医疗纠纷处理实践中面临的有关鉴定的实际问题；②解决当前实践中鉴定问题的对策和建议。[1]

2. 问卷调查。使用自制的问卷调查表。针对法院系统的调研，面向广州地区各级法院民一庭的法官发放调查问卷 50 份，回收 47 份，回收率为 94%，去除无效问卷 3 份，有效问卷为 44 份，有效回收率为 88%。[2] 广东其他地区法院系统的调研。考虑到此次调研是在新《民事诉讼法》生效后的事情，在广州地区调研的基础上对问卷进行了一些修改和补充。此次调研一共选取广东省内 8 个地区及 1 个特区的各级人民法院民一庭的法官作为调研对象，分别是韶关、清远、河源、惠州、肇庆、茂名、江门、中山、深圳，收回问卷 192 份，剔除无效问卷 21 份，有效问卷 171 份，有效问卷回收率为 89.06%。[3] 针对司法鉴定机构的调研。面向广东省司法鉴定机构，发放调查问卷 35 份，回收 33 份，回收率为 95%，去除无效问卷 3 份，有效问卷为 30 份，有效回收率为 86%。[4]

（二）调查结果

1. 专题研讨结果。

(1) 医疗纠纷处理实践中面临的有关鉴定实际问题。通过这次专题研讨，与会专家和法律工作者认为，与医疗纠纷处理有关的鉴定实际问题主要有以下几个方面：①鉴定材料的真实性。审判实务中，患方常常对封存了的病历、已封存但医方做了改动的病历以及复印件没有签名但提供给法院的原件有签名

---

〔1〕 在此衷心感谢广州市中级人民法院专门组织的医疗损害鉴定研讨会，并邀请本人参与了此次研讨。

〔2〕 此次调研得到了广州市中级人民法院的大力支持，在此表示衷心感谢。

〔3〕 此次调研得到了广东省高级人民法院的大力支持，在此表示衷心感谢。

〔4〕 此次调研得到了广东省司法鉴定协会的大力支持，在此表示衷心感谢。

的病历真实性提出质疑。这些问题涉及到法院是否可以将这些病历委托给鉴定机构进行鉴定。②鉴定中止的处理。在医学会组织的鉴定过程中，当事人对病历真实性提出异议时，医学会通常会中止鉴定并将案件材料退回给人民法院。人民法院经过认定之后，再委托给医学会继续进行鉴定。如果患方仍有异议，不同意做鉴定，能否直接推定患方有过错。③鉴定类型的选择。在案件审理过程中，如果出现钢板、假肢等引起的损害，是委托医疗产品鉴定还是委托医疗损害鉴定。目前的相关规定并没有对此予以明确。④司法鉴定机构拒鉴的情形。在委托司法鉴定机构进行鉴定时，有时存在委托不能的情形，对案件的正常审理带来了明显的不利影响。⑤鉴定机构与鉴定人员的资质缺乏一个考量标准。目前，鉴定机构与鉴定人员的专业技术水平参差不齐。鉴定人员即使有高级职称，也不一定具备特定案件所要求的专业知识。⑥《广东省高级人民法院关于人民法院委托医疗损害鉴定若干问题的意见（试行）的通知》（以下简称《通知》）要求司法鉴定机构在鉴定过程中咨询临床医学专家的，还应当在鉴定书中载明专家的姓名、职称和工作单位。[1] 这一规定，非常不利于司法鉴定机构聘请专家。一方面，目前的医患关系异常紧张，鉴定专家完全暴露于医患矛盾之中，不利于他们的工作；另一方面，在现存的法律规范内，他们没有法定义务必须为司法鉴定机构提供这种专业服务。因此，如果这种规定对他们不利，他们可以选择拒绝提供帮助。⑦鉴定人的安全难以保障。现实生活中，由于司法鉴定人的安全缺乏有效保障，有时连最基本的工作环境都受到明显干扰，确实存在一些退案的情形。⑧鉴定标准不明确。医学会的鉴定依据往往不足。

---

〔1〕 参见《广东省高级人民法院关于人民法院委托医疗损害鉴定若干问题的意见（试行)》第 18 条第 2 款。

由于诊疗常规目前没有明确统一，即使有，目前也没有强制使用的规定，因此，鉴定所依据的标准不明确。⑨医学会专家的出庭与签名。虽然这是法律规定的义务，但在实际操作过程中存在明显的不足。如何通过一些强制措施来保障这些法定义务的履行非常重要。

（2）针对解决当前实践中鉴定问题的对策和建议。研讨中，各位与会代表针对如何解决当前鉴定中的实际问题，提出了如下几方面的建议：①鉴于目前是病历—鉴定—裁判的审理模式，对于鉴定的选择，建议允许同时委托不同的机构进行鉴定，由法官对鉴定结论进行综合考虑，决定鉴定结论的取舍。②对于鉴定次数的规定，建议限制鉴定次数，类似于一审、二审这样的制度。③对于医学专家签名的问题，建议重组专家库，愿意签名的人就进入，不愿意签名的不再进入专家库。④对于签名与出庭的问题，该坚守的不能再退让。签名与出庭，是鉴定人的法定义务，必须遵守。⑤医学会的鉴定用词一定要准确。医学会通常采用不足、欠缺等表述方式，非常模糊，不具有法律专业性。⑥对于病历的真实性，能否把病历做成 QQ 那样，做成网页，或者在医院的特定场所，如最容易纠纷的产科、手术科室及急诊室等地方，强制引入视频监控装置，实时记录诊疗行为的基本情况，以此与病历的记载相佐证，加强病历的真实性。

2. 问卷调查结果。

（1）广州地区法院系统的调查结果。此次调查的法官绝大部分（90.91%）在审判实务中曾经审理过医疗损害案件，但所调查的所有法官中，只有极少数法官（4.55%）具有医学知识背景，绝大部分法官（95.45%）没有医学知识背景。针对目前医疗损害鉴定制度的评价，61.36% 的法官认为《侵权责任法》实施后及广东省高级人民法院发布的《通知》对“双轨制”的鉴定制度没有改善作用或者甚至比原来更糟，38.64%的法官认为比原来有改善。在问及是否有必要将医疗损害鉴定制度统一起来时，81.82%的法官认为有必要将医疗损害鉴定制度统一起来，只有少数法官（11.36%）认为没有必要统一，还有极少数法官不确定（6.82%）。然而，面对目前的医疗损害鉴定制度，只有54.55%的法官认为通过制度完善可以将医疗损害鉴定制度统一起来，4.55%的法官认为无法统一，40.90%的法官持不确定态度（图7－1）。

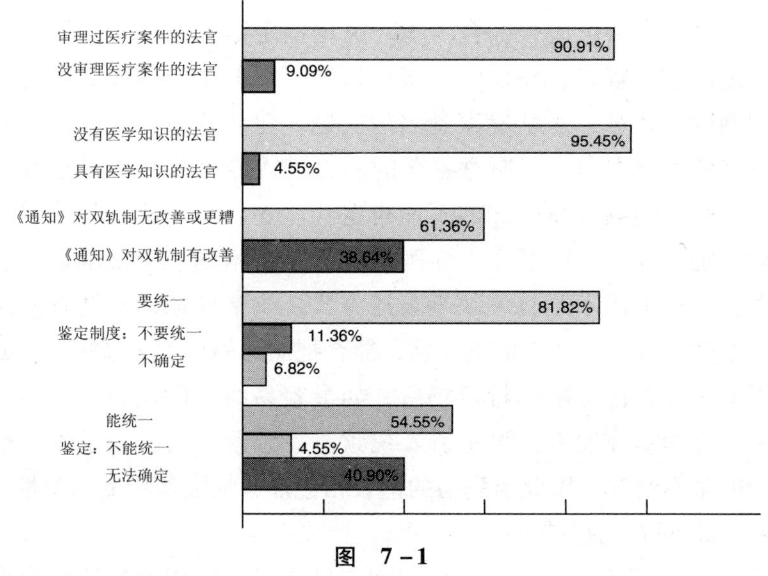

图 7－1

面对“双轨制”鉴定制度的选择，54.54%的法官倾向于接受司法鉴定，45.46%的法官倾向于接受医学会组织的鉴定。在医学会组织的鉴定中（问卷设计此题为多选项），93.18%的法官担心医学会的行业保护会影响到鉴定结论的公正性，50%的法官担心医学会不出庭接受质证会影响到鉴定结论的合法性。

在司法鉴定机构组织的鉴定中（问卷设计此题为多选项），81.82%的法官担心司法鉴定人的专业知识不足，59.09%的法官担心司法鉴定机构会被经济利益所驱动。当双方当事人无法就鉴定机构的选择达成一致意见时，54.54%的法官支持由法官来决定，38.63%的法官支持由双方当事人抽签决定，6.83%的法官认为支持其他方式，如由申请人决定等。如果当事人申请重新鉴定且符合《民事诉讼法》关于重新鉴定的法定条件时，61.37%的法官认为重新鉴定应在另外系统内进行，20.45%的法官认为可以在原来的系统内进行，18.18%的法官认为无所谓（图7－2）。

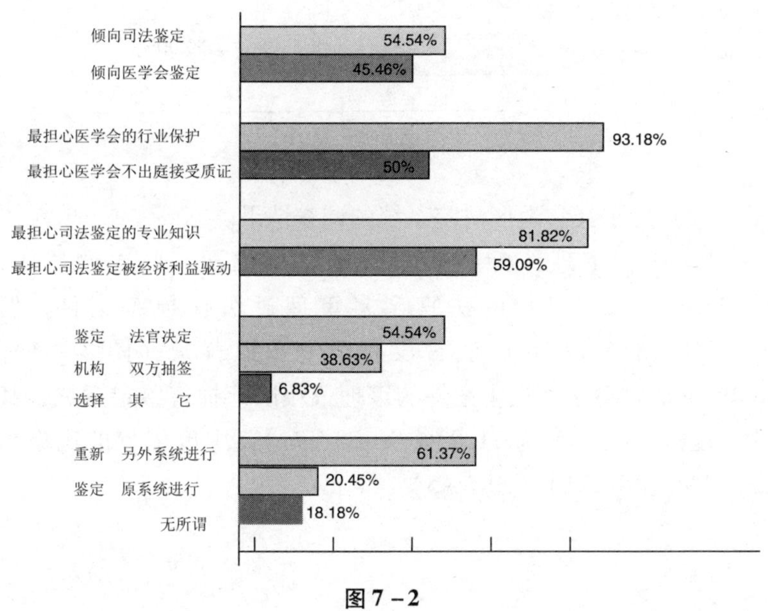

图7－2

另外，根据《通知》的规定，可以在省内开展医学会异地鉴定。针对这一制度，只有15.91%的法官认为具有可行性，

36.36%的法官认为实现的可能性很小，47.73%的法官不确定。在评价《通知》对广州地区医疗损害案件审理的指导意义时，27.27%的法官认为审理会更加有序，13.64%的法官认为不会有好转甚至更糟，59.09%的法官认为不确定（图7－3）。

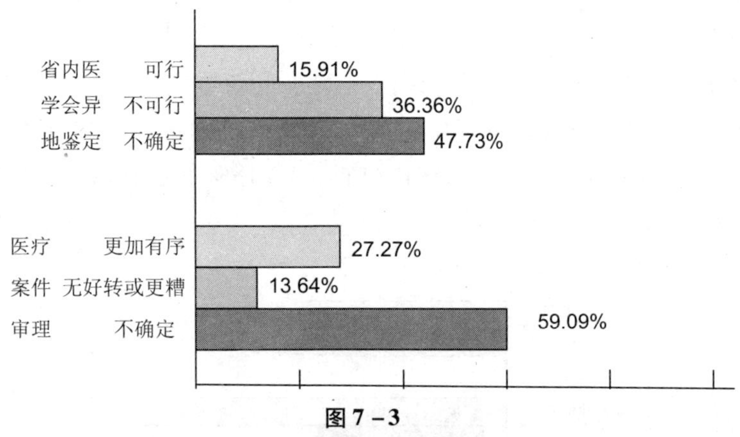

图7－3

（2）广东其它地区法院系统的调查结果。

1）法官审理医疗损害案件的基本情况。此次调研中，67.25%（115/171）的法官亲自审理过医疗损害案件，但91.23%（156/171）的法官没有医学知识背景（图7－4）。100%的法官对医疗损害案件的审理依赖医疗损害鉴定意见，其中高度依赖的比率为71.93%（123/171），中度依赖的比率为28.07%（48/171）（图7－5）。

100.00%
90.00%
80.00%
70.00%
60.00%
50.00%
40.00%
30.00%
20.00%
10.00%
0.00%
亲自审理
医学知识
有
没有

图 7－4

鉴定意见依赖程度
高度(123/171)
中度(48/171)
无所谓

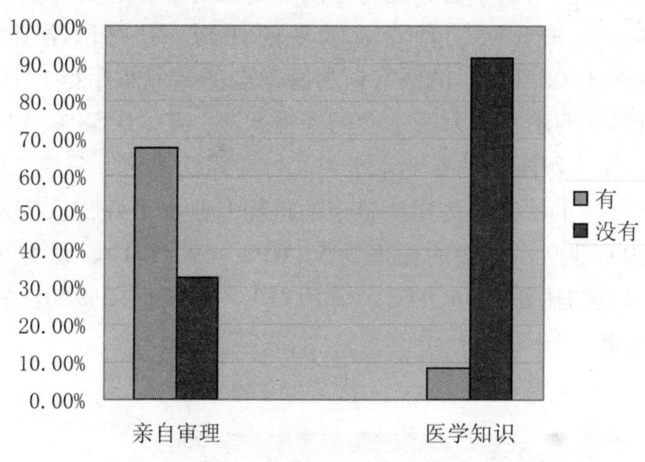

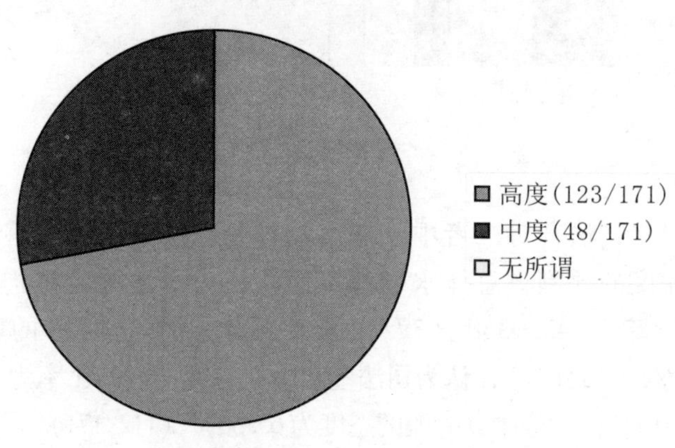

图 7－5

2）法官对医学会鉴定与司法鉴定机构鉴定的基本评判。

第一，法官对二者专业水平的评判。针对医学会鉴定，61.99%（106/171）的法官认为医学会的专业水平好，35.67%（61/171）的法官认为医学会的专业水平一般，0.58%（1/171）的法官认为医学会的专业水平差。针对司法鉴定，只有32.16%（55/171）的法官认为司法鉴定的机构专业水平好，认为司法鉴定机构专业水平一般的比率为52.63%（90/171），认为司法鉴定机构差的比率为14.04%（24/171）。另有1~2%的法官认为无法判断（图7-6）。

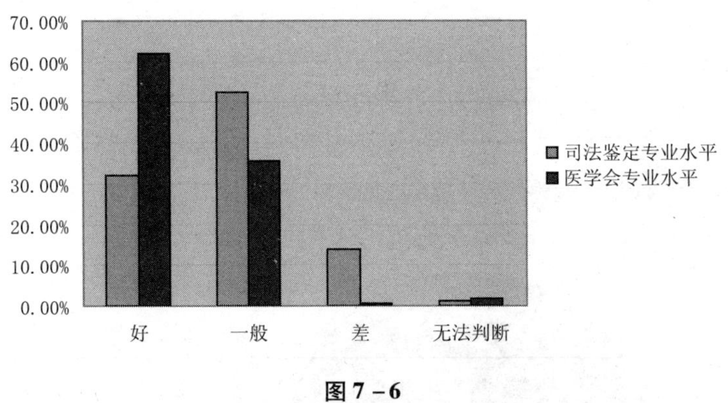

图7-6

第二，法官对二者中立态度的评判。调查中，法官对二者中立态度的评判，总体水平都不高。认为司法鉴定机构中立性好的比率为45.03%（77/171），医学会中立性好的比率为28.07%（48/171），认为司法鉴定中立态度一般的比率为47.95%（82/171），医学会中立一般的态度为65.50%（112/171），司法鉴定中立差的比率为4.09%（7/171），医学会中立差的比率为5.85%（10/171），无法判断的比率为1~3%（图7-7）

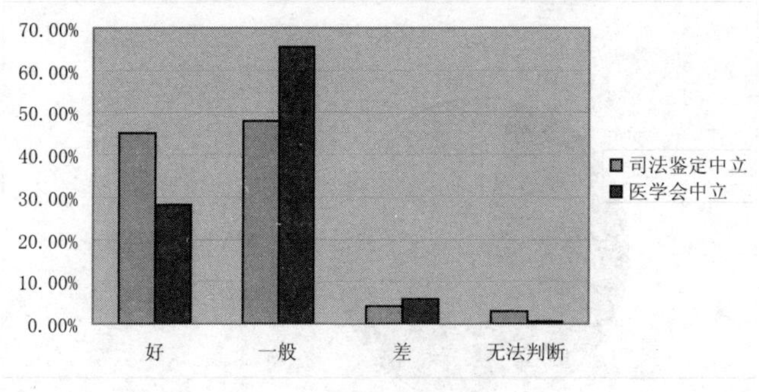

图7-7

3）法官对二者鉴定最大的担忧。调查显示，法官担心司法鉴定机构专业知识不充分的比率为42.69%（73/171），担心易被经济利益驱动的比率为73.10%（125/171），其他为9.94%（17/171）（图7-8）。对医学会鉴定，担心行业保护的比率为81.29%（139/171），担心不出庭的比率为35.09%（60/171），其他比率为4.09%（17/171）（图7-9）

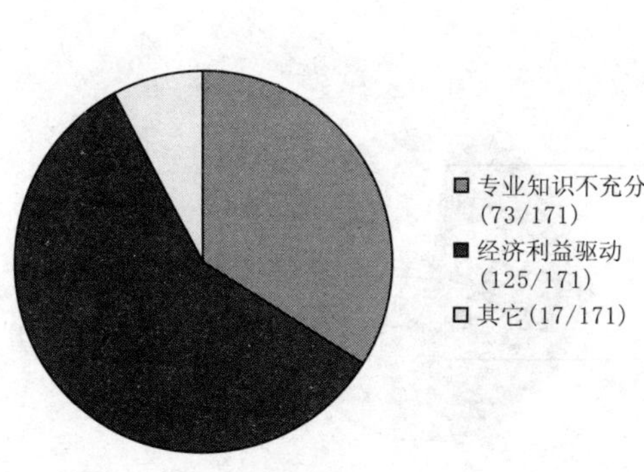

图7-8

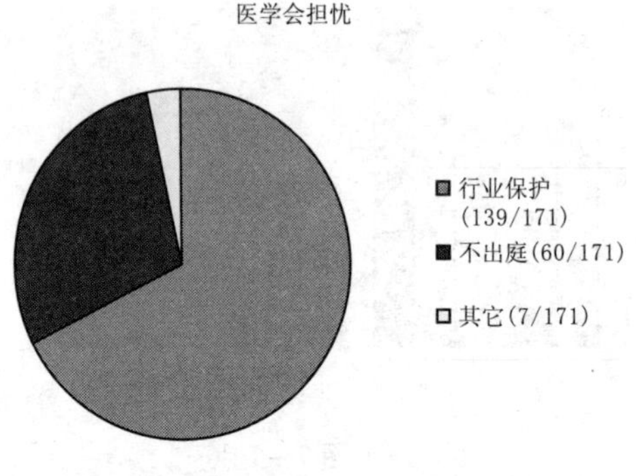

图 7－9

4）法官对医疗损害鉴定机构的选择倾向。根据 2013 年 1 月 1 日生效的《民事诉讼法》第 76 条规定，当事人对鉴定机构的选择协商不成时，由人民法院决定。此次调查显示，50.29%（86/171）的法官会优先选择医学会进行鉴定，47.37%（81/171）的法官会优先选择司法鉴定机构进行鉴定，2.34%（4/171）的法官无法判断（图 7－10）。

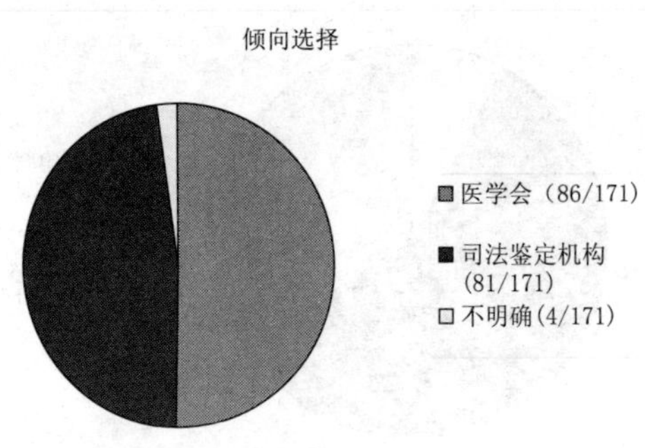

图 7－10

5）法官对医疗损害鉴定意见的优先价值评判。鉴于医疗损害鉴定的现状，假定医疗损害鉴定意见难以同时很好的体现其专业性和中立性时，如果要在专业性和中立性之间做出优先选择，69.59%（119/171）的法官认为公正性优先，30.41%（52/171）的法官认为专业性优先（图7－11）。

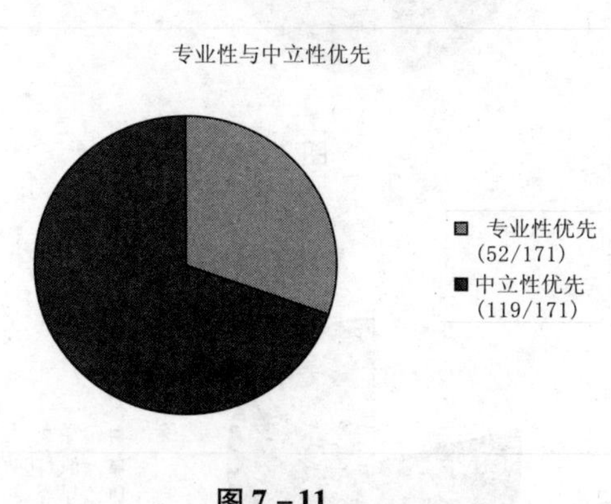

图7－11

6）法官对医学会鉴定变革的预测。根据2013年1月1日生效的《民事诉讼法》第78条规定，鉴定人拒不出庭作证的，鉴定意见不得作为认定事实的依据。53.22%（91/171）的法官认为此规定会规范医学会的鉴定人员出庭接受质询，29.24%（50/171）的法官认为医学会的鉴定人员仍然不会出庭，导致第二次鉴定的启动，17.54%（30/171）的法官认为不确定（图7－12）。根据广东省《医疗损害鉴定意见》的规定，当事人可以委托省内具有条件的医学会进行医疗损害鉴定，这意味着省内医学会的异地鉴定具有规定性。18.13%（31/171）的法官认为此种情形会很乐观，60.82%（104/171）的法官认为一般，21.05%（36/171）的法官认为不乐观（图7－13）。

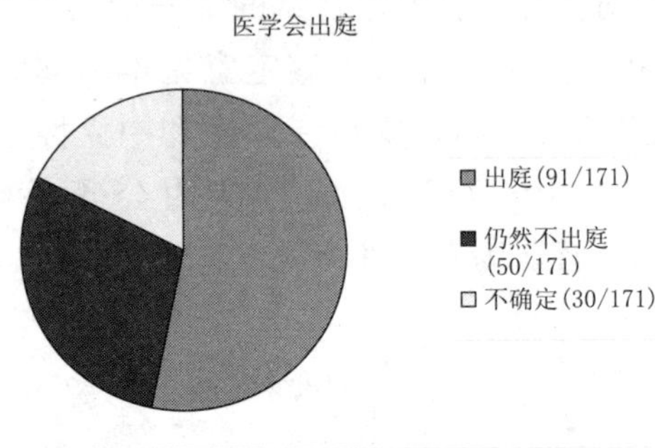

图7－12

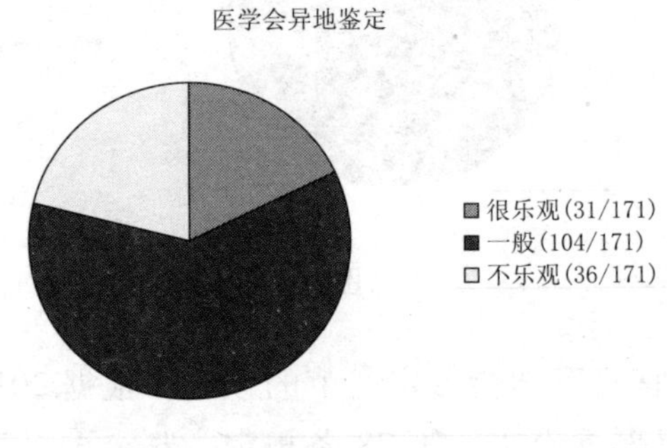

图7－13

7）法官对构建一元化医疗损害鉴定制度的意见。

首先，一元化医疗损害鉴定制度的必要性与可能性。鉴于双轨制鉴定制度的影响，70.76%（121/171）的法官认为有必要统一医疗损害鉴定制度，19.88%（34/171）的法官认为无统一的必要，9.36%（16/171）的法官认为不知道（图7－14）。然而，只有52.05%（89/171）的法官认为能够统一起来，16.96%（29/171）的法官认为不能统一起来，30.99%（53/171）的法官认为不知道（图7－15）。

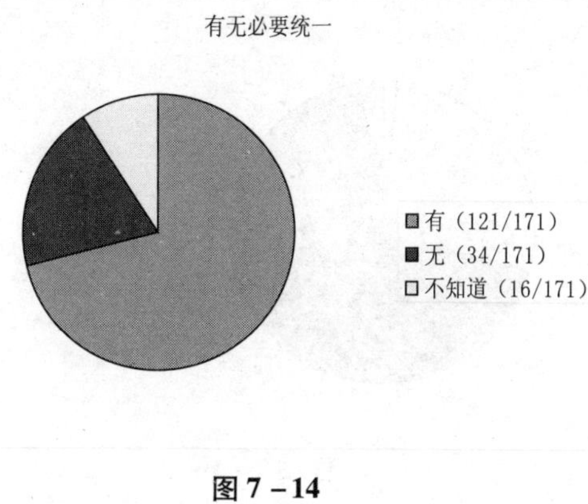

图 7-14

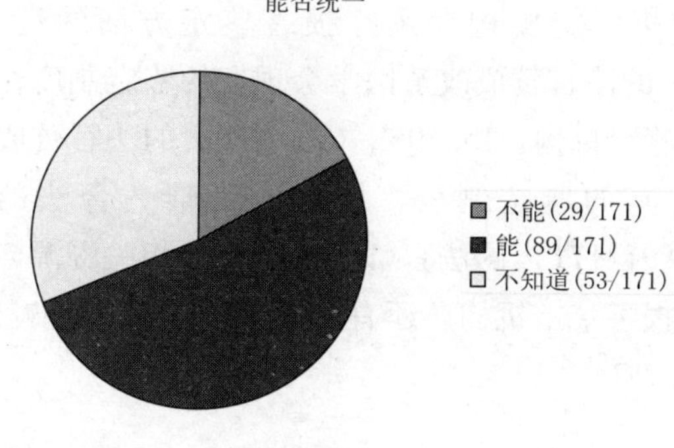

图 7-15

其次，一元化医疗损害鉴定制度的关键环节。在构建一元化医疗损害鉴定制度的过程中，52.63%（90/171）的法官认为准入门槛一元化最为关键，78.95%（135/171）的法官认为鉴定标准的一元化最为关键，51.46%（88/171）的法官认为鉴定程序一元化最为关键，还有2.34%（4/171）的法官持其它意见（图7-16）。

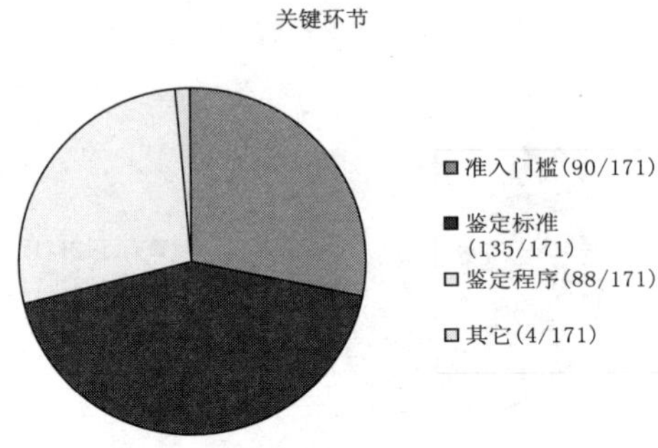

图图 7－16

再次，构建一元化医疗损害鉴定制度的最佳路径。鉴于医学会及司法鉴定机构在医疗损害鉴定方面的现状，29.24%（50/171）的法官赞成改造医学会现有的鉴定制度，使之成为唯一合法的鉴定机构，15.79%（27/171）的法官赞成改造司法鉴定机构现有的鉴定制度，使之成为唯一合法的鉴定机构，53.22%（91/171）的法官赞成重新整合相关资源，建立唯一合法的医疗损害鉴定机构，还有 1.75%（3/171）的法官持其它意见（图 7－17）。

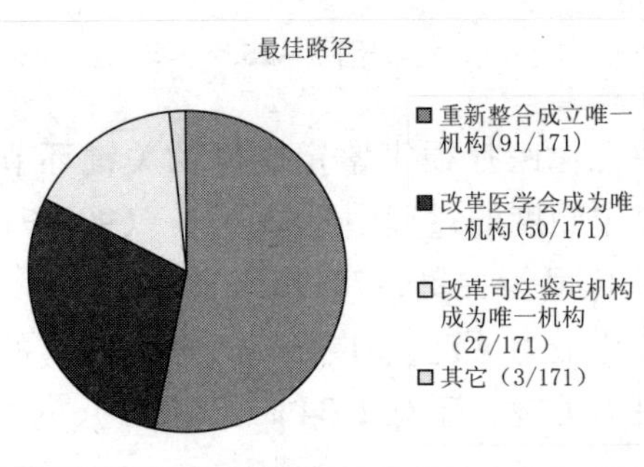

图 7－17

最后，医疗损害鉴定的次数限制。鉴于医疗损害鉴定的特点，81.29%（139/171）的法官认为有必要对医疗损害鉴定的次数进行明确限制，14.62%（25/171）的法官认为没有必要，4.09%（7/171）的法官无所谓（图7－18）。在鉴定次数上，74.27%（127/171）的法官认为2次最为合适，17.54%（30/171）的法官认为3次最为合适，8.19%（14/171）的法官持其它意见，有部分法官注明为1次（图7－19）。

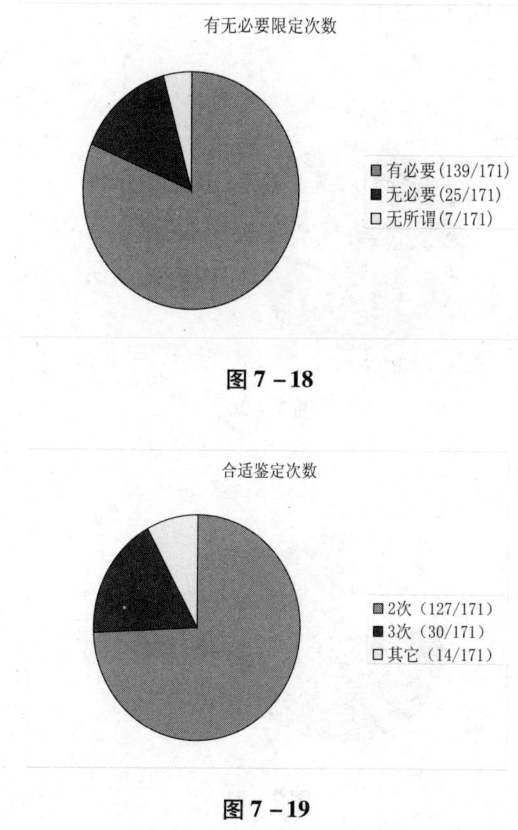

图7－18

图7－19

8）法官对《通知》的评价。根据《通知》的规定，目前的医疗损害鉴定相比《侵权责任法》实施前有很大的变化，74.85%（128/171）的法官认为目前的医疗损害鉴定制度相比于《侵权责任法》实施前有改善，21.64%（37/171）的法官认为无改善，1.17%（2/171）的法官认为更糟糕，2.34%（4/171）的法官持其它意见（图7－20）。同时，70.18%（120/171）的法官认为，《通知》后的医疗损害案件审理更加有序，7.02%（12/171）的法官认为没有，22.81%（39/171）的法官认为不确定（图7－21）。

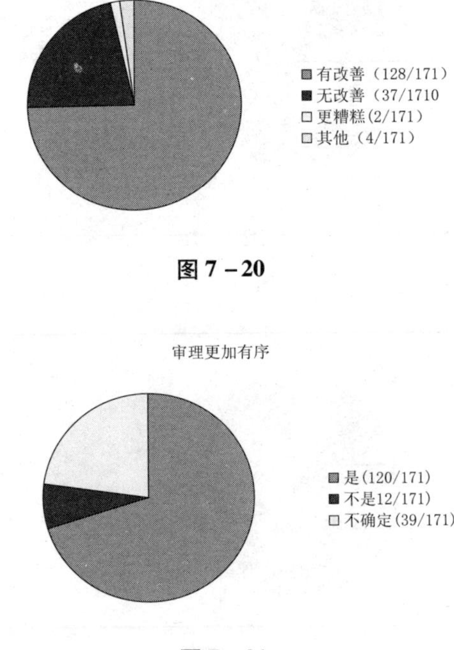

图7－20

图7－21

（3）司法鉴定机构的调查结果。此次调查的司法鉴定机构中，83.33%的司法鉴定机构在鉴定实务中都曾受理过医疗损害案件。每年受理案年数在1～10件的占52%，10～50件的占32%，50件以上为16%（此类型主要为高校设立的司法鉴定机构）。这些鉴定机构在从事医疗损害鉴定时，84%的鉴定机构有专门人员从事医疗损害鉴定。从事医疗损害鉴定的司法鉴定人员，全部具有医学背景知识的司法鉴定机构占36%，部分具有医学知识背景的司法鉴定机构占64%。这些鉴定人员中，具有高级职称的比例为76%（图7－22）。

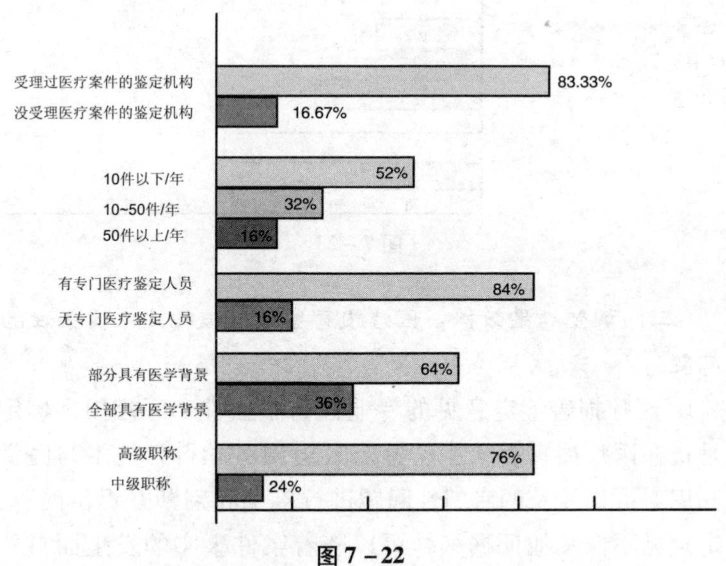

图7－22

值得特别注意的是，100%的司法鉴定机构在鉴定过程中都聘请了临床医学专家对不同医学专科的技术问题进行会鉴（根据不同学科的纠纷聘请不同学科的专家），鉴定专家绝大部分来源于自建专家库（84%）。只请一个学科专家的鉴定机构为

28%，主要学科专家人数占全部专家人数一半以上的鉴定机构也为28%，主要学科的专家人数占全部专家人数一半以下的鉴定机构为44%。鉴定过程中，常规开展听证的比例是68%，没有常规开展听证的比例是32%（图7－23）。

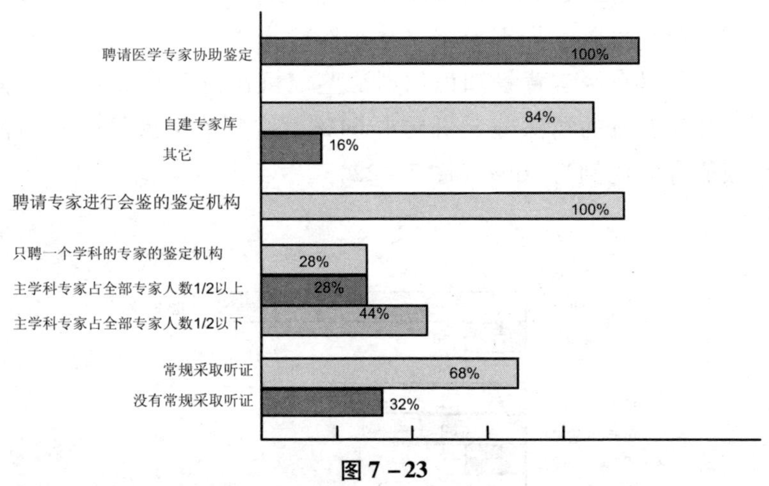

图7－23

（三）调整结果分析：医疗损害鉴定制度构建中要关注的重点问题

1. 医疗损害鉴定意见的专业性与中立性。医疗损害鉴定意见是指在医疗损害诉讼中，鉴定人运用医学科学技术与医学专门知识对诉讼涉及的专门性问题进行鉴别和判断并提供的意见。鉴定意见不像其他证据那样可以随着案件事实的发生而自然生成，它是鉴定人依靠专门知识得出的认识性判断。鉴定意见就其本质而言，有如下三个方面的蕴意：①鉴定意见属于认识性判断，这种判断与专门知识有关；②鉴定意见作为一种判断是鉴定人专门知识的应用能力的体现；③鉴定意见属于鉴定人个人的判断性意见。它主要有以下三个方面的作用：①鉴定意见的识别功能；②鉴定意见的桥梁功能；③鉴定意见的直接证明功能。[1] 鉴定意见有其科学性的一面，同时也有其主观性的一面。因此，鉴定意见的专业性与中立性非常重要。然而，基于医疗损害的特殊性以及当前医疗损害鉴定制度的不完善，此次调研表明，无论是医学会出具的鉴定意见，还是司法鉴定机构出具的鉴定意见，法官认为它们在专业性与中立性方面都存在不足。虽然医学会在专业性方面比司法鉴定机构具有优势，认为医学会专业水平好的法官占 61.99%（106/171），而认为司法鉴定机构专业水平好的法官只有 32.16%（55/171），但是，还是有相当一部分法官认为医学会的专业水平只是一般，其比率为 35.67%（61/171）。针对二者在医疗损害鉴定中的中立性，法官的评价总体都不高。认为司法鉴定机构中立性好的比率为 45.03%（77/171），医学会中立性好的比率为 28.07%（48/171）。鉴于医疗损害鉴定的现状，假定在医疗损害鉴定意见难以同时很好的体现其专业性和中立性时，如果要法官在医疗损害鉴定意见的专业性和中立性之间做出优先选择，69.59%（119/171）的法官认为中立性优先，30.41%（52/171）的法官认为专业性优先，中立性的问题更是受到法官的关注。

2. 医疗损害鉴定路径的选择。在现存鉴定制度下，选择医学会还是选择司法鉴定机构进行医疗损害鉴定是摆在法官面前的现实难题。针对医学会鉴定，81.29%（139/171）的法官认为医学会的行业保护是最令人担忧的问题；35.09%（60/171）的法官认为医学会不出庭接受质询是最令人担忧的问题。针对司法鉴定，73.10%（125/171）的法官认为司法鉴定机构容易受经济利益驱动是最令人担忧的问题；42.69%（73/171）的法

[1] 郭华："司法鉴定体制改革的基本思路"，载《法学研究》2011 年第 1 期。

官认为司法鉴定机构鉴定人员不具备从事医疗损害鉴定的专业知识是最令人担忧的问题。由于两种鉴定路径都有其缺陷，此次调研表明，法官对选择医学会还是司法鉴定的偏好并没有明显的区别。根据2013年1月1日生效的《民事诉讼法》第76条规定，当事人对鉴定机构的选择协商不成时，由人民法院决定。此次调查显示，50.29%（86/171）的法官会优先选择医学会进行鉴定，47.37%（81/171）的法官会优先选择司法鉴定机构进行鉴定，2.34%（4/171）的法官无法判断。

鉴于医学会与司法鉴定机构从事医疗损害鉴定都有其不足，70.76%（121/171）的法官认为有必要将医疗损害鉴定制度统一起来。在具体的路径建设上，53.22%（91/171）的法官赞成重新整合相关资源，建立唯一合法的医疗损害鉴定机构；29.24%（50/171）的法官赞成改革医学会现有的鉴定制度，使之成为唯一合法的鉴定机构；15.79%（27/171）的法官赞成改革司法鉴定机构现有的鉴定制度，使之成为唯一合法的鉴定机构；还有1.75%（3/171）的法官持其它意见。无论如何，统一医疗损害鉴定是比较一致的意见。然而，如何统一医疗损害鉴定制度，目前还存在一定的争议。

3. 医疗损害鉴定制度的关键环节。在构建一元化医疗损害鉴定制度的关键问题上，78.95%（135/171）的法官认为鉴定标准的一元化最为重要，52.63%（90/171）的法官认为准入门槛一元化最为关键，51.46%（88/171）的法官认为鉴定程序一元化最为重要。目前，无论是司法鉴定机构，还是医学会，都没有统一的医疗损害鉴定标准。各个鉴定人根据自己的经验、知识结构及对案件的认识程度，在自己能获取或已经获取的资料中去寻找相关的鉴定依据。司法鉴定机构的鉴定人往往由于自己缺乏非常专业的医学知识，在鉴定过程中还会明确清晰的表明所引用的文献出处，以增强鉴定结论的专业性。而医学会在鉴定过程中，可能凭借他们自己的专业优势，常常忽略鉴定的具体依据，更多的是从临床专业经验的角度来进行鉴定，既不说明鉴定所依据的诊疗规范，也不说明鉴定所参考的文献资料。因此鉴定标准严重缺乏一致性。医学会在鉴定过程中，更多的还是根据《医疗事故处理条例》来进行鉴定。实务中，通常尽可能使用一些中性或含义不确定的词来规避医疗机构应承担的法律责任。曾有医学会用“医方没有同患方进行实质性的沟通”来回避医方没有及时履行法定告知义务这一违法情形。鉴定程序也非常紊乱。无论是医学会组织的医疗损害鉴定，还是司法鉴定机构组织的医疗损害鉴定，都是根据自己的行业规范在从事医疗损害鉴定工作。他们可以根据行业规定，决定受理还是不受理医疗损害鉴定案件。医学会可以根据《医疗事故鉴定暂行办法》的规定，决定对医疗损害案件中止鉴定。在鉴定次数方面也呈现出无序的状态。调研表明，81.29%（139/171）的法官认为有必要对医疗损害鉴定的次数进行明确限制。在鉴定次数上，74.27%（127/171）的法官认为2次最为合适，17.54%（30/171）的法官认为3次最为合适，8.19%（14/171）的法官持其他意见，有部分法官注明为1次。在准入门槛方面，针对医疗损害的特殊性，更是没有特别的规定。司法鉴定机构只要具备了从事司法鉴定的基本条件，它们就有可能从事医疗损害鉴定。只要是医学会专家库的专家，就可能参加医疗损害鉴定。

第八章 我国医疗损害责任制度改革的反思

第一节 我国医疗损害责任制度改革存在问题

一、民事责任的高度关注

经过20多年的改革与发展，以《办法》与《条例》为代表的、运用行政法规来处理医疗损害责任的制度已成为过去，取而代之的是运用《侵权责任法》中第七章中的规定以及总则中的相关规定来处理医疗损害责任。《医疗事故处理条例》中的“不构成医疗事故的，医疗机构不承担赔偿责任”这一不合理条款，已从立法层面得到了修正。根据《侵权责任法》的相关规定，在医疗服务过程中，只要医方的诊疗行为给患者造成了损害，并且符合医疗损害责任的构成要件，就要承担医疗损害赔偿责任，除非有《侵权责任法》第58条所规定的免责情形。因此，我国20多年的医疗损害责任制度改革，目前已从法律上肯定了传统民事侵权责任在医疗损害责任领域的基本地位。医疗损害责任制度已纳入了国家的基本民事法律制度。

民事责任的高度关注，主要是指社会更多的关注医疗损害赔偿。民事责任的高度关注性，有可能使医院或医务人员规避其本应承担的行政责任，不利于医疗行业的规范与管理。由于医疗损害的民事责任主要是以赔偿为基本责任形式，钱基本上能解决这一责任所带来的主要问题，而且，钱对于大多数医院来说，只要不是漫天要价，基本上不是问题，因为随着医疗保险覆盖范围的不断扩大，医院的收入都在不同程度的增长。[1]同时，民事责任的承担，由于现存制度的不完善，只要当事人没有到卫生行政部门举报，即使医方存在重大过失导致患者出现了重度残疾或死亡的严重后果，医院仍然有可能逃避他们理应承担的行政责任。现举一案例说明：

患者，刘某某，男，50岁，因食道癌早期到某医院行食道癌根治手术。术前患者一般情况良好，术前准备亦充分，手术过程也顺利。术后6小时，患者感觉胸闷，心前区不适，手术医生予以查看，建议行B超检查是否有胸腔积液，检查过程中，发现胸腔有少许积液，为探明积液的性质，在B超引导下直视进行胸腔穿刺，术毕按常规观察半小时安返病房。穿刺2小时后，患者胸闷进行性加重，4小时后经抢救无效死亡，家属与医院发生纠纷，要求巨额赔偿。医院当时认为，整个操作流程都合乎诊疗规范，患者的死亡可能与医院的诊疗行为没有因果关系，于是双方同意尸体解剖，遂委托某大学司法鉴定中心进行尸解。解剖过程中，医院利用自己的人际关系，打听到了尸体解剖的基本意见，医院存在重大过失，于是医院立即开始做患方的工作，愿意协商解决此事，最终双方达成协议解决此单医疗损害案件，医院也免除了卫生行政部门的处理。

虽然《条例》中明确规定了重大医疗事故报告制度，但是，医疗机构以及医院的管理者为了自身的利益，在对待医疗损害

---

〔1〕李秀娟、周海洋、吴雁鸣等："上海市基本医疗保险对医院收入贡献率分析"，载《中国卫生事业管理》2004年第11期。

的行政责任问题上，应该是少一单好一单，因为至少到目前为止，没有一个重大事故主动报告的激励机制，何况，医患双方的个案问题已经通过“钱”字解决。这样一种制度现状，非常不利于医疗行业的规范与管理。基于前面医疗风险的分析，不难发现，医疗损害不是个案问题，在某种层面说，医疗损害案件是一种高发性的群体性事件。在这样的事实面前，真正的制度目的应该是能起到预防损伤发生的作用，而不仅仅是伤一个赔一个。

当然，以民事责任为主导地位也有一定的积极影响。一方面，有利于提升患者权利的保护。所谓民事责任，是指民事主体在民事活动中，因实施了民事违法行为，根据民法所承担的对其不利的民事法律后果或者基于法律特别规定而应承担的民事法律责任。强调医疗损害的民事责任，意味着医患关系是一种民事法律关系，在医疗服务过程中，医患双方要遵守民法的基本原则，如平等原则、自愿原则、公平原则、诚实信用原则，等等；另一方面，也有利于医疗机构与医务人员遵守医疗法律法规及规范诊疗行为。既然医患关系是一种民事法律关系，那么医疗行为也无疑是一种民事法律行为，因此，医务人员必须严格遵守国家有关医疗卫生的法律、法规及诊疗规范，否则，医疗行为就会被认定为违法行为，同时，根据《侵权责任法》的规定，医疗机构及其医务人员还必须尽到与当时医疗水平相应的注意义务，否则就有可能被认定为过失，并有可能要承担相关的法律责任。强调医疗行为的民事法律属性，确实在某种程度上有助于医疗机构及其医务人员依法行医，充分履行自己的法定义务，如告知义务、注意义务、保护患者隐私的义务，等等。

二、赔偿标准一般化

医疗损害赔偿一般化，是指在医疗损害责任制度的改革过程中，医疗损害赔偿的一些特殊规定逐渐被改革所丢弃，医疗损害赔偿已逐渐融入一般人身损害的责任体系。从最高人民法院2003年1月6日发布的《关于参照〈医疗事故处理条例〉审理医疗纠纷民事案件的通知》、2003年12月4日发布的《最高人民法院关于审理人身损害赔偿案件适用法律若干问题的解释》、2004年4月2日最高人民法院民一庭负责人就审理医疗纠纷案件的法律适用问题答记者问，到2010年7月1日《侵权责任法》的实施，医疗损害赔偿已逐渐在立法层面由比较特殊的人身损害赔偿过渡到了一般的人身损害赔偿。无论是赔偿的范围、项目都与一般的人身损害同等对待。这在《办法》、《条例》及《侵权责任法》的变化过程中，体现得最为明显。例如，《办法》规定的是一次性经济补偿，《条例》规定了11项赔偿标准，《侵权责任法》则是适用《最高人民法院关于审理人身损害赔偿案件适用法律若干问题的解释》中12项赔偿标准。[1]《条例》中对医疗损害赔偿要予以实际考虑的因素在随后的立法中基本上没有考虑。《条例》第49条规定，医疗事故损害赔偿应当考虑医疗过失行为在医疗事故损害后果中的责任程度以及医疗事故损害后果与患者原有疾病状况之间的关系。当适用《解释》的相关规定来确定医疗损害赔偿时，医疗损害赔偿的年限、标准、范围、程度与一般的人身损害赔偿已没有区别，同时，《消费者权益保护法》、《产品质量法》等其它专门性法律在某

〔1〕关于《医疗事故处理办法》与《医疗事故处理条例》中存在赔偿不合理的制度部分，此处不做讨论，此处主要是指明《医疗事故处理办法》与《医疗事故处理条例》均考虑到了医疗损害的特殊性这一基本事实。

种情形下也运用到了医疗损害赔偿领域，因此，目前的医疗损害赔偿已逐渐呈现出向一般人身损害赔偿发展的趋势。

医疗损害赔偿的一般化在当前不太健全与完善的社会保障制度下，确实有利于对部分患者的保护与救济。但是，基于医疗服务的特殊性，即高风险性、一定程度的社会福利性、医学的伦理性与人文性以及当前健康保险制度不完善的情况，这种医疗损害赔偿的一般化对医疗行业有百害而无一利。首先，这种高额的赔偿制度在医疗高风险性的基础条件下，非常不利于责任保险制度的构建，无论是商业责任保险还是其它形式的责任保险在这一领域都慎之又慎，这样一来，医疗责任的风险很难通过保险机制加以分摊；其次，这种一般化的赔偿制度，置医疗风险于一般的风险范畴，无视医疗损害的一些基本特点，例如，客观原因与主观原因的混合性、技术原因与疾病转归的协同性、制度原因与个人原因的不可分性、医疗损害与医疗康复的并存性，等等，显然有失一定的科学性，也有损法律的公平与尊严。〔1〕

三、诉讼机制主导

所谓诉讼机制主导，是指在我国当前的现实条件下，通过诉讼方式解决医疗损害责任是一种主导性的机制。目前，医患双方一旦发生医疗损害赔偿纠纷，双方可以不经任何法院外的处理，只要符合《民事诉讼法》规定的起诉规定，就可以直接向人民法院提起民事诉讼。这一制度最早由《条例》第46条做出规定，并一直沿用至今。虽然《条例》及其它一些民事法律制度都有协商、调解等解决机制的规定，但是，一方面，基于我国既往调解制度在医疗损害责任制度中的缺陷以及医患双方

〔1〕 例如，癌症患者误诊后如果按一般的人身损害来赔偿，就意味着癌症患者的预期寿命同一般的人群没有什么区别，这显然于违医学科学规律。

在协商过程中的力量极不平衡，很多患者寄希望于法院讨回公道并获取更多的赔偿；另一方面，到目前为止，还没有形成一些制度化的替代性纠纷解决机制，例如，医疗仲裁还处在探索阶段，调解也是一些地方性的尝试。由于这些尝试在某种程度上缺乏制度上的保障，如财力与人力的保障，目前仍不见强势发展的势头。因此，从目前的制度层面来看，直接诉讼制度仍是解决我国医疗损害损害赔偿的主要机制。

在医疗服务领域采取直接诉讼的主导机制，有其有利的一面，例如，能够最大限度地促使医疗机构及其医务人员遵守相关的规章制度。因为，一旦不遵守规章制度，就有可能导致和患者到法庭上见的后果。一般情况下，医方都会按相关的规章进行医疗处置，这有利于医疗过程的规范化。

然而，采取直接诉讼的主导机制，基于第四章对医疗过失讼讼的缺陷分析，诉讼制度并不是解决医疗损害责任的最佳机制。直接诉讼主导机制的弊端是多方面的。其一，把高发的医疗纠纷直接推向资源相对稀缺的司法系统，使法院系统在这方面的案件大幅增加，同时，由于医疗纠纷案件的专业性很强，导致案件难以及时审结。其二，动不动可以打官司以及动不动有可能打官司的心态，使医患双方都以法律意识为导向，以权利义务为本位，基于伦理道德的医疗关爱则退居二线，而这恰恰是医患关系和谐的根本与纽带，现在却慢慢难以寻觅。其三，多元化的纠纷解决机制也是现代社会纠纷解决机制的发展趋势。以诉讼为主导的纠纷解决机制越来越不能适应现代社会纠纷的多态性，特别是医疗服务领域，由于其复杂性，专业性，技术性及伦理性，更需要多样化的纠纷解决机制予以补充与协调。

即使是规范诊疗行为的制度优势，在现实生活中，从患者的角度看，也并不是绝对无可非议。前几日陪同一个亲戚去医院看妇科，下面是我们的对话：

医生：哪里不舒服？

患者：这次月经21天了还没有干净，在湖南老家也看过医生，医生说是快要绝经了，没什么大事，前一段时间月经量一直不多，今晨量突然增加，头昏得比较厉害。

医生：躺下去，检查一下。

检查过程中…

患者亲属：医生，能不能做一个诊断性刮宫？[1]

医生：要做完白带检查及妇科B超检查之后，才能决定。白带检查是看你本身有没有阴道炎症，万一诊刮后有感染，你说是医院感染的，我们怎么办？B超检查是看能不能刮，主要看看内膜的增生厚度。

患者亲属：前天在湖南老家刚做过妇科B超检查，没有发现肿瘤及其他明显病变。

医生：给我看看。

患者：忘记带来了。

医生：我还要看看是什么医院做的B超，看我们承不承认它的检查结果。有些医院的检查结果我们不承认。

患者亲属：你怎么来判断该不该承认？

医生：如果医院级别比我们高，一般会承认，如果比我们低，一般不承认。你们说的那家医院同我们医院级别差不多，可以承认。

患者亲属：能不能我们自己签字，后果自负，请您给做一次诊刮？

---

〔1〕 诊断性刮宫，即通过刮取子宫内膜进行病理检查，以协助诊断。它有两个作用，其一是尽可能明确诊断，其二是对于一些良性病变，还有止血的治疗效果。

医生：那怎么可能？我也只是一个打工的，医院定了规章制度，不遵守我担当不起，而且，我这里还只是门诊，到了手术室没看到相关的书面报告，手术室也不会做手术。你们再商量一下看怎么办。

……

结果，患者终因不想再交几百元做 B 超检查，加上其它方面的原因，最终没能在该院做诊刮，晚上搭车回湖南了。

对于这一诊疗过程，应该说医方是在最大限度地遵守诊疗规范。但从医生谈话的角度明显可以看出，她首先尽可能想到的是自己的责任，患者的利益是摆在第二位的。医生较少从减轻患者痛苦的角度去优先决定，而是从自我安全出发，在法律规章及诊疗规范的指引下，进行诊疗行为的决策。这对患者而言，在某种情况下，也是非常不利的。

四、医疗损害鉴定二元化

通过前面江苏模式与北京模式的比较研究，不难发现，《侵权责任法》实施后，医疗损害鉴定二元化依然实质存在并呈现出如下一些特点：

第一，两种模式并存的现实性。从江苏模式与北京模式的具体制度设计来看，在一定程度上揭示了医疗损害鉴定制度构建的艰难性与复杂性。因为医疗损害鉴定离不开医学专业知识的积累与实践，而且各个专业的医疗问题又有自己独特的专业特色。因此，从专业的角度，医疗专家是医疗损害鉴定专家的首要候选对象。然而，基于同行业的袒护现象，从公正的视角，医疗专家似乎又不能很好地完成鉴定制度的真正使命。如何权衡医疗损害鉴定制度的专业性和公正性是摆在医疗损害鉴定制度设计方面的难题。也正因为这一点，从最高法院到地方高级法院，都很难在短时间内做出一个唯一的抉择。

第二，对医学会组织的医疗损害鉴定提出了明显的改革。为了避免《侵权责任法》视野下医学会组织的医疗损害鉴定雷同于既往的医疗事故技术鉴定，江苏省高级人民院在指导意见中明确了一些具体的鉴定规定。北京高院则把医疗损害鉴定分为医疗损害责任过错鉴定与医疗损害责任技术鉴定，并规定了不同的鉴定路径，同时，指导意见也隐含着医学会组织的医疗损害责任技术鉴定不应是原来的是否构成医疗事故的鉴定，而应当是围绕法院委托或当事人申请的事项进行鉴定。

第三，医学会与司法鉴定机构难有强弱之分。医学会组织的医疗损害鉴定与司法鉴定机构组织的医疗损害鉴定难分主流与支流。尽管医学会组织的医疗事故鉴定在司法实践中备受责难，但从江苏省高院的指导意见来看，医学会组织的医疗损害鉴定在《侵权责任法》视野下更具有优先性。因此，虽然司法鉴定机构组织的医疗损害鉴定在最高院的本意中，应该是《侵权责任法》实施后的主流鉴定模式，但是，目前并没有足够的证据显示这一效果的存在。虽然，鉴定的内容与鉴定程序方面都做了一些改革，但总体而言，司法实践中仍然在二元化的怪圈中进行艰难的选择，广东地区的实证研究已很好的说明了这一问题，此处不再赘述。

第二节　我国医疗损害责任制度改革可能引起的后果

一、从法律制度层面迫使医务人员同病人相对立

医患原本一家人，共同面对与战胜人类永远无法回避的疾病与伤痛。然而，随着社会的发展与法律制度在医疗领域的不

断渗透，医患关系正在发生着前所未有的变化，根本的表现是医患关系目前已定位于民事法律关系。我国医疗法律制度改革，更是从制度层面迫使医务人员与患者相对立。这种措辞，也许有点过激，但现实中的大多数医患关系就是如此，理由如下：

一方面，开放式的医疗过失诉讼使医务人员完全暴露于诉讼制度面前。医疗诉讼不但给医方带来了沉重的经济后果，而且也给医生造成了许多非经济后果。医生被起诉后，通常会经历时间长短不等、程度不同的心理反应或不适。有研究表明，在整个诉讼过程或部分阶段性过程中，超过95%的医生会遭受一个情感痛苦过程。开始往往是惊讶、震惊、愤恨、焦虑或恐惧，在这个过程中会经常出现强烈的愤怒、受挫、紧张和失眠。有27%～39%的医生出现抑郁性紊乱，26%～53%的医生出现调整性（adjustment）紊乱，2%～15%的医生会出现身体疾病的发作或加重。[1] 另外还有长达数月或数年的时间支付，以及诉讼导致的声誉压力。例如，在调查过程中，医生有可能被要求对能力方面和判断方面做出书面或口头回答。

另一方面，医疗损害赔偿已变革为一般的人身损害赔偿。虽然，我们国家的赔偿主体是医疗机构，但是，由于我们国家医疗体制等原因，我们的医生与医院已经形成了一个完整的利益整体，医院会有一系列的考核制度，例如，把是否出现过医疗诉讼或赔偿等情形列入年终考核、晋升、评优等项目，使他们无形中对医疗过失诉讼产生了警惕感和恐惧感。在当前的医疗损害责任制度下，医患双方的利益在某种程度上是对立的。

〔1〕 Charles S. C., Psykoty C. E., Nelson A., "Physicians on trail: self - reported reactions to malpractice trails", The *Wesernt Journal of Medicine* 1988; 148: 358～360. 转引：Charles S. C., "Coping with a medical malpractice suit", The *Western Journal Medicine*, vol. 174 (2001), pp. 55～58.

医务人员从工作与利益的角度，在潜意识已经把病人当成了潜在的原告。几乎80%的专科医生同意把每个病人视为潜在医疗过失诉讼原告这一观点。[1] 虽然社会不断呼吁医务人员救死扶伤的敬业精神及职业道德，但是，法律的责任是无法回避的，而且是严峻的，道德则是另一层面的约束。

这种利益对立的制度设计，其后果之一就是防御性医疗不可避免。[2]如果病人是医生，或者自己是医生，基于经济人理论，也会做出同样的选择。同时，医疗服务市场的特殊性也使得防御性医疗等行为的发生拥有天然的优势。因此，防御性医疗是医疗过失诉讼制度不可剥离的副产品。要想减少或避免防御性医疗等行为，必须从医疗过失诉讼制度本身入手。只有医疗过失诉讼的风险确实大大减少了，包括起诉的频率与赔偿的强度，医疗服务提供者才有可能减轻这些行为，从而对社会、对病人少造成一些负担。如果单从医疗服务提供者的角度或医患关系的角度入手，很难把问题真正地解决好。因为医疗服务提供者的信息优势与医患关系在技术上的不对等关系是一种天然状态，任何制度都难以将它们改变。唯有从诉讼制度的设计层面，真正让医务人员明白，他们只要承担他们理应承担的那一部分，才有可能使医者真正成为医者，患者真正成为患者。

虽然《侵权责任法》也规定了特定情形下医疗机构的免责事由，在一定程度上减轻了医疗机构的过失责任。例如，《侵权责任法》第60条规定了三种免责情形，同时《侵权责任法》中没有采取因果关系完全倒置的举证责任模式，但是，它所采取

---

〔1〕 Mello M. M. , Studdert D. M. , DesRiches C. M. , et al. , “Caring for patients in a malpractice crisis: Physician satisfaction and quality of care”, *Hearth Affairs* 2004; vol. 23, no. 4 (2004), pp. 42 –53.

〔2〕 详细内容见前面医疗过失诉讼不利影响的分析。

的部分过错推定制度，仍使医务人员承担着巨大的举证压力。因为《侵权责任法》第58条所采取的部分过错推定原则有完全过错推定之嫌。理由是，几乎所有的医疗过失都是违反法律、行政法规、规章以及其他有关诊疗规范的规定，如果采取这种过错推定的方式，很难说还有其它情形不需要医务人员自己来证明没有过失。除此之外，公平责任原则在医疗损害责任中的运用，也大大增加了医疗机构承担责任的机会。因此，目前的医疗过失诉讼风险并没有从实质意义上大为减轻，医务人员在医疗过失的直接诉讼制度面前，医疗过失诉讼的风险有增无减，使他们仍面临着巨大的诉讼压力。[1]

后果之二，是隐瞒医疗差错成为无法回避的事实。隐瞒医疗差错是医疗服务提供者面对医疗过失诉讼时常常采取的措施。因为如果病人不知道医疗服务提供者存在差错，他们提起诉讼的可能性就会大大降低，医疗服务提供者败诉的可能性也会大大降低，从而医疗服务提供者的诉讼风险也会减少。

医疗差错的原因是多方面的，Gluck（2008）把医疗服务中有助于导致病人损伤的医疗差错发生的因素分为四类。[2]第一类是人的易错性。正如美国医学会报告的《犯错的人》（To err is human）所指，是人就会犯错误，他们不能通过更加努力的方式而避免，需要通过一系列的系统改变，使做错事很难，做对事很容易。第二类是医疗服务的复杂性。Kizer K（2000）认为医疗服务涉及高度复杂的医疗技术、丰富强大的药物、医疗服务提供者千差万别的职业背景、权力界限的模糊不清、高度易

〔1〕肖柳珍：“防御性医疗的经济分析——兼评《侵权责任法》第63条”，载《法学杂志》2012第8期。

〔2〕Gluck PA.，“Medical error theory”，*Obstetrics and Gynecoogyl Clinics of North America*，35（2008），pp. 11～17

变的医疗环境、独一无二的病人状况、交流上的障碍、医疗过程的广泛差异，以及存在时间压力的医疗情境。[1] 第三类是系统方面的缺陷。Gluck 根据 Cook 等人的研究，认为医疗卫生系统的差错也可以分为两个组成部分。第一种是操作方面的差错（active errors），主要是直接与病人打交道的执业医生和医疗服务提供者，例如医生、护士、治疗师等所犯的差错，这些差错通常会马上出现结果，并且常常是不可预见和不可预防的，很好的技术可以减少这种差错发生的频率但它仍然会发生。第二种差错，即潜在的差错（latent errors），是一些系统缺陷，包括行政管理、物质设施、支付者、药品行业、规制代理机构和政府等方面的原因，隐藏在医疗服务系统的底部，这些缺陷很少引起病人的损伤，但医疗服务工作者就在这种危险情形下工作。这两种差错类型是由于医疗服务系统的特征决定的。第四类是脆弱的防御性屏障（defensive barriers）。因为尽管医疗差错的发生有时总是难以避免，但差错的发生并不必然导致病人的损伤，许多医疗差错因为被及时发现和减轻，以及病人的恢复力或运气好而没有导致病人的损伤。在差错和损伤之间可以设置一些拦截差错以保护病人的屏障。然而，由于医疗服务的复杂性，任何一种屏障都不可能十全十美，因此，医疗差错的发生有着多方面的原因。Vincent C.（2003）总结了对医疗差错有重要影响的日常因素和系统方面的因素，包括制度、机构与管理、工作环境、团队情况、单个职员的情形、病人状况及工作任务等因素。[2] 更有研究表明，医疗过失只是医疗差错的一个次要因素。

---

〔1〕 Kizer K.，“Ten steps you can take to improve patient safety in your facility”，*Briefings in patient safety*，1（2000），pp. 1～4.

〔2〕 Vincent C.，“Understanding and responding to adverse events”，*The New England of Medicine*，348（2003），pp. 1051～1056.

由此可见，医疗差错的发生并不是一个医疗过失所能解释的问题。然而，医疗过失诉讼并不能很好地判断医疗差错的真正原因，并且主要是针对单个医生进行惩罚。医生在强大的法律制度面前，更多的是无奈和被动，隐瞒医疗差错也许是在现存的诉讼制度面前没有办法的办法。

由于隐瞒医疗差错从某种程度上来说含有不道德的成分，因此，大多数医疗服务提供者从理论上或口头上都会赞成对医疗差错进行披露，但是，实际上，在这样的医疗过失诉讼制度面前，他们很难真正做到这一点。Kaldjian L. 等人（2007）研究了医生向病人披露医疗差错的态度与实际行动方面的差异，理论上，97%的医生表示他们会向病人披露一些导致轻微损伤（延长治疗或造成不适）的差错，93%的医生表示会向病人披露引起严重损伤（残疾或死亡）的差错。然而，实际上，仅仅只有41%的医生说曾经披露过一次小差错，只有5%的人回答曾披露过一次严重差错，而且，19%的人承认曾犯过小差错而没有向病人披露，4%的人表示曾犯过严重差错而没有向病人披露。〔1〕医生向医院披露差错的情形更糟一些，只有18%的医生说他们曾向医院披露过小差错，4%的医生说曾向医院披露过严重差错。〔2〕Wu 等人（1991）对内科住院医生进行了一次匿名调查，要求他们回忆以前最明显的医疗差错，90%的差错导致了严重的不利结果，包括31%的死亡，但只有54%的住院医生

---

〔1〕 University of Lowa（2007，May 11）. Physicians may say they would disclose a medical error, but how many actually do? ScienceDaily. see http://www. sciencedaily. com/releases/2007/05/070510093223. htm.

〔2〕 University of Lowa（2008，Januray 15，Doctors under – reporting medical errors to hospitals study suggests. ScienceDaily. see http://www. sciencedaily. com/releases/2008/01/080114162532. htm

同他们的主管（attending）讨论过差错，而病人或他的家庭被告知差错的比例只有24%。〔1〕最近Hobgood C等人（2005）的一次调查显示，24%的住院医生在发生医疗差错时，会同该病例有关的其他医务人员讨论差错，47%的住院医生会与无关的医务人员讨论差错，53%的人会同朋友或配偶讨论差错，只有28%的人会同病人或病人的家属讨论差错。〔2〕这两个研究相差15年之久，Strauma JP（2007）认为，虽然现在鼓励住院医生更多的同他们的主管医生（attending physician）讨论医疗差错，但这种公开仍然始终没有出现。〔3〕

二、不利于医疗卫生事业的长远发展

医疗法律制度改革的初衷，应当是在平等保护医患权益的基础上，促进医疗卫生事业的长远发展。然而，事实清楚的告诉我们，目前的现状并非如此。众所周知，医疗服务是一种高风险的职业。它不同于社会上任何一种服务性行业。基于人类医学知识的局限性、人的易错性、疾病的多变性、人体结构与机能的复杂性、医疗技术的两面性等原因，使得医疗结果具有极度的不确定性。美国著名的经济学家阿罗对这种不确定性进行了精辟的描述，他说，对疾病结果的预测如同预测疾病的发

---

〔1〕 Wu A. W., Folkman S,, Mcphee S. J., et al, "Do house officers learn from their mistakes", *Qual Saf Health care*, 12 (2003), pp. 221 ~ 226.

〔2〕 Hobgood C., Hevia A., Tamayo – Sarver J. H., et al., "The influence of the causes and contexts of medical errors on emergency medicine residents'responses to their errors: An exploration *Academic Medicine*", *Journal of the Association of American Medical Colleges*, 80 (2005), pp. 758 ~ 764.

〔3〕 Straumanis JP, "Disclosure of medical error: is it worth the risk", *Pediaticr Critical Care Medicine*, 8 (2007), pp. S38 ~ S43.

生一样困难。[1] 医务人员年年月月、日日夜夜在这种不确定的医疗环境下工作，本身就是一种高强度、高成本的技术工作。普遍讲来，医务人员没有自己相对固定的生活规律，哪怕吃饭、睡觉等最基本的生活事件都没有规律。这里要提出来的是，有些职业在应激状态也会出现这种情形，但是，医务工作不同，这是一生的职业特色。在这样一个基础条件下，我们的法律制度，又无情地把医务人员推向令人难以安宁的医疗过失诉讼制度。

医疗过失诉讼对医务人员而言，是一种高风险的事件。一方面，医疗过失诉讼风险因素的主客观性并存。医疗过失诉讼风险因素的主客观并存，是指医疗过失诉讼既有客观存在的风险因素，也有与人的主观性相关联的风险因素。客观风险因素主要是指医疗损害的客观存在。基于前面的分析，美国医疗损害事件的发生率已足以让医疗服务提供者对医疗过失诉讼风险产生恐惧。然而，患者的主观因素及法官的主观思维是让医疗服务提供者更恐惧的因素。另一方面，医疗过失诉讼风险事件的高发性与日常性并存。[2] 医疗过失诉讼风险事件高发性与日常性并存，是指医疗过失诉讼事件的发生率相对很高，且这种高发的医疗过失诉讼事件又与医疗服务提供者的日常工作相联系。由于医疗损害事件总是不可避免地与每天的诊疗行为相联系，医疗服务提供者在日常诊疗工作中，随时都要考虑到医疗过失诉讼风险的存在，这种日常性的紧张与恐惧是医疗过失诉讼风险最具杀伤力的因素之一，也是与其它风险事件相区别的特征之一。最后，医疗过失诉讼损害的经济性与非经济性并存。

---

〔1〕 Arrow KJ.，“Uncertainty and the Welfare Economics of Medical care”，*The American Economic Review*，1963（1.5）：pp. 851～883.

〔2〕 此处主要是指不对医疗过失诉讼制度加以任何限制的情形。

医疗过失诉讼损害经济性与非经济性并存，是指医疗过失诉讼风险事件，既给医疗服务提供者带来了明显的经济损失，也给医疗服务提供者带来了巨大的精神痛苦。

在这样的制度面前，人人自危。医务工作者必从内心深处，首先顾及自己的安危与成本，然后，才可能是患者的利益，最后才是医疗卫生事业的长远发展。在很多情况下，可以尝试的救治不敢也不愿去尝试。作者曾参与的一个案例，很好的说明了这一点。一个四十来岁的男性患者，因急性心梗到某医院就诊，根据医院当时的医疗技术，可以尝试进行溶栓治疗，但因考虑到溶栓治疗的风险很高。医生权衡来权衡去，施救了但救不活病人要面对官司，不施救也要面对官司。在当前的医疗环境下，只要是病人死在医院，医院与医生就脱不了干系。去做这种高风险的尝试是何苦呢？后来，这个患者真的死在医院，官司也真的打到了法院。基于这一案例，我们可以联想，很多高风险的技术开展起来、推广起来有多困难。难道这不是对医疗卫生事业长远发展的阻碍吗？根本的原因是，目前的医疗损害责任制度改革，从大局的角度并没有把医学的特殊性提高到一个应有的高度并给予足够的尊重和考虑，而是更多的从法律层面强调医疗行为的民事法律属性，强调对患者“弱势人群”的保护，并且把《办法》和《条例》中某些基本上符合医学规律的制度予以抛弃或否定，〔1〕严重挫伤了医务人员的职业忠诚度和奉献精神，因此，医学的发展与进步在某种程度上受制于法律的权威。医务人员不敢也不愿对一些风险很高的技术与病人进行尝试，医学的进步与医疗卫生事业的发展不可避免地会

〔1〕 如《医疗事故处理办法》中的限制性诉讼制度，本人就认为一个比较好的制度结构，至于其中不合理、不公平的因素，并不是制度本身的问题，而是操作层面的制度设计问题。

受到一些阻碍。

第三节　对我国医疗损害责任制度改革基本问题的再思考

一、医学的本质是什么

这是医疗法律制度改革进行到一定阶段后，不得不思考的基本命题。因为它关系到法律制度能在多大的范围内对医学进行干预或调整，或者说法律的目的到底是想为医学做点什么。法律目的能否与医学目的相一致或者相协调等基本问题。特别是我们国家，越是想保护医患双方的合法权益，越是出现了医患双方合法权益难以得到有效保障的畸形怪象。问题出在哪里？我们迷失在哪里？也许，这个问题有千万种解，但我们不得不思考，医学的本质到底是什么？

首先，医学是科学。医学是利用有关解剖学、生理学、病理学、病理生理学、药理学等基础知识，并利用各种临床技术驱除人类躯体上的疾病，增进健康的科学。尽管现代意义的科学是指对客观世界规律真实反映的知识体系，从这个意义上说，我们不能将医学与科学划等号，因为在医学的知识体系中，除了医学的科学内容外，还有经验、技术与组织管理等多方面的内容，而这些内容中许多是不能按科学的标准对待的。但不能因此而认为医学不是科学，不能将医学从科学体系中清除出去。“医学要求有充分的生物学知识来进行诊断和治疗，并且它的目的是恢复病人健康，它不同于创造新作品的美术。”现代医学立足于基础的生物学，是当之无愧的科学。同时，由于人体结构、功能等生命运动的复杂性，疾病及病原体种类的多样性，使医学具有庞大的知识体系和理论基础，它有它自身的规律和特征。

其次，医学是经验。医学与工程技术不同，因为医学的对象是人，且处在特定的社会、文化、自然环境中，不同年龄性别、不同社会国家、不同生活环境、不同文化背景的人，对健康的要求、对疾病的治疗及反映都有所不同，当医生运用同样的科学知识和技术手段治病健身时，还必须要考虑每一个病人的特点，其中除疾病的特殊表现外，还要求考虑病人生理、心理特点，病人的社会、家庭、婚姻、工作、经济状况、性格特征等，而这些是很难量化和标准化的，这一切只能依靠医生的经验积累。一个临床决策的做出，常常是医生在经验的基础上，综合多种因素决定的（图 8－1）。[1]

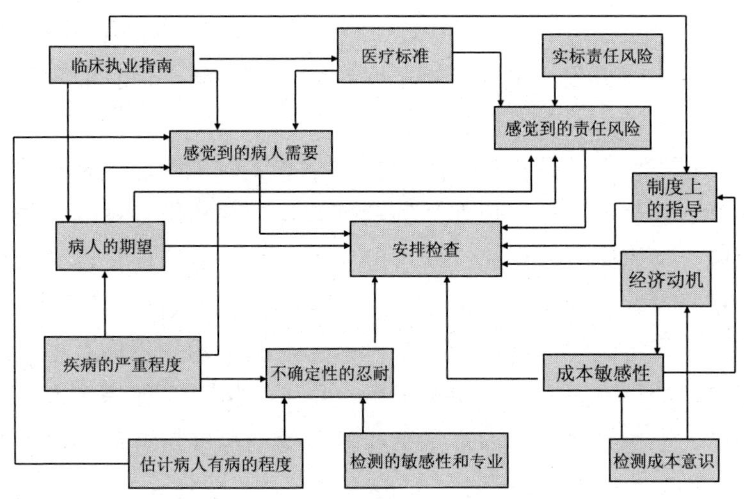

图 8－1　医生安排检查的决策模型

〔1〕 US Congress,"Office of Technology Assessment", Defensive medicine and medical malpractice. Washington, DC: US Government Printing Office; 1994. Publication OTA－H－602. http://biotech. law. isu. edu/policy/9405. pdf（2012－2－2）, p. 40.

医学在任何时候都不能没有经验，经验是医学的万能粘合剂，医学同时也是经验的。无论是多么先进的医学科学或医学技术，没有经验，都难以发挥其尽善尽美的作用。比如，同样一张CT片子，有经验的X光医师和刚毕业的X光医师，可能发现大相径庭的病变，甚至做出完全不同诊断；同样是右下腹呈反射性疼痛的阑尾炎病征，一个有经验的医生可以就此做出诸如化脓性阑尾炎等种种具体切实的诊断，而对于一个年轻医生来说，他只能说可能是阑尾炎吧。正如意大利的医史学家卡斯蒂廖尼所说："尽管近代有许多伟大的发现和先进的方法，但都不足以使医者离开他们那种光荣岗位，即守住病人床旁，仔细观察病人所处的环境，并同样仔细地观察病人"，"一个谨慎的医生深信，没有一种试验（不论其何等重要及具何种决定性）能替代明智而有经验的临床医生对病人和社会情况的综合性临床意见及他个人的判断。""经验层次的思维始终居于重要地位，并在临床医学发展过程中起着重要作用。"〔1〕

最后，医学是仁术。《展望21世纪》（汤恩比与池田大作对话录）的作者池田说："科学给医学以究明疾病的有效手段，因此，现代医学获得了长足的进步。但是，另一方面，科学包含着这样的性质，即对一切事务客观地审视，摒弃感情，用理性的'手术刀'解剖。"池田认为，医学越是具有直接左右人的生命的力量，医生如何运用它就越成为问题。医学的力量如果妥善应用，就可以给人类带来无量的幸福。但若滥用就会破坏人的生命。现代医学本身改变着运用医学的医生的人格，不断夺去医生对生命的尊严观。因此，医学这门科学与技术，如何运用也是医学的本质。

---

〔1〕杜政治："关于医学是什么的再思考"，载《自然辩证法研究》2008年第6期。

“医乃仁术”是中国传统医学和医德传统的基本命题。“医乃仁术”明确规定了医学包括“仁”与“术”的两个最基本方面，而且阐明了两者的辩证关系。医学要实现其爱人救人的目的，必须具备爱人的思想品格，又掌握“术”的本领，二者缺一，就不成为医学。在“仁 ”与“术”的关系上，“术”必须以“仁”为宗旨和归宿。“术 ”必须是“仁术”，“仁”为“术”的前提，当然，“仁 ”的实现，必须以“术”为手段，离开了“ 术”，医就成为空谈。仁不能没有术。没有术的医学当然不能成为医学。“医乃仁术”的命题提示我们，医学在任何时候不能忽视人，不能脱离人。医学不论发展到分子、亚分子等什么层次，医学分工不管把某一医生划分到很小的局部，或者医疗设备在我们面前堆积如山，我们都不能忘记医学的服务对象是人，是以“活人为心”。〔1〕

二、医疗服务市场的特征是什么

医疗服务市场明显不同于其他任何市场。

1. 信息的非对称性。信息不对称理论是信息经济学的重要组成部分，它是指在日常经济生活中，由于某些市场参与者拥有另一些市场参与者所不拥有的信息，由此造成的不对称信息交易下交易关系和契约安排的经济理论。〔2〕一般来说，当市场上存在信息不对称时，掌握信息的一方会利用对方所不知道的信息来侵害对方的利益和谋求自己的利益，然而，处于信息劣势的一方也并非轻易被欺骗，他们会尽量通过讨价还价来保障

〔1〕 杜治政：“论‘医乃仁术’—关于医学技术主义与医学人文主义”，载《医学与哲学》1997 年第 11 期。

〔2〕 张维迎、詹姆斯·莫里斯：《论文精选》，商务印书馆 1997 年版，第 27 页。

自身的利益，使双方很难达成交易，即使交易达成效率也不高，此即所谓的柠檬法则。阿克洛夫（Akerlof，1970）通过对二手车市场的分析形象的说明了这一点。然而，医疗服务的信息不对称并不产生所谓的柠檬法则。医生与病人之间的服务很难有讨价还价的机会，也很难出现达不成交易的现象，即使有，也会限定在很小的范围和场合。究其原因，这可能与医疗市场信息不对称的特殊性有关。

（1）医疗信息包罗万象，医生是天然的信息优势方。医疗信息不仅有技术方面的信息，例如，有关疾病的起因、发展、治疗、预后的信息，以及每一具体治疗方案中的药物疗效、药物的相互作用、治疗过程中有可能出现的并发症等信息，还有医院管理方面的信息，如不同的医院，技术水平、专科特长、服务态度、管理制度均有不同，即使是同一所医院，不同的科室，同一科室不同的医生都会有不同的医疗信息。医生通过多年的专业培训和临床实践，无论是对疾病预后的认识、治疗方案的选择、还是对各种检查结果的判断和药物疗效的评估都比患者拥有更多的信息，即使是“久病成良医”的人，也可能在很多方面是知其然而不知其所以然。至于医院管理方面的信息，医生作为本医院的职工或其他医院的同行，比患者也要了解得多，因此，医生是医疗信息天然的强势拥有者。

（2）患者搜集信息的成本非常昂贵。虽然，前面提到的所有信息对于任何一个患者的治疗而言，都是至关重要的。然而，患者在面对这些五花八门的信息时，由于专业方面的原因，其搜集成本往往非常昂贵。这里的成本包括心理成本，时间成本，当然还有经济成本。患者生病时的“无能”使他们在大多数情形下没有时间成本和心理成本去搜集有关信息，患病后的心理变化与价值取向会明显不同于健康状态，只要在能承受的极限内，健康都是第一追求价值，成本与收益的考虑是排在第二位的事情，这在急诊医这里尤其明显。

（3）信息弱势方的患者几乎没有能力不参与此信息状态下的交易。由上面的分析可知，医患双方的信息不对称是客观存在的，也是很难改变的，也许，在一般的商品市场中，患方可以选择谈判或退出，然而，在医疗服务市场中，由于信息不对称无法实现对话方式的讨价还价，以及讨价还价的价值无法与健康的价值相比拟，患方对于医方的建议往往是接受而不是拒绝，常常不会出现柠檬法则所产生的现象。医生基本上永远可以凭借自己的信息优势在医疗服务领域占有主导地位。

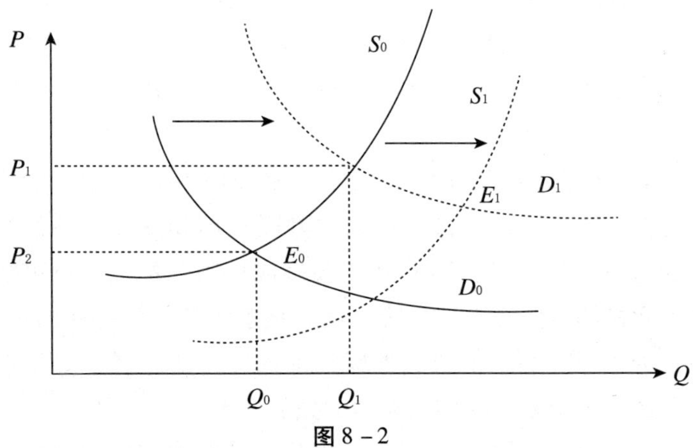

图 8－2

2. 供给与需求的非市场性。首先，供给诱导需要的现实性。在一般商品或服务市场中，价格是调节供给与需求的有效杠杆，供给者与需求者的身份分界清晰，供给者与需求者之间是一种比较简单的等价交换关系。一般产品或服务的需求函数可表述 Q＝F（P），需求量受价格影响而不用考虑供给方行为。但是，在医疗服务的供需关系上，Q 不仅受 P 的影响，而且受供给方提供医疗服务数量和质量的能力和意愿的影响，医疗服务需求函数可以表述为 Q = F（P，D），D 表示医生提供医疗服务数量和质量的能力和愿望，该函数表明，医疗服务需求曲线的变化既可能是价格的变化所引起，也可能是由于供给方行为造成的。医疗服务提供者有能力根据自身意愿对医疗服务的需求进行调节，从而形成了医疗服务市场供求规律的特殊性。在一般产品市场中，供给增加将导致产品价格下降，而在医疗服务市场中，由于医患信息高度不对称，医生可以利于信息不对称进行诱导需求，因此随着医疗服务供给的增加，医疗服务价格可能会出现下降、不变以及上升的变化趋势。以上图为例，假定初始状态医疗服务的供给曲线、需求曲线分别 S_0 和 D_0，均衡点是 E_0，均衡价格和数量分别是 P_0 和 Q_0。在医疗服务需求不变的情况下，如果医疗服务供给增加，医疗服务的供给曲线 S_0 将会向右移动到 S_1，使均衡点由 E_0 移动到（S_1，D_0），导致医疗服务的价格下降。然而，医疗服务提供者为了维护自身的利益，可以利用所拥有的信息优势向患者提供诱导需求，使得患者的需求曲线 D_0 向右移到 D_1，形成新的均衡点 E_1，从而阻止了医疗服务价格的下降甚至会使价格有所上升。〔1〕同时，“消费者主权”在医疗服务业不起主导作用。因为怎么治疗，吃什么药大多是由医疗服务的供给者决定的，医疗服务的消费者一般都不知道符合自己真正的需求是什么。他把这种决定权让给了医疗服务的供给者，即医生，医生有了诱导需求的前提条件，即权利基础。最后，“市场机制”在医疗服务领域中的失灵也是不可忽视的因素之一。医疗服务的供需平衡不能完全靠“市场经济”或“市场调节”来解决。因为医疗服务行业需求价格弹性很小，人

---

〔1〕 陈凯、汪晓凡：“市场导向理论在医疗服务领域的适用性研究”，载《当代经济管理》2007 年第 3 期。

们不会因为医疗费用的提高而不生病或少生病，也不会因医疗价格低而多生病。[1]

三、《侵权责任法》功能在医疗服务领域的再思考

关于侵权责任制度的功能有三种学说，即单一功能说（补偿功能）、双重功能说（补偿功能与预防功能）和多重功能说三种主张。杨立新教授认为，侵权责任法具有补偿功能、惩罚功能和预防功能。[2] 张新宝教授认为，我国侵权责任法除了补偿与预防（教育）功能外，还有创设与保护民事权益、分散损害与平衡社会利益的功能。[3] 王利明教授在肯定侵权责任法多重功能说的前提下，分别讨论了侵权责任法的补偿功能、保护与创造民事权利的功能、维护行为自由的功能、制裁和教育的功能、预防和遏制侵权行为的功能。[4] 在最近的文章中，王利明教授强调了侵权责任法的补偿功能，认为侵权责任法主要是救济法，或者说侵权责任法主要是救济受害人民事权益所受损害的法律。[5]

在这些学说中，侵权责任法多重功能说无疑具有更大的合理性，也与世界范围内侵权责任法的发展状况和我国侵权责任法的司法审判实践相吻合。因此，我国多数侵权责任法学者采多重功能说，即我国侵权责任法的功能应当定位在补偿（填补损害）、预防侵权行为、惩罚加害人等多个方面。但是，在这些功能中，

---

〔1〕 郑树清："论医疗服务业的特点"，载《上海经济研究》2006 年第 12 期。

〔2〕 杨立新：《侵权法论》，人民法院出版社 2005 年版，第 40 页。

〔3〕 张新宝：《中国侵权责任法》，中国社会科学出版社 2004 年版，第 35 页。

〔4〕 王利明：《侵权行为法研究》（上卷），中国人民大学出版社 2004 年版，第 85 页。

〔5〕 王利明："侵权责任法制定中的若干问题"，载《当代法学》2008 年第 5 期。

哪一个处于主导地位，这一处于主导地位的功能如何在学理上加以表述和在法律制度上得到体现，则需进一步探究。张新宝教授认为，侵权责任法的多重功能并非同等重要，应有主次之分。侵权责任法的主要功能是“补偿”，更确切地说应该是“填补损害”。[1] 王泽鉴教授认为，填补损害系侵权行为法的基本机能，但也强调损害的预防机能胜于损害补偿机能。[2]

我国《侵权责任法》第1条规定：“为保护民事主体的合法权益，明确侵权责任，预防并制裁侵权行为，促进社会和谐稳定，制定本法。”此处采用了多种功能说。该条实际上是将侵权责任法的功能概括为：一是保护权益，即通常所说的救济功能。二是预防功能。三是制裁或惩罚功能。[3]

侵权责任法运用于医疗领域，同样也离不开这三大功能。然而，由于医疗服务的特殊性，侵权责任法能够在医疗服务领域很好地实现这三大功能吗？首先，看它的救济功能。根据《侵权责任法》的规定，过错责任原则是其最基本的归责原则。它是指以过错为归责的依据，并以过错作为确立责任和责任范围的基础。过错责任原则的重要意义，不仅仅在于表明过错为归责的内涵，更重要的是宣告过错为归责的最终要件，这样才能贯彻“无过错即无责任”的精神。[4]

实践证明，侵权责任法在医疗服务领域，根本没有公平公

---

〔1〕 张新宝：“侵权责任法立法：功能定位、利益平衡与制度构建”，载《中国人民大学学报》2009年第3期。

〔2〕 王泽鉴：《侵权行为法》（第一册），中国政法大学出版社2001年版，第10～11页。

〔3〕 王利明：《侵权责任法研究》，中国人民大学出版社2010年版，第103～104页。

〔4〕 王利明：《侵权责任法研究》，中国人民大学出版社2010年版，第203～204页。

正地补偿受害患者以实现其救济功能。医疗侵权责任制度在美国已有近170年的历史。大量的研究表明，在美国的医疗过失诉讼过程中，补偿与医疗过失之间的相关性非常差，有些没有差错的损伤得到了补偿，有差错的损伤却没有得到补偿。Brennan等人（1996）对46例医疗过失案件的支付额进行了研究，13例出现了不利结果但并不是由于过失所致，其中6例（46%）获得了支付，9例由于过失导致了不利结果，只有5例（56%）获得了支付，还有24例没有不利结果，也有10例（42%）获得了支付（表8－1）。

表8－1　美国原告损伤类别和残疾程度的索赔结果

类别	结案数目	原告胜诉数目（%）	平均结案金额（$）
损伤的类型			
没有不利事件	24	10（42）	28 760
有不利事件（无过失）	13	6（46）	98 192
过失不利事件	9	5（56）	66 944
残疾			
没有	24	10（42）	28 760
一过性	14	4（29）	38 857
永久性	8	7（88）	201 250
所有索赔	46	21（46）	55 853

资料来源：Brennan T. A.，Sox C. M.，Burstin H. R.，“Relation between negligent adverse events and the outcomes of medical malpractice litigation”，*The New England Journal of Medicine*，vol335，no. 26（1996），pp. 1963～1967.

他们对这些数据进行多变量分析后，发现残疾是唯一影响支付的预测因子，医疗过失索赔案的支付额与过失以及不利结果的类型没有明显的相关性。[1] Mello 等人（2004）利用纽约州和科罗拉多州对医疗过失的研究结果进行分析，结果发现，在纽约州的研究中，真正由于过失所致损伤而提起的诉讼比率较低（8/280），而没有过失却提起诉讼的比率却较高（39/47）；同时，又有大量确定为医疗过失损伤的病人没有提起诉讼，其比率是272/280。科罗拉多州的情形基本类似（表8－2）。

表8－2 美国损伤状况与索赔行为之间的关系

<table>
<tr><td rowspan="2">索赔行为</td><td colspan="3">损伤状况</td></tr>
<tr><td colspan="2">+</td><td>-</td></tr>
<tr><td>+</td><td colspan="2">真阳性：索赔病人的损伤由过失所致</td><td>假阳性：索赔病人损伤不是过失所致</td></tr>
<tr><td>-</td><td colspan="2">假阴性：过失损伤了病人但没有起诉</td><td>真阴性：病人没有损伤也没有索赔</td></tr>
<tr><td>纽约</td><td>+</td><td>-</td><td>总计</td></tr>
<tr><td>+</td><td>8</td><td>39</td><td>47</td></tr>
<tr><td>-</td><td>272</td><td>29 802</td><td>30 074</td></tr>
<tr><td>总计</td><td>280</td><td>29 841</td><td>30 121</td></tr>
<tr><td>科罗拉多</td><td>+</td><td>-</td><td>总计</td></tr>
<tr><td>+</td><td>4</td><td>14</td><td>18</td></tr>
<tr><td>-</td><td>157</td><td>14 525</td><td>14 682</td></tr>
<tr><td>总计</td><td>161</td><td>14 539</td><td>14 700</td></tr>
</table>

资料来源：Mello M. M., Hemenway D., "Medical malpractice as an epidemiological problem", *Social Science & Medicine*, vol. 59 (2004), pp. 39～46.

他们也发现，真正的诉讼风险并不是来自于过失，而是来

〔1〕 Brennan T. A., Sox C. M., Burstin H. R., "Relation between negligent adverse events and the outcomes of medical malpractice litigation", *The New England Journal of Medicine*, 335 (1996), pp. 1963～1967.

自于损伤。遭受损伤的病人不论是否归因于过失，提出索赔的机会是没有损伤病人的 16～19 倍，即使是在没有过失情形时，遭受损伤的病人提出索赔的几率仍是没有损伤病人的 12 倍。〔1〕另外，Studdert（2006）也报道，随机抽取已经结案的 1452 件医疗过失索赔案件中，889 例的损伤与差错有关，515 例的损伤与差错没有关系。然而，没有差错得到赔偿的案件有 145 件，占无差错损伤的 28%（145/515），有差错而导致损伤却没有得到补偿的案件数是 235，也占有差错损伤的 27%。〔2〕（图 8－3）由此可以看出，大量的赔付与过失之间并没有真正意义上的联系，使医疗过失诉讼制度的补偿公平性受到了严峻的挑战。

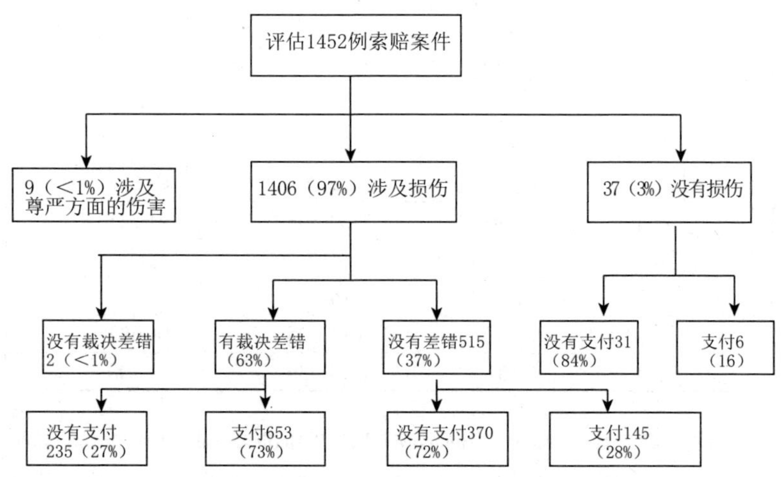

图 8－3 美国 1452 例索赔案件中有关差错与损伤及赔偿分析

〔1〕 Mello M. M. , Hemenway D. , "Medical malpractice as an epidemiological problem", *Social Science & Medicine*. 59（2004）, pp. 39～46.

〔2〕 Studdert D. M. , Mello M. M. , Gawande A. A. , et al, "Claims, errors, and compensation payments in medical malpractice litigation", *The New England Journal of Medicine*, 354（2006）, pp. 2024－33.

资料来源：Studdert D. M.，Mello M. M.，Gawande A. A.，et al，"Claims，errors，and compensation payments in medical malpractice litigation"，*The New England Journal of Medicine*，354（2006），pp. 2024－33.

其次，看看侵权责任法在医疗服务领域的预防功能。1974年和1984年，美国法律和医学专家对加利福尼亚洲和纽约大样本的住院病人医疗记录进行了回顾性调查——包括加利福尼亚洲23所医院中20 863位病人的记录以及纽约州中随机选择51所医院中31 429位住院病人的记录，目的是界定医疗损伤的发生率和这些损伤中由医疗供给方过失引起的医疗损伤发生率。加利福尼亚洲的研究结论是，4.65%的住院病人遭遇了医疗损伤，在这些医疗损伤中，17%（或者1/126的病人）的损伤与过失有关。纽约的研究表明，3.7%的病人遭遇了医疗损伤，在这些医疗损伤中，28%归因于过失。[1] Phillips R. L等人（2004）对门诊和家庭医生等非住院情形的研究也发现，医疗过失的比例为23%，[2] 同样提示医疗过失的发生率是客观的，而且，从总的情况来看，医疗过失损伤发生率一直维持在一个相对稳定的水平。因此，美国的医疗过失诉讼制度并没有很好地阻止医疗过失的发生。

由此可以看出，尽管侵权责任法在其他领域有着不可替代或估量的制度作用，但就其运用医疗服务领域的实际而言，其补偿功能与预防功能是非常值得怀疑的。究其原因，一方面，医疗过失的判断具有高度的不确定性；另一方面，这种责任制

---

〔1〕 Culyer A. J.，Newhouse J. P.，*Handbooks of Health Economics*. Elsevier Science BV，2000，P1351.

〔2〕 Phillips R. L.，Bartholomew L. A.，Dovey S. M.，et al.，"Learning from malpractice claims about the negligent，adverse events in primary care in the United state"，*Quality & Safe in Health Care*，13（2004），pp. 121～126.

度也无助于医疗服务提供者对损害的预防。因为在这样的制度面前，医生在某种程度上已无法判断哪种损伤会引起赔偿，哪种损伤不会引起赔偿，所谓的过错在医生的判断中已失去意义。

第九章
完善我国医疗损害责任制度的对策研究

第一节　医疗损害责任制度改革的价值取向

解决医疗损害责任是世界各国都要面临的问题。不论它的医疗技术多先进，它的国家多富有，它的权利保障体系多完善，由于医疗结果的不确定性及医患双方之间的信息不对称，任何一个国家都不能避免医疗风险所带来的纠纷。医疗纠纷不仅仅是医患之间的权利义务纠纷，也不仅仅是对医疗结果不确定产生分歧的技术纠纷，从深层次上讲，它是一个国家有限的卫生资源与人们追求健康之间的矛盾，这种矛盾因医疗结果的风险性而客观存在。涉及一个国家对其国民健康的保障责任程度，国家对医疗卫生的投入水平，医疗卫生行业的自律和发展状况以及一个国家的司法制度等内容。在医疗损害责任制度改革的过程中，一定的价值取向是必不可少的指南。它在某种程度上也是医疗损害责任制度改革中要重点关注的问题。根据国外的相关经验及我们国家的发展状况，在完善医疗损害责任制度时，建议优先考虑以下几方面的问题。

一、健康保障性

健康权作为一项人权已经逐步为国际社会所认同，不仅

《世界人权宣言》、《经济、社会和文化权利公约》等国际人权法对健康权做出了明确规定，越来越多的国家也将健康权纳入了宪法加以保护。我国《宪法》第21条规定，国家要发展医疗卫生事业，保护人民健康。

在传统权利的视域中，健康权是私权中与生命权、姓名权等相并列的人身权，是一项典型的消极权利。但随着健康权的发展，特别是国际人权法将其纳入基本人权的范畴后，它的单一性质已经发生改变。随着20世纪社会权力理论的发展，健康权的实现越来越关系到社会的公共健康，它不再仅仅是消极的权利，其积极属性的一面也完全呈现出来。这种积极性意味着，健康权不是自给自足的，也并非只是私人的权利，它不仅禁止国家及他人的恣意侵犯，而且要求国家及他人的积极作为。〔1〕国家必须积极地创造条件和机会促其实现，例如“改善卫生环境”、“创造保证人人在患病时能得到医疗照顾的条件”、“预防和控制传染病”、“使儿童得到健康的发育”、“承认人人有权享受社会保障”等。〔2〕

虽然健康权的实现有赖于多渠道的治理与服务，但相对于其他方面而言，医疗服务应该是保障健康权的底线，也是保障健康权的安全阀。与医疗有关的制度建设，都应该围绕这一制度目标进行设计。在医疗损害责任制度方面，国家有义务以健康保障为基本目标，协调医患双方与社会之间的各种冲突与磨擦。保障健康权不是要求法律如何来解决医疗纠纷，而是要求围绕其健康保障性的终极目标来设计医疗损害责任制度。医疗损害责任制度，不仅仅是要解决医生、医院和患者之间的利益

---

〔1〕 路艳娥：“健康权的法理学思考”，载《河北法学》2009年第3期。

〔2〕 杜承铭、谢敏贤：“论健康权的宪法权利属性及实现”，载《河北法学》2007年第1期。

得失，更重要的是要围绕健康保障考虑整个国民的健康保障体制、医务人员的风险规避以及患者的医疗安全问题。只有将医疗损害责任制度置身于健康保障的高位价值目标下，才能超越依赖诉讼来解决医疗纠纷的思想框架，单个医患关系的权利义务重要性才会让位于社会整体的医疗安全与健康保障。

二、成本效益性

在健康保障性的优位前提下，成本效益可能是第二个重要的问题。借助于制度经济学的交易成本理念，任何一个制度的设计和变革都不能不考虑它的成本和效益。成本和效益的分类有很多种，其中私人成本与社会成本，私人收益与社会收益可能是医疗纠纷解决机制首先要考虑的问题。在健康保障目标的约束条件下，不论是诉讼机制，还是替代性纠纷解决机制，都要围绕着私人成本与社会成本，私人收益与社会收益来进行衡量。在成本方面要考虑，是增加了私人成本还是增加了社会成本？是二者的成本都增加，还是一方增加另一方减少？是增加了经济成本还是非经济成本，如个人的心理焦虑，社会的不安和冲突等等？在收益方面，要考虑个人疾病的痊愈和风险与整个医学进步给社会带来的影响；要考虑个人损伤带来的巨额经济补偿与医疗经费的不合理分配给整个国民健康带来的影响；要考虑医生个人风险规避所带来的收益与医学技术的正常发挥给社会群体带来的影响等等。虽然这些比较是困难的甚至是不可能的，但只要价值目标中有成本与收益的对比理念，就会去考虑一些更实际、更有价值的操作。只有社会收益与个人收益之和大于社会成本与私人成本之和时，一个制度的设计才具有经济上的合理性和发展上的长远性。

在考虑成本与效益时，还有两个非常重要的制度现象必须予以高度关注。第一，制度的外部效应。按照新制度经济学代表人物美国学者道格拉斯·C.诺思的解释，当某个人的行动所引起的个人成本不等于社会成本，个人收益不等于社会收益时，就存在外部性。某种制度变迁所产生的影响不仅会在自身的成本或收益上表现出来，还会给其他制度的运行乃至整个社会带来复合效应。通常，当这一结果给外部带来好处时，称之为正的外部效应（外部经济），反之，则被视为负的外部效应（外部不经济）。〔1〕同时，制度变迁不可能改善所有社会成员的福利，总有一部分社会成员的利益会受到损失，从而导致这部分社会成员对于制度变迁的抵触，进而可能引发政治、经济和社会领域的混乱、摩擦甚至动荡，这一过程所引起的损失即称之为制度变迁的摩擦成本。若在建制之初没有考虑到这一点，则极有可能在运行过程中对不断增加的贴现成本失去控制，导致在社会和政治心理上、甚至是财政上的不堪重负，而成为一种短命的制度设计。〔2〕第二，制度的路径依赖。制度变迁多是建立在某一旧有的制度基础之上，而旧有的制度所规定的社会运行范式在于制度变迁的方向与成效又多是"锁定"作用，即新制度经济学强调的制度变迁的"路径依赖性"（path dependence）。一旦制度变迁走上了某一条基本路径，它的既定方向就会在以后的发展中得到"自我强化"，而难以甚至根本无法扭转。〔3〕这其中内含了两层基本要义：在设计和选择制度变迁的路径时，一方面须考虑原有

〔1〕［美］道格拉斯·C.诺思：《经济史的结构与变迁》，上海人民出版社1994年版，第164页。

〔2〕张创新、赵蕾："行政问责的制度理性——一种基于制度变迁的成本效应分析"，载《社会科学研究》2006年第3期。

〔3〕［德］柯武刚，史漫飞：《制度经济学——社会秩序与公共政策》，商务印书馆2003年版，第373页。

的制度基础及其对社会发展在方向上的规定性作用；另一方面需预期路径选择之于未来的制度改革和社会发展的约束性作用。换言之，一种制度的变迁既依赖于已有的制度基础，又将成为可预期的制度变迁的路径依赖。忽略了这一前提，就可能导致制度变迁缺乏社会认同。即便开始阶段得到社会公众的舆论支持，但在运行中仍然难以规避一种尴尬境地：既伤害了公众在旧制度中的既得利益，又无法实现新的持续且足够的利益满足。[1]

三、社会正义性

社会正义是人类孜孜以求的价值理想。在西方政治哲学中，19 世纪中期，约翰·密尔首次使用“社会正义”。他在《功利主义》一书中，曾这样写道：“社会应当平等地对待所有应当平等地获得这种平等待遇的人，也就是说，社会应当平等地对待所有应当绝对平等地获得这种平等待遇的人。这就是社会的和分配的正义所具有的最高的抽象标准；应当使所有的社会制度以及所有有道德的公民的努力在最大程度上聚合在一起，以达到这一标准。”[2] 在密尔之后，各种以“社会正义”命名的正义理论纷至沓来。不同的学者对社会正义做出不了同的诠释。例如，边沁认为，谋取最大多数人的最大幸福是社会正义的基本原则。如果社会体制的安排获得了社会全体成员总满足的最大净差额，那么这个社会就是一个正义的社会。罗尔斯则主张平等地分配社会的利益和负担，违背平等的分配原则就是不正义的。在诺齐克看来，正义的首要主题不是权利的社会分配，而

---

[1] 张创新、赵蕾：“行政问责的制度理性——一种基于制度变迁的成本效应分析”，载《社会科学研究》2006 年第 3 期。

[2] 杨豹：“哈耶克论‘社会正义’”，载《新疆大学学报（哲学·人文社会科学）》2007 年第 1 期。

是个人权利的保障。人权正义的实质就是个人权利的神圣不可侵犯；若用强制性的法律干涉这些权利，就是不正义的。[1] 我国有学者认为，社会正义有两个层面的涵义：一是指社会的稳定秩序，和谐统一及发展进步状态；二是指有助于造成这种状态的价值原则即权利（义务）原则，具体为平等（差别）、自由（限制）等价值标准。社会正义的价值指向是社会的稳定秩序、和谐统一及发展进步状态。[2]

在健康领域，各个方面都涉及到社会正义问题，如个人权利与公共健康的关系问题、医疗保健资源的合理分配问题、社会弱势群体的健康问题，等等，并认为社会正义是公共健康伦理的核心问题。在公共健康领域，无论遇到何种利益冲突和价值冲突，都必须以社会正义作为最高原则，通过这个原则来平衡和具体化各种利益和价值。其中，最关键的问题是个人权利与公共健康的平衡、健康资源的合理分配、社会弱势群体的健康等方面的社会正义问题。[3] 本人非常赞同这种观点。虽然医疗损害责任制度与这些健康问题没有直接的关联性，但是，医疗损害责任制度作为一种法律制度，它与健康领域有着密切的内在关联性与联动性。[4] 在当今医患矛盾相对尖锐、医疗资源相对不公的现实环境下，强调医疗损害责任制度的社会正义性，无疑有助于和谐社会的构建和医患矛盾的解决。

---

〔1〕［美］罗尔斯，何怀宏等译：《正义论》，中国社会科学出版社 1988 年版，第 62 页。

〔2〕李巍、仲崇盛："论社会正义的基本内涵"，载《理论与现代法》2006 年第 4 期。

〔3〕李伦、喻文德："论公共健康的社会正义问题"，载《湖南大学学报（社会科学版）》2010 年第 3 期。

〔4〕肖柳珍："医疗保险制度改革的新视角——基于美国医疗过失诉讼与医疗保险关联性的分析路径"，载《中国卫生事业管理》2011 年第 7 期。

当然，社会正义的实现并非仅仅是理念与制度设计方面的问题。社会正义的现实有赖于更多现实条件的支持。有学者认为，中国人特殊主义的正义观、漠视规则和重视人情的习惯，制约了社会正义共识的达成和“法治”秩序的构建，唯有从培育公民意识、强化程序正义观念、促进公民社会成长和增进社会资本入手，社会正义在中国的实现才有可能。[1]

当然，医疗损害责任制度改革的价值取向是一个关联性非常强的问题。它涉及一个国家对其国民的医疗责任程度，有限的卫生资源状况，以及人们对公平正义的理解和要求等诸多相关的内容。它的构建与一个国家的医疗卫生保障体制，法律文化以及医疗技术的发展密切相关。其内容之复杂与艰巨，很难面面俱到，但对它进行多思考多辩证的分析，总会对问题的解决有所裨益，而且也只能在清晰的价值定位下，才能有一个健全的制度设计。

第二节　医疗损害责任制度的设计原则

在确定好医疗损害责任制度的价值取向之后，医疗损害责任制度的设计原则就有了一个可供选择的指南。美国斯蒂芬·B. 戈尔德堡等人提出了的一般纠纷解决机制六大设计原则：①预防纠纷；②着眼于利益，这是设计纠纷解决机制的中心原则；③并入“回归谈判”程序，这一程序设计的目的在于鼓励当事人回到谈判中来，所以被称为回归程序，如小型审判，简易陪审团审判就属于此类程序；④提供低成本的基于权利和权力的方法作为后备，这些程序包括传统仲裁、快速仲裁、最后要约仲裁

〔1〕 麻宝斌：“社会正义何以可能”，载《吉林大学社会科学学报》2006 年第 4 期。

以及调-裁程序；⑤按照费用由低至高的顺序安排程序；⑥提供必要的动机、技巧、资源以及环境。[1]

鉴于医疗纠纷解决机制是医疗损害责任制度的重要组成部分，此处借鉴上述原则作为医疗损害责任制度的设计原则。它没有把双方的权利义务内容是否均衡作为制度设计的中心原则非常具有借鉴意义。医疗损害责任制度的设计正需要这种以利益为基准的指导思想，利益不仅包括医患双方的利益，还要包括社会整体的健康利益。只有兼顾了医患利益与社会整体利益，医疗损害责任制度才会和谐的运行，实现其健康保障的终极目标。根据医疗损害的特殊性，在设计医疗损害责任制度时，建议考虑以下原则。

一、损伤预防原则

医疗损害的基本特性之一是涉及人身伤害。人是社会最宝贵的财富，也是一切劳动和创新的渊源，保护人的基本健康和免受伤害是任何社会制度的基本价值。由于医疗结果的不确定性使得医疗损伤成为医疗服务领域不可消灭的副产品。看看美国有关医疗损伤的数据：1984 年，法律和医学专家在纽约州中随机选择了 51 所医院中 31 429 位病人的记录，以研究医疗损伤的发生率和这些损伤中由医疗供给方过失引起的医疗损伤发生率。研究表明，3.7% 的病人遭遇了医疗损伤，在这些医疗损伤中，28% 归因于过失。如果把这个研究结果推算到 1984 年纽约所有医院，提示每年有 98 610 位住院病人遭遇了医疗损伤，如果推算到全美国的人口，这将提示每年有 150 000 次医源性恶性事故，超过一半的数目可能归因于过失，这些数据远远超过摩

---

〔1〕［美］斯蒂芬·B. 戈尔德堡等著，蔡彦敏等译：《纠纷解决—谈判、调解和其他机制》（中译本），中国政法大学出版社 2004 版，第 317 页。

托交通工具的恶性事故（每年死亡 50 000 人）和工伤恶性事故(每年 6 000 人)。[1] 看到这些惊人的数字，如果不把损伤预防作为医疗损害责任制度的首要原则，医疗纠纷只会无止境的增长，患者的安全利益和健康利益永远无法保障。只有从制度上提高防范措施，强调损伤预防的原则，才有可能使医疗纠纷的发生降到最低限度。

二、医患利益平等原则

不论医疗损害责任制度是着眼于整个社会的成本与收益，还是着眼于单个医生与患者的成本与收益，医患关系永远是医疗服务中的基本关系。虽然，在患者的诊疗过程中，医生由于技术垄断拥有更多的决定权和信息资本，使患者处于相对被动和弱势地位，出于对弱者的同情和关怀，可能更多的理念是保护和支持患者。然而，自古以来的医生都是在面对风险与疾病作斗争，医生与患者是代表人类与疾病抗争都不可缺少的主体，二者的利益理应摆在同等的位置上才会有利于对疾病的研究和控制，更好地服务于人类健康。医患利益在这个层面上，既是一致的，也是不可偏袒的。只有能够尽量地控制疾病，人类才会少遭疾病缠身，少进医院，才会有更少的医疗损伤和医疗纠纷。如果对医患利益提供非均衡保护，医生在高风险的环境下，不得不加强自我保护，这会给整个医疗服务及整个社会健康利益带来不可估量的影响。

三、专家优先制度与外行人制度相结合的原则

医疗服务是一个高度专业性和技术性的领域，它具有自己

[1] 参见：Culyer AJ. and Newhouse JP.：Handbooks of Health Economics，Elsevier Science B. V，2000，p. 1351.

完整的理论基础和技术规范。非医疗专业的人士，即使是“久病成良医”的人，也可能只知其然，不知其所以然。对医疗损伤发生的原因、过程、及医生行为的过失程度进行客观而又科学地判断，离不开专业人士的专业知识（称为专家制度）。在专家制度下，用专业语言和科学知识去沟通和说服患者，能让患者在最大限度内理解一部分医疗损伤的不可避免性，从而有可能处理好一部分医疗纠纷。当然，这种专家制度有可能带来行业保护、自谋私利以及专家意见高于一切的缺陷，因此，适当地引入外行人，例如律师、法医、陪审员、社会人士等，有助于对专家制度进行监督，提高他们的公正性和可接受性。

四、ADR 优先与诉讼相结合的原则

由于医疗纠纷成因的复杂性，医疗服务的风险性以及医疗纠纷的多发性，医疗损害责任制度不可以采取诉讼优先制度。第一，诉讼机制是一个国家稀缺的司法资源，它往往是以一系列的具体权利义务为内容对纠纷进行判决，以维护社会的稳定和发展。医疗纠纷虽然可能涉及到公民的人身伤害，但它更多是属于技术领域的范畴，过多的利用诉讼机制来解决医疗纠纷显然不符合司法资源的目的性。第二，诉讼机制的法律属性与医疗纠纷的医学属性很难在诉讼优先的制度内以最小的成本解决医疗纠纷问题。因为诉讼优先使医患双方产生了更多的对立面，法律的程序刚性与医疗证据的艰难取舍使医疗纠纷的诉讼解决途径成为欲罢不能、欲决不能的事情，耗费了当事人大量的人力、财力与时间。

采取 ADR 机制优先与诉讼相结合的方式，一方面让不需要走进法院的纠纷尽量在法院外得到解决，以减轻国家司法机构的负担；另一方面，让真正需要走进法院的纠纷有机会走进法

院，以提高司法资源的使用效率。同时，采取 ADR 优先与诉讼相结合的方式，可以对 ADR 机制进行最后的监督，有助于 ADR 机制的自律和发展。

五、对医生的惩罚性与教育性相结合的原则

惩罚是负有责任的医生给病人造成了事实损害所必须付出的代价，而教育则是为了防止类似错误在同样情境下再次发生的投资。惩罚与教育相结合，不至于把医生往不可救药的路上推。给医生创造一个自我学习、自我教育、自我提高，而不是动不动就法庭上见的医疗环境，会使他们的自我防御意识大大降低，以及更多的从已经发生的错误中吸取教训，善待病人，理性地看待医疗纠纷。更重要的是，有相当一部分医疗纠纷是由于患者要求得到解释或说明真相而引起，针对这种情况进行教育，有可能从源头上减少一部分医疗纠纷的发生。同时，让他们对已经铸成的错误付出一些代价，给受到伤害的病人适当的补偿，也符合公平正义的要求。惩罚性与教育性相结合，使医疗纠纷解决机制既能处理当下的事情，又能着眼于将来的预防，于医患双方都有益。如果只着眼于对病人的赔偿与对医生的惩罚，整体医患关系就会变成单个医生与患者之间的较量，医患关系会变得格外紧张，最终受损害的还是患者的健康。

六、社会成本和私人成本与社会收益和私人收益综合考虑的原则

虽然医疗纠纷是由单个患者的生命健康受损而直接引起的，对个案的利益调整和补偿是医疗损害责任制度的重要职能。然而，医患利益绝非单个原子式的利益关系所能包容。不同的医疗服务模式，医患关系所涉及的内容会有很大的差别，例如，

英国的国家卫生服务模式，它涉及了一个国家的医疗卫生投入与医疗卫生产出之间的关系；美国的商业医疗保险模式，它还涉及医生个人的风险承受能力与医疗行业的可持续性发展。医疗纠纷的合理解决，不仅要考虑医患双方之间的利益，还要考虑与医疗相关的社会成本与社会利益，即社会为解决医疗纠纷所承担的制度成本与社会因此而得到的收益。只有置身于宏观的社会环境中，医疗损害责任制度才有可能很好地解决医疗纠纷，成为医疗服务过程中的润滑剂。

七、诉讼现实与 ADR 现实相结合的原则

这是从诉讼与 ADR 本土资源的角度来考虑医疗纠纷解决机制的设计原则。目前，诉讼与 ADR 的资源差异较大，表现为：第一，二者的文化根基不同。诉讼机制的国家本位，权力本位深深地根植于我们的文化中，而 ADR 机制所赖以存在的市民社会则相当缺乏；第二，医疗纠纷解决机制中的地位不同，诉讼呈现出意识形态上的主流地位，而 ADR 则处于试点和尝试阶段，二者的地位相差悬殊；第三，二者运行的硬件环境不同，诉讼具有相对完善的硬件环境，而 ADR 所需要的硬件，如办公地点、人员配备、制度规定都需要重新构架。因此，在设计医疗纠纷解决机制时，必须结合现实，合理分析。

第三节 医疗损害责任制度的重构设想

一、加强民事责任与行政责任的制度衔接

民事责任对规范医疗行为与保护患者的权利有着重要的积极作用。强调医疗损害的民事责任，意味着医患关系是一种民

事法律关系，医患双方要遵守民法的基本原则，如平等原则、自愿原则、公平原则、诚实信用原则，等等。具体到医疗服务过程中，医患双方民事主体互不隶属，各自能独立地表达自己的意志，其合法权益平等地受到法律的保护。患者不再是被医治的客体，而是与医务人员有着同样平等权利的主体。他们在医疗过程中，有权利得到医务人员的尊重，也有权利决定是否接受某种治疗。同时，医务人员必须严格遵守国家有关医疗卫生的法律、法规及诊疗规范，否则，医疗行为就会被认定为违法行为并要承担相应的责任。

然而，民事责任强调的是个案的补偿或救济，而对医疗损害的高发性，其预防作用极其有限。为了尽可能减少医疗损害的发生，非常有必要加强行政责任的管理与威慑作用，与民事责任共筑医疗安全的制度保障体系。《办法》第 11 条规定，病员及其家属和医疗单位对医疗事故或事件的确认和处理有争议时，可提请当地医疗事故技术鉴定委员会进行鉴定，由卫生行政部门处理。对医疗事故技术鉴定委员会所作的结论或者对卫生行政部门所作的处理不服的，病员及其家属和医疗单位均可在接到结论或者处理通知书之日起 15 日内，向上一级医疗事故技术鉴定委员会申请重新鉴定或者向上一级卫生行政部门申请复议；也可以直接向当地人民法院起诉。这一规定，原本是《办法》中最受病诟的地方。因为它限制了患者的诉权，非常不利于患者的权利保护，以至于在《条例》制定过程中废除了这一规定。然而，这一条也意味着，除了医患双方能达成一致意见的情形外，所有的医疗纠纷，不论是否提起诉讼，都要经过卫生行政部门的处理。卫生行政部门掌握着他们管辖范围内每个医院医疗纠纷或医疗损害的基本数据和材料。一方面有利于卫生行政部门对辖区内医疗机构和医务人员进行客观公正的评估；另一方面，也利于他们对辖区范围内医疗机构的医疗安全进行全方面的监管。医疗安全是医疗服务的生命线，尽管在当时的体制下，有些监管措施也可能得不到有效实施，但是，至少卫生行政部门有监管的真实基础，他们掌握着患者损害最全面、最真实的数据。相反，现在的情形是，医患双方都可以直接向人民法院提起诉讼，医疗机构为了规避他们有可能要承担的行政责任，往往是尽可能减少卫生行政部门的介入。在《条例》生效后，许多医疗机构都开始纷纷主动避开医疗事故技术鉴定和卫生行政部门的参与，宁可通过诉讼和私了也不通过卫生行政机关解决。〔1〕只要当事人没有到卫生行政部门举报，即使医方存在重大过失导致患者出现了重度残疾或死亡的严重后果，医院也有可能逃避他们理应承担的行政责任。尽管卫生行政部门依然有查处医疗事故的相关职责，但是，由于缺乏一个有效的监督机制，总体而言，目前卫生行政部门对医疗安全的监管程度明显不同于《办法》时期。

虽然行政处理与民事责任在医疗损害责任体系中都有着非常重要的积极作用，但如果过分地偏向任何一方，都不利于整个医疗安全的保障。如果过分地强调行政处理，在中国当前的情境下，最为关键的是，行政部门对法律责任的认定缺乏一定的社会公信力。如果过分强调民事责任，有可能使医院或医务人员规避其本应承担的行政责任。

建议充分利用行政责任与民事责任的制度优势，尽可能减少制度劣势所带来的负面影响，把这二者有机地结合起来。可以尝试以下制度建设：

第一，无论是通过诉讼、调解，还是仲裁结案的医疗纠纷，

---

〔1〕 田晓青："北京：'医疗事故'即将'绝迹'"，载《中国医学论坛报》2005年第2期。

结案机构在出具最终法律意见书时，附送一份给医疗机构隶属的卫生行政部门。这样既有利于卫生行政部门对辖区内医疗损害情况的全面掌握，也有利于制止医疗机构在某些特殊的情况下，为了回避行政责任而过分选择诉讼或其他路径来解决医疗纠纷的动机。

第二，高度重视行政责任的积极作用。尽管卫生行政部门在处理医疗纠纷过程中，可能存在这样那样袒护医疗机构或医务人员的行为，严重影响到了患者、社会公众甚至舆论对他们的信任，但是，行政责任的制度优势与这种不信任不可同日而语。前者的制度优势是该责任制度所固有的，也是别的制度无法替代的。因为中国到目前为止，在很大程度上还是一个行政决定前途的社会。一个医院能否上等级，一个医务人员能否晋升职称都与行政责任有着密切的联系。高度重视行政责任的积极作用，有利于医疗机构及其医务人员从自身发展与内在需要的角度，高度重视医疗规范与医疗安全，以至于有可能从根本上改善目前的医疗安全现状。至于社会对卫生行政部门的不信任，则是多方面的原因造成的，完全有可能通过制度设计来降低。例如，可以尝试如下制度设计：对一些因过失造成重度残疾或死亡的案件，或者是一些社会影响恶劣的案件，要求卫生行政部门公示对相关责任人的行政处理结果及其依据。这样一来，一方面可以在一定程度上约束卫生行政部门秉公执法并接受社会的监督；另一方面也可以对医务人员或医疗机构起到一个警示作用，同时，也是对相关受害人的一个交待。因此，如果因为社会的不信任而轻视行政责任的制度效果，实有舍本逐末、颠倒是非之嫌。

二、建立多元化的医疗损害补偿制度

1. 建立强制医疗赔偿保险制度。实践证明，保险是最有效的风险转移制度。强制医疗损害保险制度理论上通过找到保险和侵权责任的契合点，发展和完善了侵权行为法理论。要使医疗赔偿保险发挥其应有的损害分散功能，必须完善现行的医疗责任保险制度，建立医疗责任保险和医疗意外保险制度，并实行强制保险。

（1）强制医疗责任保险。即将现行的医疗责任险完善后，要求医疗机构及其医务人员强制购买。对因医方侵权行为造成受害人基本医疗服务项目内的损害，适用全面、限额赔偿原则，属非商业性保险；基本医疗服务项目以外及医患双方有特殊约定的基本医疗服务项目的损害，适用全面、全额赔偿原则，由商业性保险公司运作，属于商业性保险。对其保险资金来源，笔者认为应区分营利性和非营利性医疗机构而采取政府投保和自保相结合的方式，非营利性医疗机构的保险费，由政府作为主要承担者，医疗机构及其医务人员负担较小比例，既利于医疗损害赔偿的有效分散，也不会加重其经济负担。营利性医疗机构则采取医院和医务人员共同缴纳保费的方式，医院可以通过医疗服务产品将保险费分化给其他社会个人。强制责任保险作为公益性保险，国家有必要对其运行进行适当干预，如确定责任限额、保险范围、费率等，以真正发挥其弥补损害、化解风险的功能。还可借鉴英国医师互助性责任保险模式，由医疗行业协会等非营利性组织负责，其成员缴纳会员费或接受社会捐助，作为医疗责任赔偿基金，会员因医疗过失产生损害赔偿时，由该组织给予赔偿。这种模式可促使医院和医生加强自律，发挥行业监管的积极作用。

（2）医疗意外保险。实践中法院常适用公平责任原则判决医方向患者补偿一部分因医疗意外造成的人身损害，将医疗意外的风险分配由医患双方共同承担。虽有法律依据但效果却不尽理想。故笔者认为，可以通过强制医疗服务提供者和接受者购买医疗意外保险，有效分散医疗意外所致的损害风险。保险资金来源可采取政府、医疗机构及其医务人员、病人、社会团体多渠道筹集，对医疗意外损害的赔偿应适用限额原则，不应适用于精神损害赔偿。

2. 建立无过失补偿制度。反对无过失补偿制度者认为："即使于无过失补偿制度下毋须顾虑医疗供给者有无过失，仍须判断医疗行为与病患所受损害间有无因果关系，而此一因果关系的判断与过失责任下过失的判断相同困难，因此，实行无过失补偿制度亦不见得能真正减少诉讼或行政上花费。然若放宽无过失补偿制度之因果关系的认定，则无过失补偿制度可能沦为一般社会保险，致无过失补偿制度将为所有医疗所无法防止或治愈的伤害、死亡负赔偿责任，愈益加重社会大众的负担。"这一观点过于悲观。无过失补偿制度旨在解决患者因医疗行为遭受损害迫切需要得到赔偿，但无法通过侵权救济、医疗保险等获得的情况下，国家通过补偿基金等模式予以及时补偿。因为在现代风险社会，医疗损害已不再是医患双方当事人之间单纯的风险分配问题，而是整个社会所面临的共同风险，倘若由个体成员单独面对无疑有失公平，而国家作为保障个人生活安全义务的承担者，有义务在国民遭遇医疗风险时"挺身而出"。该补偿虽无须考虑医疗服务者的过失，但补偿范围应是医疗行为所致的、可避免的损害，而非医疗风险所致。故无过失补偿制度本质上应属于国家承担的一种社会责任。

3. 完善医疗保障制度。我国现有的医疗保障体系具有一定的局限性，患者面对疾病所生之损害及费用的承受能力明显不足。笔者认为应建立和完善多层次医疗保障体系，针对不同人群、不同地区，采取不同的医疗保障形式，构建以全民医疗保障为基础、基本医疗保险制度为主体、补充医疗保险制度（公务员医疗补助、大病补充医疗保险、互助医疗基金、商业医疗保险、老年医疗保障）为延伸、医疗救助制度为托底的“四位一体”医疗保障体系。多层次医疗保障体系中的每个层次都应有特定的覆盖对象、筹集资金标准以及该层次医疗保障制度建立的目标和职能。

总之，医疗损害赔偿补偿的分担应是多阶层赔偿和补偿体系相互协力，共同作用的有机体系。在该体系建立初期，以侵权法填补损害功能为主要分担途径，随着社会经济的发展，这一分担体系也将随之改进，侵权法损害填补功能会逐渐减弱，医疗保障制度的损害分散功能将日益增强，但始终是各种制度相互配合，公平有效配置社会资源，使受害人获得更加公平、合理、有效的补偿。[1]

三、适当限制医疗机构损害赔偿责任

确立医疗过失损害赔偿适当限制规则的理由是：[2]

第一，中国的医疗制度确实具有一定的福利性。医院并非一般的市场经营模式，这一点在医疗改革之前尤其如此。即使在今天的形势下，我国的医疗机构经营模式也仍然不是营利性的，除了国家的行政拨款之外，医疗机构基本上是自收自支，自负盈亏。让具有福利性的医疗机构来承担完全市场化的损害赔偿责任，在逻辑上和情理上都讲不通。

第二，任何医疗技术和医疗手段都具有风险性。医学技术和医疗手段都是与时俱进、不断发展的，即使是成熟的医学技

---

〔1〕 强美英：“医疗损害赔偿分担机制初探”，载《河北法学》2010 第 9 期。

〔2〕 杨立新：“论医疗过失损害赔偿责任的适当限制规则”，载《政法论丛》2008 年第 6 期。

术和医疗手段，也都是在风险积累的基础上发展起来的。任何一项医学技术采用的初期，都是有缺陷的。事实上，接受某项医疗技术，实际上就等于接受了这种医疗风险，因此，确定医疗过失责任必须具备医护人员过失的要件。医疗机构如果没有过失，就是医疗意外或者医疗风险。但是，我们也反对那种患者“是为了追求自身利益才容忍了技术缺陷，因此，无所谓牺牲，也没有必要得到法律照顾”的意见。只有在患者知道风险并且愿意接受风险，风险已经发生，医护人员确实没有过失的情况下，才不予赔偿；如果医护人员具有过失，能够防范风险而没能成功防范，则构成医疗过失行为，应当承担赔偿责任。考虑医学进步和医疗技术的风险因素，应当限制医疗过失的赔偿责任。

第三，医疗损害的发生并非医疗行为的单一原因，原因力复杂。在一般情况下，医疗损害结果的发生都不是由单一的医疗过失行为引起的，而是具有多个原因。即使患者在手术的过程中死亡，医护人员具有过失，其中也仍然有患者自身疾病的原因。对此，有人称之为“疾病参与度”，在法医学界称为“损伤参与度”，即医疗事故造成的损害后果与患者自身疾病共同存在的情况下，前者在患者目前疾病状态中的介入程度。研究“疾病参与度”的主要意义在于，当确定医疗事故赔偿额时，应充分注意到患者原发疾病对目前疾病状况的影响。这就是医疗过失行为的原因力规则，从原因力的程度确定减轻医疗过失行为的赔偿责任，是最有道理的理由。

第四，更重要的，是受害患者利益与全体患者利益的平衡关系。在我国现行医疗体制下，医院的经费基本上来源于向患者收取的费用，这样的来源必然是确定的，受害患者的赔偿金只能在医院的经费中支出。如果赔偿数额过高，或者超过必要程度，就一定会损害医院的利益，医院为了寻求经费的供求平衡，也必然会向患者收取更多的费用，以填补亏空。因此，超过必要限度赔偿的后果，必然转嫁到全体患者身上，由全体患者以多支出医疗费用的方法承担损害赔偿的责任。因此，适当限制医疗过失行为的损害赔偿责任，就有了最为有力的理由。

四、替代性纠纷解决机制与诉讼的有机结合

如何把灵活、自治、低成本的替代性纠纷解决方式合理地与诉讼衔接起来解决医疗纠纷，使它们在各自的优势范围内解决问题，既是一个制度的效率问题，也是一个制度的技术问题。替代性纠纷解决机制无论有多好，终归有其本身的缺陷。结合医疗损害的特点，在医疗损害责任的处理过程中，建议采取如下路径：

第一，双方协商的全程律师参与制度。双方当事人发生纠纷后，可以协商解决。协商过程中必须引入全程的律师参与制度，以便把矛盾处理在早期限阶段以防止纠纷进入较正式和较高级的阶段来加以处理。

第二，协商不成后的双方非正式会谈。会谈的目的不是解决纠纷或冲突，而是双方就进一步处理纠纷的路径进行商讨，寻求一个双方认为最公正的程序，有人认为这是纠纷解决的先决条件。[1] 在这个阶段把程序与问题分开，可能有助于降低纠纷解决过程中尽早调解的门槛，因为此时有可能已经形成僵局状态。通过这种方式的会谈，给双方的对立情绪一个很好的缓冲地带，有助于纠纷的解决。会谈的结果有可能使纠纷回到协

---

〔1〕 参见：Skjorshammer M.，“Conflict management in a hospital：Designing processing structures and intervention methods”，*Journal of Management in Medicine*，2001 Vol. 15 No. 2，pp. 156～166.

商阶段进行处理，也可能进入后面的调解，仲裁或诉讼程序。会谈由双方有权决定的人员参与，或经特别授权的人参与。

第三，调解的必经阶段。如果协商、会谈没有达成合意，直接进入调解程序，调解是诉讼必经的前置程序。调解的具体操作方式可以是行政调解，也可以是法院内部附设的调解或其他调解方式，调解员的组成中必须有医生，律师，或者曾从事过律师或医师工作的人员参加。法院内部附设调解是基于多门法院理念而设置的一个部门。多门法院是一个多元化的纠纷解决中心，它基于以下理念而设立：在任何特定案件中使用一个或者另一个纠纷解决程序总是有利有弊。一个全面的司法中心应该拥有许多可以让当事人进入某个恰当程序的大门，而不是仅有一个通往法庭的“门户”。这些大门可能被贴贴上“仲裁”、“调解”、“小型审判”、“简易陪审团审判”以及“案件评估”等标签，绝大部分都在诉讼前得到了解决。〔1〕

第四，医事特别仲裁程序或诉讼程序。虽然医事特别仲裁目前还处于探索阶段，但是，由于仲裁的自治性、平等性及灵活性，特别是双方医学专家仲裁员的引入，为公平、科学地解决医疗纠纷提供了一个很好的平台。还可以尝试法院附设仲裁制度，使医疗纠纷的解决能在法律的监督下，通过一定的仲裁程序得到解决。总之，当事人不能直接进入诉讼程序，必须使诉讼前的处理成为一种强制程序。

五、统一医疗损害鉴定制度

医疗损害鉴定制度是医疗损害责任制度的重要环节。构建统一的医疗损害鉴定制度是下一步制度设计与完善中责无旁贷

---

〔1〕［美］斯蒂芬．B．戈尔德堡等著，蔡彦敏等译：《纠纷解决—谈判、调解和其他机制（中译本）》，中国政法大学出版社2004版，第390页。

的事情。在构建医疗损害鉴定制度过程中，建议遵循一定的原则：

第一，医疗损害鉴定制度的统一性原则。医疗损害鉴定制度的统一性原则，是指医疗损害鉴定必须建立在一个统一的框架内。首先，由于既往医疗损害责任没有统一，存在医疗事故责任与医疗过错责任之分，因此，在司法实践中“名正言顺”的产生了双轨制的鉴定制度并且“顺理成章”地存在于我国的司法实践。目前，由于《侵权责任法》的颁布与实施，医疗损害责任已得到统一，无论是法院审理医疗损害案件中的法律适用还是赔偿依据，都不存在既往的二元化制度现象。因此，基于法律的权威性，我们国家有必要统一医疗损害鉴定制度。虽然由于种种原因，《侵权责任法》及相关司法解释并没有很好地完成这一使命，但是，毋庸置疑，这应该是《侵权责任法》框架下必须完成的任务。其次，双轨制的鉴定制度也不利于医患矛盾的真正解决。因为医疗损害的鉴定非常复杂，不同鉴定人或鉴定专家有可能对同一损害事件得出不同的鉴定结论。对于这一事实，在外行人看来可能会认为是行业保护和职业偏袒所致，其实不尽然。Posner K. L. 等报道，30 位麻醉科专家对 103 例索赔案件进行评估，每一个案例被两个专家独立评估，结果发现，评估者同意索赔的比例是 62%，不同意的比例是 38%。在同意索赔的案件中，认为符合理性的谨慎的医疗注意标准的比例是 27%，认为没有达到理性的谨慎的注意标准的比例是 27%，无法判断的比例是 3%。[1] Hartz A. 等对医疗过失案件中通常注意标准的确定性进行了评估，结果也发现，医生与医生之间对同一个医疗措施是否符合通常注意标准的意见差异也

---

〔1〕 Posner K. L., Caplan R. A., Cheney F. W., "Variation in expert opinion in medical malpractice review", 85 *Anestheslology*, 1049 ~ 1054 (1996).

较大。[1] 如果还有一个双轨制的鉴定制度在其中起干扰作用的话，对医患矛盾的真正解决并无益处。

最近发生的一个案例也很好地说明了这一点。一位因在外跌倒不省人事的患者被送到某医院就诊，后因不治身亡发生医疗纠纷。跌倒前三个月曾有外伤史。有一位鉴定人根据病理切片做出了颅脑出血可能是由于三个月前的外伤有关，而一位脑外科专家从临床与影像学的角度认定此次出血最多不超过三天。这两个不同的结论是医院是否承担损害责任的关键事实，前一个鉴定结论是医院要负责任，因为医院没有在患者第一次跌倒后诊断出脑出血，导致了患者的死亡，后一个鉴定结论是医院不要负责任，因为是患者本身的病情危重，直接导致了患者的死亡。无论法官采用哪个鉴定结论，总有一方会认为自己是被冤枉的，从而不相信法律的权威性和公正性。

第二，医疗损害鉴定的专业性原则。医疗损害鉴定的专业性原则，是指医疗损害鉴定人必须具有足够的医学专业知识和技能，否则，不能从事医疗损害鉴定工作。这一原则的提出，主要是基于医疗损害鉴定是科学的鉴定工作。所谓医疗损害鉴定的科学性，是指医疗损害鉴定必须建立在医学科学的基础之上。科学性是医疗损害鉴定的生命线。之所以这样定论，主要基于以下两点理由：其一、医疗损害鉴定结论属于科学证据。科学证据具有科学性。科学证据本身是科学原理和技术与司法证明活动相结合的产物。所以科学证据的本质特征就是其科学性。“为了防止垃圾科学、假冒科学等误导裁判者的思维，两大法系国家均将科技证据所依据的科学之本身的科学可靠性作为

〔1〕 Hartz A. , Lucas J. , Cramm T. , et al. , “Physician surveys to assess customary care in medical malpractice cases”, 17 *Journal ofGeneral Internal Medicine*, 546 ~ 555 (2002).

其证据能力的首要条件予以考虑”。[1] 其二、医疗损害是基于医学科学在人体疾病与康复过程中出现的不利事件。医学是一门自然科学，它具有自身的科学规律和内在逻辑体系，也具有自身的理论体系与操作标准，因此，只有建立在医学科学基础之上的鉴定结论才能真正客观科学地回答医疗损害案件审理过程中的专门问题。

至于“何为足够的医学知识与技能”可以通过具体的制度设计来规范这一评判标准。比如可以从工作年限、专业、职称、学位等角度来考虑，也可以通过一些特定的资格考试来认定这一要求。总体而言，医疗损害鉴定的专业性原则是一个基本的、纲领性原则，失去了这一原则，医疗损害鉴定有可能成为雾里看花的制度秀，绝对不可能公平、公正地完成医疗损害鉴定的主要任务。

对于这一点，也可以从美国对专家证人的要求中得到印证。近年来，美国的医疗法律制度也在不断地改革，从他们的改革趋势来看，对专家证人的要求越来越严格。例如，在蒙大拿州，规定专家证人必须至少在一个州执业；在过去的 5 年中在医疗过失索赔案件涉及的学科中从事诊疗工作；有证据显示熟悉索赔案件学科的医疗注意标准及实践操作。如果专家所从事的学科与索赔案件涉及的学科不在同一专业领域，则必须证明这两个专业的执业准则与注意标准存在明显的相似性。在得克萨斯州，要求专家证人必须是执业医师。在阿肯色州，要求专家证言必须是来自与被告专家同一领域的执业医师。在伊利诺伊州，专家证人必须符合下列条件：①与被告在同一个或相似的领域；②主要在索赔案件涉及的专业内从事执业、教学或在大学从事

〔1〕 陈学权：《科技证据论：以刑事诉讼为视角》，中国政法大学出版社 2007 年版，第 280 页。

研究工作；③如果被告是专家（个人），则要求专家证人与被告是同一级别同一领域的执业专家；④如果被告不是专家，则也要求专家证人表明其熟悉该专业的医疗注意标准以及提供证据证明其执业活动、教学活动或在大学从事研究工作。如果退休了，专家证人必须提供证据证明最近 3 年所完成的继续教育情况。专家个人必须要提供证据证明在过去 5 年中所从事的执业、教学或大学研究工作或者其中任何相结合的情况。[1]

第三，医疗损害鉴定的标准化原则。医疗损害鉴定的标准化原则，是指医疗损害鉴定过程中对医疗过失的认定依据必须有具体、明确的标准。这一原则，对于医技科室而言，应该没有多大的问题，只是制定这些标准需要时间、人力与财力，不存在许多技术上或原则上的困难。比如，2009 年 3 月 6 日卫生部办公厅印发的《病理科建设与管理指南（试行）》就是一个很好的标准化指南。从病理科的设置、医生的执业条件、病理标本的保管到病理报告的出具都进行了明确的规定，根据这一规定进行医疗损害鉴定无论于患者一方，还是医者一方都公平、公开，据此得出的鉴定结论也经得起推敲和质证。而其他学科，这样的执业标准目前还相对缺乏，虽然中华医学会也制定了不少的执业指南，但是，这些指南必须上升到一个法律的高度，才能对医疗机构、医务人员以及鉴定人进行很好地规范。否则，目前的情况确实不容乐观。无论是医学会组织的鉴定还是司法鉴定机构举行的鉴定，鉴定的标准基本上是以自己的知识和经验为准则，尽管这些知识和经验也是建立在一定的客观医学知识之上，但由于缺乏一个明确的、具体的鉴定标准，导致目前的医疗损害鉴定类似于百花齐放、“我的地盘我做主”的局面。

---

〔1〕 America Tort Association. State and Federal Reforms, available at: http://www.atra.org/reforms/. Last visiting date: 2011 -4 -24.

当然，这种情形也不仅仅是我们国家要面对的问题，美国存在同样的困惑。在普通法里，注意标准是通过医生专家证人制度来设定，采取的是相同专业在相同、类似情形下的通常注意标准。由于这种注意标准在法庭运用过程中并不是经常具有一致性和正确性，注意标准的定义和运用的不可预测性与非理性在很大程度上促进了防御性医疗的实施。目前，有改革者提议采取根据操作指南来认定医疗过失。操作指南是由一些经过批准的团体颁布的，既可能减少了医疗过失的发生率，也可以作为医疗过失索赔的依据。[1]

第四，医疗损害鉴定的监督性原则。医疗损害鉴定的监督原则，是指医疗损害鉴定的核心环节必须有一定的人员或组织予以监督。这主要是基于我们国家的医疗损害鉴定制度而言的，英美国家的专家证人制度不存在这样的问题。采取医疗损害鉴定的监督原则，有两个方面的作用。第一个方面，可以尽可能减少同行鉴定同行中的不正之风。由于医疗行业的高风险性，使得鉴定专家对自己的前途也十分担忧。也许今天是别人的鉴定专家，明天则有可能成为被别人鉴定的对象，所以鉴定过程中避重就轻的现象客观存在。[2] 如果没有一个合理有效的监督机制，这些鉴定的潜规则就有可能成为一股强有力的势力，严重影响到鉴定结论的公正性与公平性。第二个方面，医疗损害鉴定的监督原则，也可以使医疗损害鉴定专家的正气得到社会的认可和弘扬。基于本人是一名曾经在医疗行业过十多年的临床医生，依我对医学专家的了解，我相信绝大多数鉴定专家是

〔1〕 Eleanor D. Kinney, “Malpractice Reform in The 1990s: Past Disappointments, Future Success?” 20 *Journal of Health Politics, Policy and Law*, 99 ~ 135 (1995).

〔2〕 尤中华：“当前医疗事故技术鉴定中的问题及建议”，载《法律与医学杂志》2004 年第 1 期。

客观的、公正的，也是负责任的，但是，无论是“老子给儿子鉴定”，还是“兄弟之间的相互鉴定”，都无法满足社会对医疗损害鉴定公正性的要求，同时，即使是司法鉴定，其实也存在一个鉴定的公正性问题，因为第三方鉴定并不必然代表公正，因此，加强医疗损害监督制度的建设，有利于医疗损害鉴定的长远发展。

在上述基本原则的指导下，在具体的制度构建中，建议：

第一，准入门槛的一元化。准入门槛的一元化，是指国家立法部门或其他主管部门，必须制定从事医疗损害鉴定工作的基本条件，包括鉴定机构的专业资质、鉴定人员的专业资质。鉴定机构的专业资质，可以设立医疗损害鉴定特别许可制度，即从事医疗损害鉴定事务的鉴定机构，必须取得某一特定主管部门的特别许可、或者具备了一定的医疗技术资源，才能从事医疗损害鉴定业务。所谓特别许可，是指司法鉴定机构在取得一般司法鉴定从业许可后，还要向相应的主管部门申请医疗损害鉴定的特别许可，才能从事医疗损害鉴定业务。不能像目前这样，只要具备了普通的司法鉴定资质，就可以进行医疗损害鉴定。所谓具备一定的医疗技术资源，是指该鉴定机构依托于某一较高层次的医学院校，〔1〕其背后具有丰富的医疗技术资源，具备在较短时间内组织一定规模的、高水平的医疗案例分析能力，能对医疗案件进行临床综合分析。对这类鉴定机构，其前提也是必须具备司法鉴定资质，但是，它可以不经过相应主管部门的特别许可，即可开展医疗纠纷司法鉴定业务。〔2〕医学会从事医疗损害鉴定，也应经过一定的形式批准，使其获得医疗损害鉴定的主体资格。关于鉴定人员的专业资质，可以采

〔1〕 较高层次是指医学本科院校。

〔2〕 肖柳珍：“医疗损害司法鉴定特别许可制度的探讨”，载《中国司法鉴定》2011 年第 3 期。

取考试或许可的方式予以确定。对于没有临床医学专业知识的人，必须设定医学基础知识考试标准，只有通过了这一考试并获得相应的资格后，才能从事医疗损害鉴定工作。对于具有临床医学本科专业知识的人，则只要具备了鉴定人的一般资质，即可从事医疗损害鉴定工作。

之所以强调准入门槛的一元化并提高它的准入门槛，主要是考虑医疗损害鉴定专业性非常强，提高或保证医疗损害鉴定意见的可信性是首要的前提。我国司法鉴定制度改革对鉴定人实行了登记管理制度。司法鉴定人准入和管理制度不仅应当保障具有专门知识的人能够获得鉴定的资格，还应当有能力将不具有专家水平和能力的人排除在外，确保鉴定人作为专家的“名至实归”。然而，我国现行司法鉴定制度的这种选优功能并不突出，鉴定人的资质并未得到有效控制。〔1〕《决定》规定的鉴定人准人门槛不高尤其是“相关专业”开放性条款的存在，导致了实践中鉴定人的“非专家化”。〔2〕这种现象非常不利于医疗损害鉴定意见的专业性。

第二，鉴定标准的一元化。医疗损害鉴定标准的一元化，是指针对医疗损害鉴定的内容，一般包括医疗行为是否有过错、医疗行为与医疗损害结果之间是否具有因果关系以及医疗行为的损伤参与度这三个内容，都必须有统一的标准。制定好这些

---

〔1〕 郭华：“司法鉴定体制改革的基本思路”，载《法学研究》2011 年第 1 期。

〔2〕《决定》第 4 条规定：“具备下列条件之一的人员，可以申请登记从事司法鉴定业务：（一）具有与所申请从事的司法鉴定业务相关的高级专业技术职称；（二）具有与所申请从事的司法鉴定业务相关的专业执业资格或者高等院校相关专业本科以上学历，从事相关工作五年以上；（三）具有与所申请从事的司法鉴定业务相关工作十年以上经历，具有较强的专业技能。”这些“相关专业”在实践中出现医生与法医不分，甚至兽医与法医混同等现象。

标准，无论谁来承担医疗损害鉴定工作，都是基于相同的准则而做的判断。鉴定的中立性、科学性及专业性问题都会随着标准的制定而得到解决。目前鉴定标准的紊乱是导致两种鉴定体系所做鉴定结论存在冲突、医患双方趋利选择以及社会对鉴定结论存在质疑的重要原因。

关于医疗过错判断的标准，目前《侵权责任法》的规定主要有两个层面的含义，一个是《侵权责任法》第 58 条规定中隐含的违反法律、行政法规、规章以及其他有关诊疗规范的规定，另一个是《侵权责任法》第 57 条规定的医务人员在诊疗活动中未尽到与当时的医疗水平相应的诊疗义务。国家的法律、行政法规及规章中有明确规定的，医疗过错的判断不存在问题。问题在于依据有关诊疗规范及当时的医疗水平来判断医疗过错时存在相当的不确定性。一方面，许多诊疗常规是医务人员诊疗过程中经常使用的指南，没有上升到诊疗规范的水平，且不是必须执行的标准，如何判断目前没有明确的规定；另一方面，当时医疗水平的判断需要结合哪些因素，立法层面也没有明确。因此，这是目前必须解决的问题。同时，医疗过失的严重程度（重大过失、一般过失、轻微过失）的认定标准也要明确规定。

关于医疗行为与医疗损害结果之间因果关系的标准。基于鉴定的实质是对医疗损害案件的专业问题予以专业分析，因此，在鉴定过程中，是采用直接因果关系还是采取民事诉讼证明的高度盖然性（相当因果关系）作为因果关系的标准，值得论证与研究。从鉴定的角度看，本文主张在鉴定过程中尽可能采取直接因果关系，这样才体现医疗损害鉴定的专业性和科学性。相当因果关系是法官在案件审理过程中采用的标准，二者不能混为一谈。

关于损伤参与度及具体过失类型与损伤参与度关联性的标准，这两个标准也非常重要。因为医疗损害不同于一般的人身损害。一个医疗损害结果的出现，往往是多种因素综合作用的结果，医疗过错常常只是其中的一个因素。[1] 因此必须界定医疗过错的损伤参与度以及医疗过失与损伤参与度的关联性，才能体现医疗损害鉴定的特殊性，也才能公平、公正地鉴定医疗损害案件。

以上这些标准的制定，并非一蹴而就，需要进行严格的论证甚至大规模的调研，才有可能制定出一个比较切实可行的鉴定标准。但无论怎样，这应该是医疗损害鉴定制度改革的方向，偏离了它，可能会走更多的弯路，付出更多的代价。

第三，鉴定程序的一元化。鉴定程序的一元化包括两个方面的内容：一方面是指每一个具体的鉴定，都必须遵循一定的程序：①委托和受理方式的统一。对拒绝鉴定的情形要严格控制与掌握。②听证程序的统一。无论是医学会还是司法鉴定机构组织医疗损害鉴定，都必须组织听证会，让医患双方有一个口头陈述和辩论的机会，有利于鉴定人对案件的真实了解。单凭病历记载及其他文字材料，有时并不能客观真实地反映医疗过程。③统一的鉴定专家库。无论是医学会还是司法鉴定机构，如果要聘请医学专家协助或进行鉴定，必须在统一的专家库里面进行随机选取。这一制度的建立，可能存在许多困难，单凭某一个部门的力量可能很难完成。但是，如果这一问题没有得到很好的解决，很难真正实现鉴定体制的统一。因为医疗损害的鉴定，在很大程度上是对临床医学专业问题进行分析。如果不赋予司法鉴定机构这样的权利，很可能前功尽弃。也有建议借鉴国外的做法，即由法院内部设定鉴定专家库，遇到具体案件，法官自己从鉴定专家库中抽取名单，让专家进行评判与鉴

---

〔1〕 胡琰峰、冯卓群：“医疗侵权中的因果关系—英美侵权行为法律视角下的分析”，载《郑州航空工业管理学院学报（社会科学版）》2005 年第 2 期。

定。[1] ④统一的鉴定文书表述方式。在前面确定标准的基础上，规范鉴定文书的表述方式，建议采取法院裁判文书的表述方式。鉴定人员必须把自己内心据以鉴定的事实依据和法律依据公布出来。这样既有利于对鉴定人员的监督，也有利于法官及当事人对鉴定结论的解读与接受。

另一方面是指对初次鉴定结论不服后，应有一个统一的救济程序，例如申请重新鉴定的条件与次数。虽然《民事诉讼法》与《民诉意见》对申请重新鉴定的条件都有明确的规定，但是，针对医疗损害案件的特殊性，有必要对一些具体情形予以明确。基于医疗的专业性与特殊性，两次鉴定意见存在一定的分歧是很正常的事情，但鉴定结论关系到医患双方各自的利益，因此如何权衡鉴定结论的不一致性是必须要重点解决的事项。关于重新鉴定的次数，立法上应予以明确限定。此次调研在一定程度上也支持这一规定。一旦限定鉴定次数，医患双方在各自选择的权限范围内，会理性的思考每次选择机会的有利因素与不利因素，有利于对重复鉴定与多头鉴定的遏制。至于重新鉴定的地点与系统，大可不必严格限制。先给当事人协商自治的权利，如果双方当事人达不成一致意见，可由法官在规定的权限内指定鉴定机构。关于鉴定意见的质证程序，虽然它不是鉴定过程中的必经环节，但是涉及鉴定意见能否作为证据使用。此次调研表明，法官对新《民事诉讼法》中关于鉴定人不出庭要承担相应法律后果这一规定，会对医学会产生何种影响并不非常乐观，只有53.22%（91/171）的法官认为此规定会规范医学会的鉴定人员出庭接受质询，还有29.24%（50/171）的法官认为医学会的鉴定人员仍然不会出庭，导致第二次鉴定的启动，

---

〔1〕 孟晶秋、姚峥嵘："对我国医疗损害鉴定制度的思考"，载《中国医院管理》2012年第4期。

17.54%（30/171）的法官认为不确定。因此，在构建医疗损害鉴定制度过程中，为了防止这种消极局面给法官审理案件带来的负面影响，有关这一方面的制度设计也绝不能轻视。

六、优化医疗损害纠纷审判制度

当前医疗损害案件审判现状如下：

第一，案件事实认定的鉴定结论依赖性。医疗案件中的事实认定，是对特定患者疾病诊断与治疗过程所进行的专业分析。医疗事实复杂多样，既包括对疾病的诊断、鉴别诊断与治疗，也包括对患者的告知等相关内容。在一个具体的案件中，常常要认定是误诊纠纷还是误治纠纷，是手术中的纠纷还是围手术期的纠纷，是用药剂量的纠纷还是用药种类的纠纷，是手术问题引起的纠纷还是非手术问题引起的纠纷，等等。这些事实问题的识别，如果没有医学专家的专业分析，一般的法官几乎不可能得出令自己内心确信的结论。虽然在医疗纠纷法律实务中，医患双方都会聘请自己的律师，由律师对案件进行一个初步的评判，有利于法官对案件的了解，但是，律师的基本职责是为自己的代理人谋取最大的利益，双方都会从自己的角度来对案件事实进行分析，因此，如果没有第三方专业人士的分析结论，法官很难从公正的角度对案件事实予以认定。

第二，法律责任认定的鉴定结论依赖性。[1] 理论上，鉴定结论只对案件中的事实问题进行认定与分析，不对案件中的法律问题予以评判。然而，医疗损害法律责任构成要件的认定，表面是法律问题，其实质仍然是医学问题。关于医疗行为是否存在过失的法律认定，通常要结合患者的具体情况，包括年龄、

---

〔1〕此处专指民事责任。

性别、疾病严重程度、就诊时间及医方的具体情况如医疗水平等多种因素综合考虑，这是一项非常专业的医疗技术评估工作，而不是一个纯粹意义上的法律问题。其次是因果关系的分析也同样离不开医学专家的分析。因为一个医疗损害结果的出现，常常是多因素综合作用的结果。除了医院或医务人员的过错外，患者自身疾病的严重程度、对药物、手术的敏感程度与耐受程度、患者一方的配合程度以及整个医疗技术的发展水平等因素，都有可能给患者造成损害。这些因素，既可以是一个因素的作用，也可以是多个因素共同起作用；既可以是分阶段起作用，也可以是同时起作用。因此，对于诊疗行为是否有过错以及医疗行为与损害结果之间是否具有因果关系，常常需要医学专家对整个疾病的发展过程及医务人员的诊疗操作进行全盘分析才能确定。实践过程中，绝大多数法官在委托鉴定时，都会要求鉴定人员对医疗行为是否有过错以及医疗行为与医疗损害之间是否具有因果关系予以分析与判断。

针对上述医疗损害案件审判模式，建议：

第一，加强鉴定人出庭接受质证的执行力度。理论上，任何证据只有经过质证、认证的法定程序之后，才能成为法官审理案件的法定证据。鉴定结论是证据的一种，当然也不能例外。然而，司法实践中，医学会出具的鉴定结论，几乎没有鉴定专家出庭接受当事人的质证。通常情况下，是把当事人的意见整理成书面材料，再由鉴定机构出具一个书面答复。这样的质证过程，形同虚设。一方面，医学会的鉴定人可以回避当事人的质证，对他们出具报告的约束力降到了最低；另一方面，没有当事人对鉴定人的询问，鉴定结论中存在的问题不可能淋漓尽致地展现在法官面前。法官仅凭一些书面材料来认定鉴定结论的可采性，难以避免先入为主对鉴定结论的认定。虽然医学会的鉴定专家绝大部分都是临床工作中各科室甚至各领域的专家，他们肩负着救死扶伤的重要职责，可能由于救治病人等其他原因，无法及时出庭接受当事人的质证。但是，质证作为国家证据制度的一部分，也是国家司法制度的一部分，如何保障它的严肃性与公正性，显然不是可以选择的问题。

值得稍为欣慰一点的是，《侵权责任法》实施后，各地高级人民法院颁布的指导意见对这一问题都进行了一些规定，[1] 但是，从现实的层面来看，这一制度的良好执行还需要更长的路要走，许多制度的建设还需要进一步细化与完善。在当前医疗损害鉴定制度正处于重构与转型的关键时期，加强医学会的鉴定人出庭接受质询的制度建设可能有着更特殊的现实意义。一方面，无论是为了占据医疗损害鉴定的一席之地，还是为了那一点点经济利益或其他原因，医学会都会极力争取医疗损害鉴定的权利，事实上，他们也已经占据了半壁江山，因此，他们有义务接受医疗损害鉴定的工作；另一方面，法院在此阶段的审理过程中，[2] 坚持不出庭接受质询，该鉴定结论就不能作为证据使用的原则，则很可能会引起医学会的高度重视，因此，有可能把外在的制度压力变为内在制度建设的动力。至于医学会如何保障他们的鉴定人出庭是医学会内部的管理问题，因为手术、抢救等人命关天的事情，只有医学会自己内部才能协调，法官或其他组织是难以介入的。因此，目前的建议是加强法官

---

〔1〕《广东省高级人民法院关于人民法院委托医疗损害鉴定若干问题的意见（试行）的通知》http://www.gdcourts.gov.cn/gdcourt/front/front! content.action? lmdm = LM53&gjid = 20120308124105061959/，最后访问时间：2012 - 3 - 15。

〔2〕目前的阶段不同于《侵权责任法》实施前，原来的鉴定是法定地分为医疗过错司法鉴定与医疗事故技术鉴定，它们在许多方面存在差异，但现在不同，现在都统一的称为医疗损害鉴定，而且都是司法鉴定，只是鉴定的机构不同而已。

坚持证据质证的原则，以提高医学会的鉴定人出庭接受质询的几率。

第二，大力推行专家辅助人制度。专家辅助人，又称为专家技术顾问，是指在诉讼活动中受当事人和司法人员委托就鉴定结论涉及的专门问题进行说明和评价的掌握特定科学技术和专门知识的人。[1] 由于鉴定结论的生成过程要比其他证据复杂得多，鉴定结论的内容和形成的根据往往不是只掌握普通知识的人所能够认识和理解的。而且很多时候鉴定结论涉及的是特殊领域的专门知识。即便是科学家如果没有从事这一特殊领域的专门研究，不掌握这方面的专门知识也难以对鉴定结论作出准确的评判。鉴定结论“这种具有专门性、科学性的特殊证据，就必须具有相应专门知识的专家协助控、辩双方才能进行有效的质证和辩论，并且使科技原理通俗化，法官才能在‘行家里手’们的对话、诠释中使‘专门性问题’普通化，进而全面认识和理解鉴定结论的内容，判断有无证明力和证明力的大小。因此，聘请专家辅助人参与对鉴定结论的审查和判断，是正确采纳鉴定结论的必由之路”。[2]

同时，医学专家意见的形成过程存在一系列的事实调查活动，而有关“事实”的认定并非全部具有绝对可靠的确定度。通过专家辅助人制度，双方会对存在疑问的“事实”充分质证，对各自所依据理论和技术的合理性及对方的缺陷详细论述，这样做可最大限度地使专家意见形成过程透明化，尤其能够帮助在医疗资源、信息方面处于劣势的患者摆脱医疗专业技术鉴定

---

〔1〕 卢建军：“司法鉴定结论使用中存在问题及解决途径”，载《证据科学》2010 年第 6 期。

〔2〕 陈勋：“论检察机关设置专家辅助人制度”，载《中国司法鉴定》2009 年第 4 期。

中的被动地位。而且，双方当事人的询问和盘问可帮助法官确认专家辅助人的专业资格、推论形成的相关事实基础、所运用医学理论的合理性和可靠性，这使法官得以观察和监督专家意见形成的所有环节，最大限度地解除法官的困惑。更有效地帮助法官达到内心确认。[1]

第三，完善人民陪审员制度。人民陪审员制度是中国民主政治的组成部分，是民众参与国家管理的重要形式，是为了最大限度地实现社会公平正义而创设的一项审判制度，其立法初衷在于借鉴国外的陪审团制度或参审制度，通过人民陪审员参加法院个案的审理来实现司法民主化。该项制度自 1951 年在中国制定，此后几经废止和恢复，一直未受到应有的重视和肯定，未能真正发挥其应有的社会功能和作用。2004 年 8 月，全国人大常委会通过《关于完善人民陪审员制度的决定》（以下简称《决定》），从而在制度建设层面上使之进一步细化和完善。然而，实践中的人民陪审员制度仍然存在许多问题。例如，人民陪审员参审案件范围小、数量少，现有人民陪审员准入门槛太低；随机抽取人民陪审员机制缺乏可操作性；“陪而不审，合而不议”的现象严重；[2] 人民陪审制度适用范围不明，[3] 选任陪审员，偏爱高学历和具有法学知识的人，[4] 这些问题严重妨碍了人民陪审制度的积极作用。

---

〔1〕 邢学毅：“论在医疗纠纷诉讼中推行专家辅助人制度”，载《证据科学》2009 年第 3 期。

〔2〕 陈红、杨爱平：“关于完善人民陪审员制度的对策思考”，载《河北学刊》2010 年第 2 期。

〔3〕 肖乾利、何灵：“人民陪审员制度：困境与完善”，载《宜宾学院学报》2010 年第 7 期。

〔4〕 彭金冶、李浩楠：“人民陪审员选任制度研究”，载《哈尔滨学院学报》2011 年第 9 期。

为了充分实现人民陪审员的制度价值以及更有效率的审理医疗损害案件，建议从立法层面明确规定医疗纠纷案件的审理必须有人民陪审员的参加，同时，由于医疗的专业性和技术性，建议采取大众陪审与专家陪审相结合的方式。[1] 这样一来，审判人员的知识结构会有明显的改善。一方面，人民陪审员的医学专业知识可以弥补法官专业知识不足的缺陷。无论是鉴定人出庭接受质证，还是专家辅助人出庭协助，都不再为难审判人员对案件事实的把握与认定；另一方面，也可以减少人民陪审员"陪而不审，合而不议"的局面。由于人民陪审员具有专业知识，在案件的最终认定方面，法官不可避免地会听取他们的意见，从而真正实现人民陪审员的制度作用与价值。既有利于社会稳定，也有利于法律权威的维护。

医疗纠纷诉讼是一类非常专业的诉讼。当前，医患矛盾相对激烈，医疗纠纷没有制度化的替代性纠纷解决机制，诉讼成为主要的纠纷解决机制。由于医疗技术的专门性和复杂性，病历—鉴定—审判制度有其存在的合理性与必要性。离开了病历，当事人几乎无法了解整个案件中最基本的医疗事实与过程。离开了鉴定结论，在当前专家辅助人制度与专家陪审制度不完善的现实面前，法官几乎无法从中立的角度对案件进行认定与裁决。因此，鉴定结论是医疗纠纷诉讼中极其重要的证据。它的地位与作用在短时期内无法被取代或废弃。然而，基于现阶段相关制度的缺陷，目前的鉴定结论作为一种法定证据，由于鉴定所依赖病历资料的真实性难以保证以及医学会出具的鉴定结论基本上缺乏最基本的质证程序，无论是鉴定结论的客观性还是合法性在司法实践中都存在一定的瑕疵。为了公平、公正地

---

〔1〕 陈红、杨爱平："关于完善人民陪审员制度的对策思考"，载《河北学刊》2010 年第 2 期。

审理医疗纠纷案件，并及时有效的缓解医患矛盾，我们有必要对当前的“病历－鉴定－审判”模式进行反思，以期尽可能完善医疗纠纷诉讼制度。

参考文献

一、著作

1. 姜凤武:《医疗损害责任制度比较研究》, 法律出版社 2013 年版。

2. 杨立新:《医疗损害责任法》, 法律出版社 2012 年版。

3. 王利明:《民法总则研》, 中国人民大学出版社 2012 年版。

4. 梁清著:《原因力研究》, 人民法院出版社 2012 年版。

5. [英] 马克·施陶赫著, 唐超译:《英国与德国的医疗过失法比较研究》, 法律出版社 2012 年版。

6. [英] 凯特·凯利著, 王中立译:《科学革命和医学 1450 - 1700》, 上海科学技术文献出版社 2012 年版。

7. 梁慧星:《民法总论》, 法律出版社 2011 年版。

8. 王利明:《侵权责任法研究》, 中国人民大学出版社 2011 年版。

9. 肖柳珍:《美国医疗过失诉讼对健康保险的影响与借鉴》, 中国政法大学出版社 2011 年版。

10. 方鹏骞、孙杨:《中国转型期医疗纠纷非诉讼解决机制研究》, 科学出版社 2011 年版。

11. 张民安:《侵权法上的替代责任》, 北京大学出版社 2010 年版。

12. 杨立新:《侵权责任法》, 法律出版社 2010 年版。

13. 张新宝:《侵权责任法》, 中国人民大学出版社 2010 年版。

14. [美] 布雷恩·Z. 塔玛纳哈著, 李桂林译:《论法治: 历史、政法和理论》, 武汉大学出版社 2010 年版。

15. 强美英主编：《医疗损害赔偿责任分担研究》，知识产权出版社2010年版。

16. 杨立新：《医疗损害责任研究》，法律出版社2009年版。

17. ［英］卡罗尔·哈洛著，涂永前、马佳昌译：《国家责任——以侵权法为中心展开》，北京大学出版社2009年版。

18. 张新宝：《侵权责任法构成要件研究》，法律出版社2008年版。

19. 许冰梅：《医疗过失损害赔偿制度研究》，人民法院出版社2008年版。

20. 张大庆：《医学史十五讲》，北京大学出版社2007年版。

21. ［英)］罗伊·波特主编，张大庆主译：《剑桥插图医学史》，山东画报出版社2007年版。

22. 林存柱：《医疗损害诉讼》，人民出版社2006年版。

23. ［英］内唯尔·哈里斯等著，李西霞、李凌译：《社会保障法》，北京大学出版社2006年版。

24. 艾尔肯：《医疗损害赔偿研究》，中国法制出版社2005年版。

25. ［美］哈特、托尼·奥诺尔著，张绍谦、孙战国译：《法律中的因果关系》，中国政法大学出版社2005年版。

26. ［英］约瑟夫·拉兹著，朱峰译：《法律的权威、法律与道德论文集》，法律出版社2005年版。

27. 徐昕：《论私力救济》，中国政法大学出版社2005年版。

28. ［日］小岛武司、伊藤真著，丁婕译：《诉讼外纠纷解决办法》，中国政法大学2005年版。

29. 顾培东：《社会冲突与诉讼机制》（修订版），法律出版社2004年版。

30. ［德］鲁道夫·冯·耶林著，胡宝海译：《为权利而斗争》，中国法制出版社2004年版。

31. 林嘉：《社会保障法的理念实践与创新》，中国人民大学出版社2002年版。

32. 董安生：《民事法律行为》，中国人民大学出版社2002年版。

33. 徐国栋：《民法基本原则解释》，中国政法大学出版社2001年版。

34. 龚赛红:《医疗损害赔偿立法研究》，法律出版社 2001 年版。

35. [美] R. M. 昂格尔著，吴玉章、周汉华译：《现代社会中的法律》，译林出版社 2001 年版。

36. 王卫国：《过错责任原则：第三次勃兴》，中国法制出版社 2001 年版。

37. [美] 罗伊·波特编著，张大庆等译：《剑桥医学史》，吉林人民出版社 2000 年版。

38. [德] 迪特尔．梅迪库斯著，邵建东译:《德国民法总论》，法律出版社 2000 年版。

39. 肖建国:《民事诉讼程序价值论》，中国人民大学出版社 2000 年。

40. 李浩:《民事证明责任研究》，中国人民大学出版社 2000 年版。

二、论文

1. 郭明瑞：“侵权责任构成中因果关系理论的反思”，载《甘肃政法学院学报》2013 年第 4 期。

2. 叶名怡：“论侵权预防责任对传统侵权法的挑战”，载《法律科学(西北政法大学学报)》2013 年第 2 期。

3. 王竹:“论医疗产品责任规则及其适用—以中华人民共和国侵权责任法第 59 条为中心”，载《法商研究》2013 年第 3 期。

4. 浙江省宁波市中级人民法院民一庭课题组：“侵权责任法实施以来医疗纠纷案件审理情况报告”，载《人民司法》2013 年第 9 期。

5. 邢朝国、李飞：“中国农村地区的医疗纠纷及其解决方式—基于五省份调查数据的分析”，载《中州学刊》2013 年第 3 期。

6. 刘继同：“中国医药卫生体制改革发展与新型卫生保健体系的政策涵义”，载《社会保障研究》2013 年第 1 期。

7. 杨立新:“医疗损害责任一般条款的理解与适用”，载《法商研究》2012 年第 5 期。

8. 杨立新：“医疗管理损害责任与法律适用”，载《法学家》2012 年第 3 期。

9. 杨立新、岳业鹏：“医疗产品损害责任的法律适用规则及其缺陷克服——‘齐二药’案的再思考及《侵权责任法》第59条的解释”，载《政治与法律》2012年第9期。

10. 叶名怡：“医疗侵权责任中因果关系的认定”，载《中外法学》2012年第1期。

11. 杨彪：“医疗专业性如何可能——医师责任与医院责任的比较分析”，载《清华法学》2012年第4期。

12. 刘加良：“医疗纠纷人民调解的实践模式及启示”，载《政法与法律》2012年第6期。

13. 刘兰秋：“域处医疗纠纷第三方调处机制研究”，载《河北法学》2012年11期。

14. 顾昕：“走向全民健康保险：论中国医疗保障制度的转型”，载《中国行政管理》2012年第8期。

15. 李玲、陈剑锋：“新医改的进展评述：基于历史视野和全球视角的分析”，载《社会保障研究》2012年第1期。

16. 梁慧星：“中国侵权责任法解说”，载《北方法学》2011年第1期。

17. 张新宝：“人身损害鉴定制度的重构”，载《中国法学》2011年第4期。

18. 王竹：“解释论视野下的侵害患者知情同意权侵权责任”，载《法学》2011年第11期。

19. 廖焕国：“医疗机构连带承担药品缺陷责任之质疑”，载《法学评论》2011年第4期。

20. 周江洪：“违反医疗说明义务损害赔偿范围的界定”，载《法学》2011年第5期。

21. 李燕：“未经同意的治疗：知情同意权的相对性——兼评《侵权责任法》第56条”，载《法学论坛》2011年第5期。

22. 马占军：“我国医疗纠纷仲裁解决机制构建研究”，载《河北法学》2011年第8期。

23. 杨丽珍：“论过度医疗侵权责任”，载《人文杂志》2011年第1期。

24. 梁慧星：“论《侵权责任法》中的医疗损害责任”，载《法商研究》2010 年第 6 期。

25. 郭明瑞：“《侵权责任法》关于医疗损害责任的规定体现了社会公正”，载《法学论坛》2010 年第 2 期。

26. 崔建远：“论归责原则与侵权责任方式的关系”，载《中国法学》2010 年第 2 期。

27. 王成：“医疗侵权行为法律规制的实证分析——兼论《侵权责任法》第七章”，载《中国法学》2010 年第 5 期。

28. 罗瑶：“法国法中的侵权过错概念及其对我国立法的借鉴意义”，载《比较法研究》2010 年第 1 期。

29. 胡伟强：“《侵权责任法》中公平责任的适用——一个法经济学的解释”，载《清华法学》2010 年第 5 期。

30. 叶名怡：“侵权法上故意与过失的区分及其意义”，载《法律科学》2010 年第 4 期。

31. 郭玉军、杜立：“医疗事故损害赔偿仲裁若干问题研究”，载《法学评论》2010 年第 2 期。

32. 宋平：“我国医疗侵权举证责任分配之反思与重构”，载《河北法学》2010 年第 6 期。

33. 曹永福、陈晓阳：“医疗卫生体制改革中的伦理难题”，载《山东社会科学》2010 年第 7 期。

34. 艾尔肯、张愉：“论医疗损害责任的完善——以《侵权责任法》第七章的规定为视角”，载《法学杂志》2010 年第 12 期。

35. 艾尔肯、方博：“我国医疗损害赔偿案件法律适用问题研究报告”，载《河北法学》2010 年第 2 期。

36. 霍宪丹、郭华：“司法鉴定制度改革的逻辑反思与路径探究”，载《法律科学（西北政法大学学报）》2010 年第 1 期。

37. 杨立新：“中国医疗损害责任制度改革”，载《法学研究》2009 年第 4 期。

38. 杨立新：“医疗损害责任的因果关系证明及举证责任”，载《法学》2009 年第 1 期。

39. 郭华："论司法鉴定法的体系结构与框架安排"，载《法学》2009年第8期。

40. 余晖："医改可能会死在细节上"，载《中国改革》2009年第8期。

41. 朱岩："风险社会与现代侵权责任法体系"，载《法学研究》2009年第5期。

42. 丁凤楚、赵清明："论强制保险人介入医患纠纷处理制度"，载《河北法学》2009年第10期。

43. 刘革新："医疗损害赔偿案件中的举证责任"，载《医院院长论坛》2009年第4期。

44. 刘晓丹："如何建立我国鉴定结论采纳规则——以美国专家证言判断标准为参照"，载《现代法学》2009年第4期。

45. 杨立新："论医疗过失损害赔偿责任的适当限制规则"，载《法学论坛》2008年第6期。

46. 杨立新："论医疗过失赔偿责任的原因力规则"，载《法商研究》2008年第6期。

47. 王利明："我国侵权责任法的体系构建——以救济法为中心的思考"，载《中国法学》2008年第4期。

48. 苏力："医疗的知情同意与个人自由和责任——从肖志军拒签事件切入"，载《中国法学》2008年第2期。

49. 李玲："论公立医院回归社会公益的轨道"，载《求是》2008年第7期。

50. 满红杰："作为知情同意原则之例外的紧急专断治疗——'孕妇死亡'事件舆论降温后的思考"，载《法学》2008年第5期。

三、英文参考文献

1. Wong H.; Karaca Z., "Did Medical Litigation Against Physicians Increase Inpatient Hospital Cost?" *Value in Health*, 3 (2013).

2. Marei H. F., "Medical litigation in oral surgery practice: Lessons learned from 20 lawsuits", *Journal of Forensic and Legal Medicine*, 4 (2013).

3. Shu－Yu Lyu; Chuh－Kai Liao; Kao－Ping Chang; Shang－Ta Tsai; Ming－Been Lee; Feng－Chou Tsai. "Analysis of Medical Litigation Among Patients with Medical Disputes in Cosmetic Surgery in Taiwan", *Aesthetic Plastic Surgery*, 5 (2011).

4. Prior, Stephanie., "Medical litigation over the years", *Medicine Science and the Law*, 3 (2010).

5. *Ganesh. K*, "Patient－doctor relationship: Changing perspectives and medical litigation", *Indian Journal of Urology*, 3 (2009).

6. Harold Tan., "Minimising medical litigation: a review of key tort and legal reforms", *International Journal of Law in Context*. 5 (2009).

7. Guirguis－Blake J., Fryer G. E., Phillips R. L., et al., "The US medical liability system: evidence for legislative reform". *Annals of Family Medicine*, 4 (2006).

8. Office of the Assistant Secretary for Planning and Evaluation. "Department of Health and Human Services. Confronting the New health Care Crisis: Improving Health Care Quality and Lowering Costs by Fixing Our Medical Liability System". July24, 2002. see Http://www.cns.org/advocacy/wc/archives/mlr/HHSReport 7－02.pdf.

9. News "Bush pushes for limit to medical malpractice awards", *British Medical Joural*, 330 (2005).

10. Studdert D. M., Mello M. M., Brennan T. A., "Medical Malpractice"., *The New England Journal of Medicine*, 350 (2004).

11. Mehlman M. J., "The shame of medical malpractice", *The Journal of Legal Medicine*, 27 (2006).

12. Mello M. M., Studdert D. M., Brennan T. A., "The new medical malpractice crisis", *The New England Journal of Medicine*, 348 (2003).

13. Congressional Budget Office. A Series of issue summaries from the Congressional Budget Office, January 8, 2004. Limiting Tort Liability for Medical Malpractice. see Http://www.cbo.gov/ftpdocs/49xx/doc4968/01－08－MedicalMalpractice.pdf.

14. Andrew B. , "Medical malpractice and the goals of tort law", *Health Law Journal*, 11 (2003).

15. Phillips R. L. , Bartholomew L. A. , Dovey S. M. , et al. , "Learning from malpractice claims about negligent, adverse events in primary care in the United States", *Quality &Safe in Health Care*, 13 (2004).

16. Kessler D. P. , Sage W. M. , Becker D. J. , "Impact of Malpractice Reforms on the supply of physician services", *Journal of the American Association*, 293 (2005).

17. US Congress, Office of Technology Assessment, Defensive Medicine and Medical Malpractice. Washington, DC: US Government Printing Office; 1994. Publication OTA – H – 602. see: http://biotech. law. isu. edu/policy/9405. pdf.

18. Studdert D. M. , Mello M. M. , Gawande A. A. , et al. , "Disclosure of medical injury to patients: An improbable risk management strategy", *Health Affair*, 26 (2007).

19. Mello M. M. , Studdert D. M. , "DesRoches C. M. , Effects of a malpractice crisis on specialist supply and patient access to care", Annals of Surgery, 242 (2005).

20. Chawla A. , Gunderman R. B. , "Defensive medicine: Prevalence, implications, and recommendations", *Academic Radiology*, 15 (2008).

21. Berk M. L. , Gaylin D. S. , Schur C. L. , "Exploring the public's views on the health care system: A national survey on the issues and options", *Health Affairs*, 25 (2006).

22. Blendon R. J. , Hun K. , Benson J. M. , et al. , "Understanding the American public's health priorities: a 2006 perspective", *Health Affairs*, 25 (2006).

23. Mello M. M. , Studdert D. M. , DesRiches C. M. , et al. , "Caring for patients in a malpractice crisis: Physician satisfaction and quality of care", *Hearth Affairs*, 23, (2004).

24. Hale R. W. , "Legal issues impacting women's access to care in the United States—the malpractice insurance crisis", *International Journal of Gynecology*

and Obstetrics, 94 (2006).

25. LeBlang T. R. , "The medical malpractice crisis – is there a solution? Symposium introduction and overview", *The Journal of Legal Medicine*, 27 (2006).

26. Studdert D. M. , Mello M. M. , Brennan T. A. , "Medical Malpractice", *The New England Journal of Medicine*, 350 (2004).

27. Waters T. M. , Budetti P. P. , Claxton G. , et al, "Impact of state tort reforms on physician malpractice payments", *Health Affairs*, 26 (2007).

28. Rodriguez RM, Anglin D, Hankin A, et al, "A longitudinal study of e-mergency medicine residents'malpractice fear and defensive medicine", *Academic Emergency Medicine*, 14 (2007).

后 记

书稿终于可以游离我的思想疆域了。

是一种解脱？欣慰？抑或诚惶诚恐的担忧？也许，三者皆有，是我内心比较客观的表白。

说是一种解脱，原因是我对这个问题刻骨铭心的思考，在我没有把它外化为一定体系的文字之前，我的纠结、困惑、取舍之痛，常常伴随我内心的抉择。日子一天天的过，负重般的前行。这样已经快三年了，今日为此解脱。

说是一种欣慰，是因为本书在构想与写作过程中虽苦但有一些幸事。其一，得到了中国政法大学出版社学术著作编辑部刘利虎主任的青睐；其二，得到了广东省人大代表、广东省佛山市禅城区人民医院谢大志院长的极大鼓励。没有谢院长的鼓励，此书一定还在我思想的河流中，不可能面世；其三，在出版之前又获批了广东省哲学社会科学“十二五”规划后期资助项目。此乃苦中乐事。

说是一种诚惶诚恐，可能更确切的表达了我的心境。按着前面的逻辑，又是解脱又是欣慰，应该是一件值得高兴的事情，何来诚惶诚恐之有？

原来，我在解脱与欣慰之后，终于深深地知道，中国医疗损害责任制度的改革任重而道远。当前医患矛盾突出与医疗损害责任制度的不完善有着密切的联系。然而，这一制度关联之所广、问题之所多，绝非我能在此书中说清道明。我之所以想著书，真的是希望有更多的人来关注我国的医疗损害责任制度，并促其健全慧智。在没有成书之前，我可以静静地思考，不应担惊受怕。现在，它即将脱离我的掌控，面对的将是社会的评价与智识之人的审读。唯恐自己才疏学浅，落得搅局之嫌。但无论怎样，我以渴求与真诚之心，希望各位前辈、同仁及后生多提宝贵意见，文责自负。

感悟之余，我当首先感谢我的先生。多少年来，他默默的支持和对家庭的奉献是我在求学之路还没有停下来的原动力。我女儿的勤奋、自立、向上及超越于我的感悟力，使我在她成长与学习的过程中，省下了不少的时间与精力。他们既是我的物质家园，又是我的精神家园。

感谢中国人民大学法学院杨立新教授对我的关照与厚爱。此书的修改与定稿是我在中国人民大学访学期间完成的。杨立新教授是我访学期间的指导老师。他对书中的部分地方提出了宝贵的修改意见。杨老师对学术的博大胸怀，使我终生难忘。最让我感动的是，他说学术是各抒己见，让我原本忐忑的心有所安稳。因为我知道，杨老师是国内著名的民法学家，而且在医疗损害责任制度研究领域有很深的造诣。作为学生来写这方面的论著，内心里确有一种不妥之感。有了杨老师那一席话，我虽然谈不上如释重负，但至少心里不打鼓了。

感谢南方医科大学人文与管理学院的领导与同事、南方医科大学科技处的许宏副研究员、南方医科大学马克思主义学院的李巍书记、南方医科大学中西医结合医院的王远东教授以及其他在生活上与工作中给予过我无私帮助的领导及亲朋好友，本人铭记在心，在此不一一列举。

感谢中国政法大学出版社刘利虎主任的对本书出版的大力支持以及孔德伟老师对本书的校对做了大量细致辛苦的工作，并提出一些宝贵的修改意见。

最后，以我在中国人民大学图书馆做的一首打油诗稍做修改作为后记的结束：

朝七晚十图书馆；
年过不惑显荒唐；
忆年少无知轻狂；
今日终以书为伴。
路漫长；
心底宽；
得失是杆智慧秤；
自衡量，看前方。

肖柳珍
2013 年 12 月 10 日
于中国人民大学图书馆